A EXCEÇÃO DE CONTRATO NÃO CUMPRIDO NO DIREITO PRIVADO BRASILEIRO

JOÃO PEDRO DE OLIVEIRA DE BIAZI

A EXCEÇÃO DE CONTRATO NÃO CUMPRIDO NO DIREITO PRIVADO BRASILEIRO

Prefácio de Fernando Araújo

Apresentação de José Fernando Simão

GZ
EDITORA
Rio de Janeiro
2019

1ª Edição - 2019

Presidente do Conselho Editorial
Nelson Nery Costa

Diagramação
Olga Martins

CIP-Brasil. Catalogação-na-fonte.
Sindicato Nacional dos Editores de Livros, RJ.

B476e
Biazi, João Pedro de Oliveira de
A exceção de contrato não cumprido no direito privado brasileiro / João Pedro de Oliveira de Biazi; prefácio Fernando Araújo; apresentação José Fernando Simão. - 1. ed. - Rio de Janeiro: LMJ Mundo Jurídico, 2019.
282 p.; 23 cm.

Inclui bibliografia e índice
ISBN 978-85-9524-058-2

1. Exceções (Direito) - Brasil. 2. Contrato - Brasil. I. Araújo, Fernando. II. Simão, José Fernando. III. Título.

19-55841

CDU: 347.44(81)

Av. Erasmo Braga, 299 – sala 202
CEP: 20020-000 – Rio de Janeiro – RJ
Tels.: (0XX21) 2240-1406 / 2240-1416 – Fax: (0XX21) 2240-1511
contato@editoragz.com.br
www.editoragz.com.br

Impresso no Brasil
Printed in Brazil

AGRADECIMENTOS

Quem planta, colhe.

Aprendi essa lição com meu pai. Durante a minha infância, tive a oportunidade de acompanhá-lo nos tempos de entressafra. Aprendi que, antes de apurar a produção e satisfazer os contratos de venda, o produtor rural trabalha incansavelmente. São meses de longas jornadas de trabalho e de grandes despesas – agravadas muitas vezes pela imprevisibilidade do clima.

Mesmo assim, para um produtor dedicado como meu pai, nada disso era determinante. Para ele, sempre foram o seu trabalho e a sua dedicação que garantiam o sucesso desejado e necessário para a nossa família.

A minha entressafra e colheita são um pouco diferentes. O direito privado trabalha com conceitos e categorias intáteis, apresentando-me uma dificuldade constante em prosseguir nos estudos sem dar sobressaltos ou desrespeitar as medidas impostas pelo nosso sistema.

Logo percebi que, como qualquer produtor inexperiente diante de sua primeira grande entressafra, era necessário buscar aconselhamento dos mais experientes. Para a minha sorte, convivi com mestres que contribuíram muito para o direito privado. Eles tiveram a bondade de me ajudar a perseguir um bom resultado para a minha colheita.

A minha maior referência é o professor José Fernando Simão: meu orientador, amigo e responsável pelo meu apego à pesquisa dogmática em direito privado. Nos anos em que trabalhei nesta pesquisa, ora publicada, o professor Simão não deixou de me fornecer uma orientação segura e apegada às categorias jurídicas do direito brasileiro. Mas, além de orientador, o professor Simão foi – e continua sendo – um amigo atento e sempre disponível para conversar e iluminar meus passos.

Parte da dissertação foi desenvolvida na Europa, mais precisamente na Itália e em Portugal. Na península itálica, acumulei dívidas de gratidão com muitos pesquisadores e professores. Na *Università degli Studi di Roma "Tor Vergata"*, conheci o professor Riccardo Cardilli e as professoras Emanuela Calore e Roberta Marini. Em conjunto, eles indicaram-me a bibliografia necessária à elaboração das considerações sobre direito romano, bem como promoveram uma atenta e paciente revisão do texto.

Também devo agradecimentos à Sra. Laura Tikanvaara e ao *International Institute for the Unification of Private Law (UNIDROIT)*. Quando fui convidado pela Sra. Tikanvaara a ser pesquisador visitante do instituto, pude contar com acesso irrestrito a uma biblioteca que reúne grandes obras de direito privado. Além do acervo, o gabinete disponibilizado para os meus trabalhos, localizado na charmosa Via Panisperna, providenciou um ambiente ideal para a escrita de capítulos importantes deste livro.

Em Portugal, tive o privilégio de conviver diariamente com o professor Fernando Araújo. Nos auditórios, corredores e cafés da Faculdade de Direito da Universidade de Lisboa, aprendi com o professor Araújo lições que vão além dos limites da minha pesquisa. Além de importantes dicas bibliográficas e questionamentos, os preciosos diálogos com o professor Araújo permitiram-me encontrar aspectos no trabalho que somente um verdadeiro jurista não deixaria escapar.

Ainda na Universidade de Lisboa, registro também meu agradecimento à professora Paula Vaz Freire que, a pedido do professor Simão, não tardou um segundo para me fornecer um gabinete de investigação na renomada biblioteca da Faculdade de Direito. O acervo da biblioteca, à semelhança do que ocorreu no UNIDROIT, foi essencial para a escrita de todos os capítulos aqui publicados.

De volta ao Brasil, minha dedicação aos aspectos finais do texto só foi possível graças ao apoio do amigo e acadêmico Matheus Candido que, além de ter contribuído incessantemente com as atividades profissionais do meu escritório de advocacia, visitou a Biblioteca da nossa Faculdade de Direito da Universidade de São Paulo e recolheu livros raros e importantes para o trabalho. A revisão do trabalho contou com importante contribuição da acadêmica, e também franciscana, Bruna Duarte Leite.

Com o fim dos esforços de escrita e revisão, o trabalho foi submetido à banca composta pelo meu orientador, o professor José Fernando Simão, pelo professor Rodrigo Octávio Broglia Mendes, da Universidade de São Paulo, pelo professor Giovanni Ettore Nanni, da Pontifícia Universidade Católica de São Paulo, e pelo professor Mauricio Baptistella Bunazar, do Instituto Brasileiro de Mercado de Capitais. O exame durou pouco mais de três horas e abordou de forma esmiuçada as conclusões obtidas no percurso da pesquisa. Sou profundamente grato aos membros da banca pela leitura atenta do trabalho e pelo respeito que dedicaram a mim durante a arguição. As contribuições obtidas durante o exame foram integralmente incorporadas na presente versão do texto, tornando-o mais preciso se comparado à versão anterior à apreciação da banca.

Por fim, agradeço à Faculdade de Direito da Universidade de São Paulo, que foi minha casa desde 2010, quando iniciei meus estudos em Direito. O Largo de São Francisco é parte protagonista da história do pensamento jurídico brasileiro. A aprovação distintiva da minha dissertação de mestrado em tão renomada e importante instituição sempre será motivo de orgulho para mim.

Agora, com a publicação do trabalho, a colheita está finalmente feita e entregue, de modo que o leitor poderá julgar sua utilidade e qualidade.

São Paulo, março de 2019

João Pedro de Oliveira de Biazi

PREFÁCIO

Dá-se agora à estampa este magnífico estudo de João Pedro Biazi sobre a excepção de contrato não cumprido, que corresponde à tese de mestrado recentemente defendida, com sucesso máximo, nos claustros do Largo de São Francisco da Universidade de São Paulo.

A "*exceptio non adimpleti contractus*", também conhecida como "*exceptio inadimpleti [contractus] non est adimplendum*", é uma figura central do direito privado, objecto de atenção imemorial da dogmática civilística; e, portanto, tema de extensa bibliografia, clássica e contemporânea, na qual se apoiam as subtis reflexões e os contributos originais do nosso autor.

Na sua índole própria, nas suas conexões, nas suas dependências e proximidades, a figura é de definição difícil, requerendo segurança no manejo das categorias jurídicas e na convocação de princípios gerais.

Como bem aponta o autor, a génese histórica desta "*exceptio*" no direito processual deixou nela marca perene; e, porque ela extravasou para os domínios da tutela extrajudicial do sinalagma contratual, configurando-se agora como um contradireito que defronta e paralisa, ou "encobre", como auto-tutela de uma parte devedora, a eficácia das pretensões creditícias da contraparte inadimplente – por mais válidas que estas sejam –, é nela discernível ainda a matriz dinâmica e flexibilizadora do "*ius honorarium*", o mesmo que permitiu a interposição de salvaguardas de justiça material na lide, entre as alegações da "*intentio*" e as consequências, para o demandado, da "*condemnatio*" por um adjudicador externo.

Todavia, como bem sublinha o autor, na figura analisada encontramos agora uma excepção "substantiva", ou "material", que evoluiu de uma excepção meramente "processual", vocacionada para travar o andamento judicial de uma lide, para passar a operar na própria esfera do direito subjectivo do demandante, atingindo "*motu proprio*", e de forma dilatória ou suspensiva (não-peremptória), a eficácia da posição jurídica deste – até que esse inadimplente inicial satisfaça os direitos protegidos pela excepção, restaurando o elo sinalagmático que exista na relação contratual.

De facto, a "*exceptio non adimpleti contractus*" está intimamente relacionada com a bilateralidade contratual, no que ela denota de interdependência e mutualidade das prestações a que as partes estejam adstritas, e no que ela sugere de comutatividade "relacional" na representação que as partes façam dos seus vínculos (o "toma lá, dá cá", o "dou para que dês", o "faço para que faças", e diversas cambiantes conceptuais em torno do arquétipo do "*tu quoque*"), espelhando a complementaridade nas trocas que é resultado directo da anterior divisão social do trabalho e da especialização das funções: as partes são, ao mesmo tempo, credoras e devedoras uma da outra, e é-lhes consentida a auto-tutela de fazerem depender o cumprimento dos seus deveres de um grau aceitável de satisfação dos seus créditos sobre a contraparte, de modo a que o incumprimento de uma possa legitimar o incumprimento da outra, (e daí que possa encontrar-se, na génese da "*exceptio non adimpleti contractus*", a mais restrita "*exceptio mercis non traditae*" da compra e venda).

A própria irrecuperabilidade, ou irreversibilidade pragmática, das vantagens causadas pela satisfação dos créditos da contraparte num contrato bilateral deixam a parte que seria adimplente sem armas que incentivem a contraparte inadimplente ao cumprimento dos seus próprios deveres, quebrando-se a correspectividade que justificaria o primeiro cumprimento, e que torna a relação contratual comutativamente justa. O cumprimento, já com o sinalagma ferido, seria para a parte "inocente" um risco acrescido de frustração dos seus objectivos contratuais, e uma porta aberta para o locupletamento injustificado da contraparte.

A adstrição ao cumprimento pontual, completo e rigoroso dos deveres nascidos do contrato é assim suspensa pelo "incumprimento legitimador" de uma das partes, e à outra parte dá-se a faculdade de desviar-se da conduta de princípio, que não lhe permitiria libertar-se da sua adstrição, num gesto de "justiça privada", invocando a perfídia da contraparte.

A regra "*servanda autem fides etiam perfidis*" (atribuída a Grócio) é, literalmente, suspensa, em favor de uma faculdade de recusa e de temporária auto-tutela assente na igualdade das partes, que não devem a boa fé a quem quebrou a confiança ("*frangenti fidem fides non est servanda*"); o que por sua vez significa que o "incumprimento inicial" tem que ter gravidade suficiente, tem que afectar visivelmente o sinalagma, para que se tenha por legitimada a invocação da excepção (a qual evidentemente está sujeita, ela própria, a princípios gerais de legitimidade e de abuso de direito).

Todavia, uma certa neutralidade na distribuição de riscos contratuais (que se presume, ao menos no tronco básico do Direito Civil, poderem ser livremente divididos entre as partes através da negociação, com o contrabalanço eficiente do preço) aconselha que se limite a "*exceptio non adimpleti contractus*" à correspectividade entre prestações simultâneas – ou, na hábil formulação do art. 428º do Código Civil português, sem prazos diferentes –.

Daí que não tenha normalmente consagração a chamada "*exceptio timoris*", a "excepção de insegurança", um remédio para contratos sinalagmáticos com cumprimentos não-simultâneos das prestações, com prestações não simultaneamente exigíveis, e que normalmente será redundante face ao regime de conservação da garantia patrimonial do cumprimento (e face a efeitos como o da perda de benefício do prazo), sendo por isso dispensável; e mais dispensável ainda, na teoria e na prática, se através da "*exceptio timoris*" se julgasse poder estabelecer uma versão preventiva da "*exceptio non adimpleti contractus*". Ocasionalmente essa outra excepção encontra apoio normativo, todavia, na figura da "*anticipatory breach*", como ela é prevista pelo art. 71 da Convenção de Viena para a Venda Internacional de Mercadorias (CISG).

Correspectividade não significa paridade, como bem sublinha João Pedro Biazi, nem significa equivalência, nem tão-pouco onerosidade contratual – ainda que não possa excluir-se, dada a liberdade contratual, que a preservação da onerosidade dentro de certos limites tenha sido determinante para o sinalagma que presidiu à génese do contrato ou à subsistência do vínculo contratual –. Significa, antes e mais simplesmente, que foi essencial para a decisão de contratar, e para a decisão de permanecer no contrato, a interdependência das posições, traduzida na ideia de que cada parte exige mas só pode fazê-lo porque lhe é exigível uma contrapartida, sem a qual ela nada pode exigir; e cada parte deve na estrita medida em que também lhe é devido – isto, independentemente, insiste-se, da comparação de valor entre ambos os direitos ou ambos os deveres. Como sublinha o nosso autor, "*ao tutelar o sinalagma, o sistema jurídico preserva a liberdade que as partes têm de construir, sob seus próprios critérios, relações de correspectividade e correspondência*".

Independentemente de qualquer onerosidade, como também se refere no texto, é possível às partes reforçarem o seu apego ao sinalagma; ou, pelo contrário, prescindirem dele, seja estabelecendo prazos diferentes para as prestações das partes, seja estatuíndo uma cláusula de "*solve et repete*", abstractamente admissível à luz da liberdade de conformação do conteúdo dos contratos (embora dentro de balizas de paridade mínima de poder negocial entre as partes).

Refira-se, de passagem, que a expressão "excepção de contrato não cumprido", utilizada na doutrina e na jurisprudência brasileiras, induz um pouco em erro, ao sugerir que a figura se centra no incumprimento definitivo da globalidade do contrato, o "contrato não cumprido", o que tornaria nebulosa a distinção face à denominada "condição resolutiva tácita" e apontaria para a definitividade e para a potestatividade na destruição do vínculo – quando na verdade ela opera, de modo meramente dilatório, relativamente a deveres e direitos no "interior" do contrato, podendo analisar-se prestação a prestação, sempre que numa só prestação, independentemente de todas as outras, seja já discernível a presença do sinalagma e a vantagem estratégica de se conferir à parte "inocente" um meio expedito e informal de auto-tutela do seu interesse.

Daí que pareçam preferíveis a designação "excepção de não cumprimento do contrato" (art. 428º do Código Civil português), ou a designação "retenção de cumprimento" (a "*performance withholding*" do art. 7.1.3 dos Princípios *Unidroit*, do art. 9:201 dos *Principles of European Contract Law* (Lando), dos arts. 113 e 133 da *Common European Sales Law*, da regra III.-3:401 do *Draft Common Frame of Reference*).

A parte recusa legitimamente cumprir a sua parte, tomando a iniciativa de uma atitude policiadora e auto-reguladora do "interior" do contrato, que a lei autoriza por reconhecer que é com maior eficiência, com maior proximidade e celeridade, com maior conhecimento de causa e com menor desperdício de tempo e de meios, que a parte "vítima", a parte "fiel", é capaz de reagir a inadimplementos que atinjam o sinalagma contratual – bloqueando as pretensões creditícias da contraparte de forma temporária, recusando o cumprimento, sem que isso signifique mora ou incumprimento definitivo (mantendo-se "imune" à pressão do inadimplente inicial), e isto até que a correspectividade, a simetria de direitos e deveres, esteja novamente reposta por iniciativa do primeiro inadimplente, ou se revele irremediavelmente perdida.

Por outro lado, de um ponto de vista estratégico, a faculdade de "retenção de cumprimento" pode constituir um poderoso incentivo ao cumprimento da contraparte, a primeira que incumpriu: pois esta fica directa e imediatamente privada da vantagem que lhe adviria do adimplemento dos deveres pela parte que, estando disposta a cumprir, reteve depois o seu cumprimento ("*the principal self-help remedy in contract is the power to withhold performance in response to breach*" - Mark P. Gergen [2009], "A Theory of Self-Help Remedies in Contract", *Boston University Law Review*, 89, p. 1398).

É um tipo de retaliação que é dominante em interacções longas sujeitas ao escopo da reciprocidade – a chamada "estratégia *tit-for-tat*", que poderemos traduzir livremente como "amor com amor se paga"; no caso, especificamente respondendo com incumprimento ao incumprimento, fazendo experimentar, ao primeiro inadimplente, os efeitos reflexos da sua própria atitude.

Daí, portanto, que essa faculdade de "reter o cumprimento", excepcionando a conduta devida, possa constituir o fundamento estratégico do contrato "relacional", aquele que vai progressivamente dispensando o apoio da norma jurídica externa, "heterónoma", em favor da genuína autonomia da interacção entre as partes, capazes de sedimentarem a complementaridade dos seus interesses e as suas interdependências em soluções concretas de cumprimento pontual de deveres e de satisfação completa de direitos, e em estruturas de governança contratual que não redundem na sujeição de uma parte à outra. A Teoria dos Jogos e a Análise Económica do Direito têm aqui campo fértil para prosseguirem na exploração do contrato a partir desta figura da excepção de contrato não cumprido.

Vai longo este Prefácio, e a sua extensão só se justifica pelo interesse do texto primoroso que, com agilidade, conhecimento da doutrina e da jurisprudência, capacidade de síntese e de convocação criativa de conceitos díspares, domínio das categorias, com sobriedade e com segurança que não deixam de modo algum transparecer a juventude do próprio autor, João Pedro Biazi publica neste fascinante tema da Ciência do Direito.

Desafio o leitor a acompanhá-lo nas páginas que se seguem, nesta primeira monografia de um pesquisador e pensador de talento, do qual muito se espera, em benefício da academia e para progresso da ciência jurídica brasileira e internacional.

Lisboa, 26 de Fevereiro de 2019

Fernando Araújo
Professor Catedrático
Faculdade de Direito da Universidade de Lisboa

APRESENTAÇÃO

Há alguns anos ouvi uma frase que o sucesso ou fracasso de um docente não se mede pelo resultado isolado (seja ele positivo ou negativo) de um aluno, mas sim pelo conjunto da obra. O sucesso de um aluno, sob essa ótica, não seria motivo de regozijo, assim como o fracasso não seria motivo de autocensura.

Quisera eu poder medir toda minha carreira docente pelo trabalho que João Pedro Biazi desenvolveu nesses muitos anos que o conheço e pelo estrondoso sucesso que tem sido sua trajetória acadêmica.

Conheci João Pedro quando lancei um edital para monitoria em Direito Civil no ano de 2012 para a disciplina Teoria Geral do Direito Privado. Ele foi aprovado e iniciou uma profícua atuação como monitor junto aos alunos de graduação. Seu interesse pelo Direito Civil, sua curiosidade com o aprendizado (qualidade intrínseca aos grande pensadores), e sua dedicação ímpar aos alunos já demonstravam que, naquele jovem com apenas 20 anos, havia um professor nato, que precisava apenas se descobrir como tal.

Em 2013, João Pedro Biazi foi meu estagiário de pesquisa. Sempre atendo, suas pesquisas me permitiram enriquecer diversos artigos e obras publicadas no período. Foi então que decidiu estudar na Inglaterra (King's College London). Não apenas lhe dei a carta de recomendação como o apoiei entusiasticamente. Biazi voltou amadurecido, com uma visão de mundo e do Direito que já indicavam sofisticação pessoal e acadêmica.

Logo se interessou por escrever artigos. Dois se destacam. O primeiro denominado "Os Reflexos e os Impactos do Doing Business sobre Abertura de Empresas", que foi admitido para publicação na prestigiada Revista Jurídica da Faculdade de Direito de Lisboa, cuja coordenação científica era do Professor Fernando Araújo.

Depois, escreveu os verbetes "Órfãos" e "Separação de fato" para o Dicionário de Direito de Família, coorndenado por mim e pelo Desembargador Caetano Lagrasta e publicado pela Editora Atlas.

Mas a docência urgia para Biazi. Foi então, por meu convite, que iniciou suas aulas no Curso de Especialização em Direito Civil e Direito Processual Civil na Escola Superior da Advocacia de São Paulo, no ano de 2016. Já nas primeiras aulas, a aprovação de João Pedro Biazi pelos alunos foi unânime.

O ingresso no programa de mestrado da Faculdade de Direito do Largo de São Francisco, para Biazi, era termo e não condição. Termo, pois era evento futuro certo. O projeto que me foi apresentado e que, 4 anos depois, transformado em dissertação de mestrado e agora livro tenho a alegria de apresentar, já demonstrava qualidade e esmero típicos de um pesquisador.

Há orientados que preocupam, aborrecem, dão trabalho ao orientador. Há orientados, como Biazi, que produzem, se dedicam, leem mais do que se pede, estudam mais do que se exige, e, ao final, apresentam uma dissertação impecável: um deleite para o leitor e estudioso do tema.

João Pedro Biazi, já mestrando, passou longos períodos de estudos na Europa. Em Portugal, no ano de 2018, e também em Roma, na Tor Vergata, onde faz um novo mestrado, dessa vez sobre o tema do Caso Fortuito e da Força Maior.

O trabalho que apresento, por pura generosidade de João Pedro Biazi, é resultado desse enorme esforço acadêmico e pessoal. Resulta de suas intensas pesquisas em São Paulo, Lisboa e Roma, da leitura de mais de uma centena de artigos e livros em variados idiomas, de meses de dedicação e abnegação em que sua vida pessoal e carreira como advogado (brilhante, diga-se de passagem) foram postas em segundo plano (apesar do sacrifício que as escolhas impõem) para produzir o seu primeiro trabalho acadêmico.

Como disse ao fim da brilhante e aguerrida defesa ocorrida na Sala da Congregação da Faculdade de Direito, foi um orgulho para mim ser orientador do trabalho que ora apresento. Sua parte histórica é rica, erudita e impecável. As leituras de direito romano e das Ordenações do Reino são fantásticas e revelam um talento que já não mais se encontra atualmente.

O trabalho, após passar por rigoroso escrutínio de uma banca de notáveis e exigentes docentes, Rodrigo Broglia Mendes, Giovanni Ettori Nanni e Maurício Bunazar, não só foi aprovado como recebeu "distinção".

As minhas elogiosas palavras (vindas de um professor que raramente elogiosa e quando o faz usa de muita parcimônia) não refletem a qualidade do trabalho, que, em muito as supera.

O tema da exceção do contrato não cumprido, nunca tivera, em língua portuguesa, trabalho tão robusto, tão completo e erudito. Essencial para a compreensão do tema em si e de todo o processo obrigacional que, em certo momento, fica paralisado por força da exceção. Ganha com a obra que apresento toda a comunidade jurídica lusófona.

Oxalá tenha eu a sorte de poder orientar João Pedro Biazi em seu Doutorado!

Do ameno inverno lisboeta para a canícula veranil paulistana,

José Fernando Simão, janeiro de 2019.

SUMÁRIO

Capítulo III
FUNDAMENTO E NATUREZA JURÍDICA DA EXCEÇÃO DE CONTRATO NÃO CUMPRIDO

Capítulo IV
PESSUPOSTOS DE APLICAÇÃO DA EXCEÇÃO DE CONTRATO NÃO CUMPRIDO

INTRODUÇÃO

O objetivo deste trabalho é apontar as fronteiras dogmáticas impostas pelo direito brasileiro à categoria jurídica da exceção de contrato não cumprido. Nesse sentido, trata-se de um estudo de ciência do direito em sentido estrito, ou seja, de dogmática jurídica[1].

O plano de trabalho divide o estudo em cinco capítulos distintos.

O primeiro capítulo se propõe a fixar os pressupostos teóricos em torno das exceções na dogmática jurídica, investigando-se o conceito do gênero exceção, do qual a exceção de contrato não cumprido é espécie. Defende-se que a exceção deve ser compreendida como um contradireito, detido por alguém que é demandado, pelo qual é possível neutralizar a eficácia do direito, da pretensão, da ação ou da exceção do demandante.

O segundo capítulo se ocupa pelo exame pormenorizado do processo de estruturação dogmática da exceção de contrato não cumprido, permitindo uma compreensão do regime jurídico no qual a categoria jurídica se insere atualmente. A reconstrução do pensamento remonta invariavelmente ao direito romano, bem como sua apropriação pelos juristas medievais. No Brasil, identifica-se neste momento a influência de Teixeira de Freitas e o impacto do seu pensamento na atual redação do artigo 476 do Código Civil de 2002.

O terceiro capítulo se desenvolve em torno do fundamento e da natureza jurídica da exceção de contrato não cumprido, pormenorizando seu conceito e o segregando de figuras congêneres. Entende-se que a exceção de contrato não cumprido é fundada essencialmente na proteção jurídica do sinalagma e não pode ser compreendida como cláusula resolutiva tácita dos contratos sinalagmáticos, mas sim como uma exceção substancial em sentido estrito, destinada a encobrir temporariamente a eficácia de uma pretensão.

---

1 RADBRUCH, Gustav. *Filosofia do direito,* tradução em português de L. Cabral de Moncada, Coimbra, Arménio Amado, 1997, pp. 395-398.

O quarto capítulo cuida por determinar quais são os pressupostos de aplicação exigidos pelo direito brasileiro para a escorreita operação da exceção de contrato não cumprido. Identifica-se que a oposição de exceção de contrato não cumprido pressupõe a verificação simultânea de três circunstâncias específicas.

Por fim, o quinto capítulo se preocupa em precisar como os efeitos da exceção de contrato não cumprido se propagam no mundo jurídico. É defendida a possibilidade de oposição extrajudicial da figura, bem como se estrutura os meios disponíveis para a sua extinção.

Em atenção à sua estrutura e ao seu objetivo, o trabalho fará uso de um exame pormenorizado das fontes do direito privado brasileiro. Pela influência geral que o direito europeu sempre exerceu sobre o nosso sistema jurídico, as fontes históricas e hodiernas do direito estrangeiro também pertencem ao campo de estudo. O aproveitamento das fontes é essencial para que se possa conhecer, com precisão, os alicerces dogmáticos a partir dos quais serão edificados os conceitos jurídicos.

Além das fontes, a análise também aproveita a doutrina que lhe antecede. A exceção de contrato não cumprido não deixou de ser estudada pelos juristas, de tal sorte que a consideração de trabalhos doutrinários sobre o tema é medida que se impõe para que se possa elaborar uma construção jurídica efetivamente compatível com os valores tutelados pelo regramento hoje em vigor.

As decisões judiciais também não escapam de apurado exame. Criticar os julgados, positiva ou negativamente, é tarefa de que não se pode escusar quem pretende fazer viva a afirmação de que a essência do direito é a sua realização prática[2].

2 IHERING, Rudof von. *A luta pelo direito,* tradução em português de João Vasconcellos, 16ª edição, Rio de Janeiro, Forense, 1996, p. 43.

Capítulo I

O ESPAÇO DAS EXCEÇÕES NA DOGMÁTICA JURÍDICA

"Ora, assim como há nomes adjetivos, que afetam a substância de modo tal que, sem eles, não é significada a essência da coisa, assim também há instituições judiciárias, formas probatórias, processos, atos e termos processuais, que afetam as instituições de modo tal que, sem eles, essas instituições ficariam desnaturadas." (ALMEIDA JR. João Mendes de., Direito Judiciário Brasileiro, 2ª ed., Rio de Janeiro, Baptista de Souza, 1918, pp. 26/27).

1. O conceito de exceção

O direito brasileiro, não diferentemente do uso coloquial da língua portuguesa, dá à palavra exceção "todos os sentidos possíveis"[1]. A confusão é talvez resultado do pouco diálogo existente entre as pesquisas feitas no âmbito do direito processual civil com as pesquisas dedicadas ao estudo do direito civil.

Em linhas gerais e meramente exemplificativas, o termo exceção chega a ser compreendido na dogmática jurídica brasileira como: (i) um direito abstrato de defesa garantido a qualquer pessoa[2], (ii) qualquer defesa processual exercida concretamente pelo réu, independente do seu conteúdo[3]; ou ainda (iii) como a defesa baseada sobre razões que o julgador não poderia levar em conta

1 PONTES DE MIRANDA, Francisco Cavalcanti. *Comentários ao Código de Processo Civil,* v. 4, Rio de Janeiro, Forense, 1974, p. 129. A pluralidade de sentidos jurídicos da palavra "exceção" também foi notada em outros trabalhos. A título exemplificativo: FREDERICO MARQUES, José. *Instituições de direito processual civil,* v. 3, Campinas, Millennium, 2004, p. 132; TEIXEIRA DE FREITAS, Augusto. *Vocabulário jurídico com appendices,* Rio de Janeiro, B.L.Gardier, 1882, p. 82.

2 A título exemplificativo: COUTURE, Eduardo J. *Fundamentos do direito processual civil,* tradução de Benedicto Giaccobini, Campinas, RED Livros, 1999, p. 76; DINAMARCO, Cândido Rangel. *Instituições de direito processual civil,* v. 2, São Paulo, Malheiros, 2002, p. 326.

3 LIMA, Alcides de Mendonça, *A nova sistemática das exceções,* In: Revista de Processo, v. 5, São Paulo, Revista dos Tribunais, 1977, p. 61.

se o demandado não as tivesse feito valer[4]. Há ainda a confusão do termo exceção com objeção, embora tal distinção seja em certa medida pormenorizada pela doutrina processualista[5].

O objetivo deste primeiro capítulo é justamente estabelecer precisamente qual é o sentido que o termo exceção terá para este trabalho. O instituto não é novo e, por isso, irá se valer da experiência antiga para a determinação da função exercida pela exceção. Conhecendo seu funcionamento, será dado um trato delimitativo ao instituto, com o intuito de estabelecer premissas técnicas. Após este esforço, será sugerido um conceito enxuto – porém preciso – de exceção.

1.1. Contribuição histórica

O conceito técnico de exceção encontra sua fonte primária na *exceptio,* categoria jurídica do direito processual civil romano. Mais especificamente, o instituto tem origem no período clássico do direito romano, uma época de intensa evolução normativa em que havia um hiato entre o *ius civile,* assim chamado o direito civil legislado, e o *ius honorarium,* assim entendido o conjunto de regras que emergia da atividade do petros romano[6].

Logo no início do período clássico, houve uma sensível mudança no processo civil romano. Trata-se da adoção do processo *per formulas,* introduzido pela *lex Julia iudiciorum privatorum* em substituição ao antigo processo *per legis actiones*[7]. O processo *per formulas* correspondia ao esquema abstrato contido no edito do pretor, e que servia de paradigma para que, num caso concreto,

---

4 CALAMANDREI, Piero. *Direito Processual Civil,* tradução de Luiz Abezia e Sandra Drina Fernandez Barbery, v. 1, Campinas, Bookseller, 1999, p. 194; CHIOVENDA, Giuseppe. *Instituições de Direito Processual Civil,* tradução de Paolo Capitanio, v. 1, Campinas, Bookseller, 1998, p. 403.

5 Uma das principais distinções entre exceção e objeção é que a primeira deve ser reconhecida só por meio de provocação feita pelo demandado, já a segunda pode ser reconhecida de ofício. Ver: DIDIER JR., Fredie. *Da exceção: o direito de defesa e as defesas.* In: MARINONI, Luiz Guilherme (Coord.). *Estudos de direito processual civil,* São Paulo, Revista dos Tribunais, 2005, pp. 576/578;

6 KUNKEL, Wolfgang. *História del derecho romano,* tadução da 4ª ed de Juan Miquel, Barcelona, Editorial Ariel, 1991, p. 104.

7 Gai 4. 30; MOREIRA ALVES, José Carlos. *Direito Romano,* 16ª ed., Rio de Janeiro, Gen/Forense, 2014, p. 218.

feitas as adequações necessárias, fosse redigido um documento no qual se fixava o objeto da demanda que deveria ser julgada pelo *iudex* popular[8]. Com a mudança, pretor passou a adotar um procedimento que lhe garantia maiores poderes discricionários, podendo inclusive dar instruções ao juiz particular sobre como ele deveria apreciar as questões de direito[9].

O processo *per formulas* era dividido em duas fases: a fase *in iure* e a fase *in iudicio*[10]. A fase *in iure* consistia na exposição das pretensões das partes para o pretor. Conhecedor das razões trazidas pelas partes, o pretor redigia um documento chamado *formula*, equivalente a um juízo positivo de admissibilidade do procedimento[11]. Na fase *in iudicio*, o *iudex* analisava o conteúdo da *formula* e, com base nas informações ali contidas, resolvia o litígio emitindo uma *sententia*[12].

As Institutas de Gaio[13] detalham bem a estrutura da *formula*[14]. Pelo *ius civile*, o documento era dividido em quatro partes:

---

8 AZEVEDO, Luiz Carlos de; TUCCI, José Rogério Cruz e. *Lições de História do Processo Civil Romano*, 2ª ed, São Paulo, Revista dos Tribunais, 2013, p. 47.

9 BURDESE, Alberto. *Manuale di Diritto Privato Romano*, 4ª ed, Torino, UTET Giuridica, 2000, pp. 88/89

10 MOREIRA ALVES, José Carlos. *Direito Romano*, 16ª ed., Rio de Janeiro, Gen/Forense, 2014, p. 219.

11 CANDIDO, Austréia Magalhães. *A triade do processo per formulas:* formulae, praetores, aequitas. In: Revista da Faculdade de Direito de São Paulo, v. 106/107, Universidade de São Paulo, São Paulo, 2011/2012, pp. 658/660.

12 BURDESE, Alberto. *Manuale di Diritto Privato Romano*, 4ª ed, Torino, UTET Giuridica, 2000, p. 116; CANDIDO, Austréia Magalhães. *A triade do processo per formulas:* formulae, praetores, aequitas. In: Revista da Faculdade de Direito de São Paulo, v. 106/107, Universidade de São Paulo, São Paulo, 2011/2012, p. 661.

13 Gaio foi um importante jurista romano do período clássico. Sua obra se concentra na segunda metade do século II d.C., embora seu nascimento tenha ocorrido, provavelmente, na época do governo do imperador Adriano. Foi um dos cinco juristas romanos que poderiam ser citados em processos, de acordo com a "Lei das Citações" de Valentiniano III. Suas obras mais importantes foram as manualísticas, como as Institutas de Gaio, que, posteriormente, influenciaram de forma substancial as Institutas do imperador Justiniano. Sobre o tema: MORAES, Bernardo B. Queiroz de. *Manual de Introdução ao Digesto*, São Paulo, YK Editora, 2017, pp. 177/180

14 Gai. 4.39

(i) a *demonstratio,* que continha o enunciado dos fatos que motivavam a demanda[15]; (ii) a *intentio*, que continha um resumo das pretensões do demandante[16]; (iii) a *adiudicatio,* que continha a autorização dada ao juiz para conceder em adjudicação às partes o que lhes correspondesse[17]; e (iv) a *condemnatio*, que continha a atribuição do juiz de poder condenar ou absolver o réu[18].

Nos primeiros anos de uso do processo *per formulas,* permitia-se tanto ao autor como ao réu fazer inscrever uma cláusula logo no começo da *formula.* Essas cláusulas eram chamadas de *praescriptio*[19]. A *praescriptio pro actore* buscava trazer os efeitos do processo para uma eventual parte do seu direito que não estava compreendida no objeto do litígio[20]. Já a *praescriptio pro reo* permitia ao réu subordinar o exame da controvérsia à rejeição de uma objeção preliminar[21].

Como podemos perceber pela estrutura da *formula*, as razões de defesa do réu não eram lançadas em seu texto. A *praescriptio pro reo* servia como uma *denegatio actionis,* visando tão somente a adiar a decisão da controvérsia, ao invés de propriamente trazer ao processo uma defesa de mérito[22]. O silêncio do réu na *formula* não raramente contribuía para a promoção de julgamentos equivo-

15 Gai. 4. 40; CANDIDO, Austréia Magalhães. *A triade do processo per formulas:* formulae, praetores, aequitas. In: Revista da Faculdade de Direito de São Paulo, v. 106/107, Universidade de São Paulo, São Paulo, 2011/2012, p. 662.

16 Gai. 4.41; CANDIDO, Austréia Magalhães. *A triade do processo per formulas:* formulae, praetores, aequitas. In: Revista da Faculdade de Direito de São Paulo, v. 106/107, Universidade de São Paulo, São Paulo, 2011/2012, p. 662.

17 Gai. 4. 42; CANDIDO, Austréia Magalhães. *A triade do processo per formulas:* formulae, praetores, aequitas. In: Revista da Faculdade de Direito de São Paulo, v. 106/107, Universidade de São Paulo, São Paulo, 2011/2012, p. 662.

18 Gai. 4. 43; CANDIDO, Austréia Magalhães. *A triade do processo per formulas:* formulae, praetores, aequitas. In: Revista da Faculdade de Direito de São Paulo, v. 106/107, Universidade de São Paulo, São Paulo, 2011/2012, p. 663.

19 BURDESE, Alberto. *Manuale di Diritto Privato Romano,* 4ª ed, Torino, UTET Giuridica, 2000, p. 95.

20 Gai. 4. 131

21 Gai. 4. 133

22 CANNATA, Carlo Augusto. *Eccezione – Diritto romano.* t. V, In: Novissimo Digesto Italiano, Torino, UTET, 1960, p. 347.

cados, uma vez que, se o autor lograsse êxito na demonstração de nexo entre a *demonstratio* e a *intentio,* o resultado do procedimento caminharia inexoravelmente pela condenação do demandado[23].

No período clássico, a solução das vicissitudes do *ius civile* caminhava sempre pela flexibilidade e dinamismo do *ius honorarium*[24]. Quando uma regra do *ius civile* se apresenta sob uma forma rígida, contrariando os princípios de equidade ou produzindo resultados considerados injustos, cabia ao pretor romano, apoiando-se no ideal de justiça presente no Digesto[25], corrigir o rigorismo do direito[26].

O pretor romano estava atento às deficiências do processo *per formulas.* Em cumprimento à sua missão *corrigendi iuris civilis,* procurou desenvolver um instituto que permitisse ao réu se manifestar qualitativamente no processo civil romano[27]. É, portanto, da atividade do pretor frente às faltas e omissões do *ius civile* que nasce a *exceptio*[28].

A *exceptio,* não diferente da *praescriptio pro reo,* consubstanciava-se em uma cláusula que era inserida na *formula* antes da *condemnatio* e depois da *intentio*[29]. Sua definição precisa chegou

---

23 OLIVEIRA, Rafael Alexandria de. *Aspectos processuais da exceção de contrato não cumprido*, Bahia, Podivm, 2012, p. 27

24 DIAS, Handel Martins. *O processo formulário.* In: Revista da Faculdade de Direito de São Paulo, v. 108, São Paulo, Universidade de São Paulo, 2013, pp. 186/187

25 "Quem deseja aplicar-se ao estudo do direito deve, primeiro de tudo, conhecer de onde deriva esta denominação. É assim chamado de 'justiça'; pois, como muito bem define Celso, o direito é a arte do bom e do justo" (D. 1.1.1. Traduzido por: VASCONCELLOS, Manoel da Cunha Lopes *et al. Digesto ou Pandectas do Imperador Justiniano,* v. 1, São Paulo, YK Editora, 2017, p. 62).

26 SERPA LOPES, Miguel Maria de. *Exceções Substanciais: Exceção de contrato não cumprido (Exceptio non adimpleti contractus),* Rio de Janeiro, Freitas Bastos, 1959, p. 23

27 BONFANTE, Pietro. *Storia del diritto romano,* v.1, 4 ª ed., Milão, Giuffrè, 1958, pp. 128/129.

28 CHIOVENDA, Giuseppe. *Instituições de Direito Processual Civil,* tradução de Paolo Capitanio, v. 1, Campinas, Bookseller, 1998, p. 405

29 BURDESE, Alberto. *Manuale di Diritto Privato Romano,* 4ª ed, Torino, UTET Giuridica, 2000, p. 96

até nós pelas Institutas de Gaio, que convém ser transcrita em apartado:

> "119 – Todas as exceções encerram a negação das alegações do autor...pois toda exceção é oposta pelo réu, porém inserida na fórmula de modo a tornar condicional a condenação, isto é, a fim de o juiz só condenar o réu no caso d o autor não ser responsável por qualquer procedimento doloso"[30]

Nota-se que a cláusula tinha como escopo promover a absolvição do réu, mesmo em face de um direito perfeito e convenientemente afirmado nos termos do *ius civile*[31]. Embora os fatos e pretensões afirmados pelo autor estivessem em conformidade com o direito civil, a absolvição do réu era imposta quando fosse provada a veracidade de certos fatos extintivos ou impeditivos que demonstrassem ser injusto o rígido acolhimento da *intentio*[32].

A *exceptio*, portanto, é uma defesa específica do réu fundada sobre a afirmação de um direito autônomo que visa a absolvição do demandado, mesmo se o direito pretendido pelo demandante encontrar amparo no direito civil[33]. Nos termos contidos nas Institutas do Imperador Justiniano:

> "Devemos agora tratar das exceções que ocorrer como defesa daqueles contra os quais a ação é dirigida. Ocorre, muitas vezes, que a ação do autor, embora fundamentada em direito, é injusta relativamente à pessoa demandada."[34]

---

30 Gai. 4. 119 (Tradução em: CORREIA, Alexandre. *Direito Romano,* v. 2, São Paulo, Saraiva, 1955, p. 266).

31 SERPA LOPES, Miguel Maria de. *Exceções Substanciais: Exceção de contrato não cumprido (Exceptio non adimpleti contractus),* Rio de Janeiro, Freitas Bastos, 1959, p. 25

32 BONFANTE, Pietro. *Storia del diritto romano,* v.1, 4 ª ed., Milão, Giuffrè, 1958, pp. 281/282

33 SERPA LOPES, Miguel Maria de. *Exceções Substanciais: Exceção de contrato não cumprido (Exceptio non adimpleti contractus),* Rio de Janeiro, Freitas Bastos, 1959, p. 26

34 I. 4. 13. (Tradução em: *Institutas do Imperador Justiniano: manual didático para uso dos estudantes de direito de Constantinopla – elaborado por ordem do Imperador Justiniano no ano de 533 d. C.,* tradução de J. Cretella Jr. E Agnes Cretella, São Paulo, Revista dos Tribunais, 2000, p. 329).

Chiovenda procura exemplificar como a *exceptio* era utilizada. O autor exemplifica que, segundo o *ius civile,* em face de uma obrigação oriunda de um negócio formal, não prevalecia o *pactum de non petendo*[35]. Entretanto, se o réu afirmava diante do pretor, na fase *in iure*, a existência de um pacto dessa natureza, o pretor deveria incluir na *formula* a *exceptio pacti*[36]. Assim, mesmo com o afastamento do *pactum de non petendo* pelo direito civil, a *exceptio pacti* poderia ser invocada no procedimento formular para defender os interesses do réu, paralisando a *actio*[37].

Embora claro o exemplo supra, as próprias Institutas de Gaio fornecem exemplos que merecem ser destacados:

> "115 – Tratemos agora das exceções. 116 – As exceções foram introduzidas em defesa dos réus. Pois, como muitas vezes sucede, pode uma pessoa ser acionada segundo o direito civil, constituindo entretanto uma iniquidade condená-la. 116 (a) – Por exemplo, se eu te estipular que te hei de entregar uma soma de dinheiro de contado, a título de empréstimo, e não a entregar, é certo que posso exigir tal dinheiro, pois tu deves dá-lo, achando-te vinculado pela estipulação; mas por ser iníquo condenar-te por tal causa, decide-se seres defendido pela excepio doli 116 (b) Igualmente tendo pactuado contigo não pedir o que me deves, posso entretanto fazê-lo, por não se extinguir pelo pacto a obrigação, mas se decide deva eu ser repelido pela exceção pacti conventi. 117 – Cabem as exceções também nas ações que não são in personam, por exemplo se me coagires pelo medo ou induzires por dolo a te dar alguma coisa em mancipação, pois, se me pedires a coisa, tenho eu contra ti uma exceção pela qual serás repelido, se provar que exerceste ameaça contra mim, ou me induziste por dolo mau. 117 (a) – Também, se comprares do não possuidor

35 O *pactum de non petendo* indicava que, em um determinado negócio, o credor prometeu não executar a dívida contraída pelo devedor. Ver: BURDESE, Alberto. *Manuale di Diritto Privato Romano,* 4ª ed, Torino, UTET Giuridica, 2000, p. 584; MOREIRA ALVES, José Carlos. *Direito Romano,* 16ª ed., Rio de Janeiro, Gen/Forense, 2014, p. 446.

36 Gai. 4. 116b

37 CHIOVENDA, Giuseppe. *Instituições de Direito Processual Civil,* tradução de Paolo Capitanio, v. 1, Campinas, Bookseller, 1998, p. 405. O exemplo também é dado por Pontes de Miranda. Ver: PONTES DE MIRANDA, Francisco Cavalcanti. *Comentários ao Código de Processo Civil,* v. 4, Rio de Janeiro, Forense, 1974, p. 128

> um fundo, que sabes litigioso, e depois o reclamares contra o verdadeiro possuidor, opõe-se-te uma exceção pela qual es integralmente repelido."[38]

Os exemplos das Institutas de Gaio, que posteriormente foram seguidos pelos exemplos nas Institutas de Justiniano[39] demonstram que a *exceptio* rompeu com o nexo inelutável de causalidade que antes existia entre as alegações do autor e a condenação do réu[40].Antes, se o autor demonstrasse nexo entre a *demonstratio* e a *intentio*, o juiz invariavelmente decidiria pela condenação do réu. Com a *exceptio*, o objetivo do juiz mudou. Tornou-se necessário verificar, além da verossimilhança da *intentio*, se o réu não teria provado suficientemente a sua *exceptio*.

No período relativo ao direito justinianeu, verifica-se uma verdadeira centralização e estatização do processo civil romano por meio da superveniência da *cognitio extra ordinem*[41].O procedimento, até então bipartido em duas partes e comandados por duas autoridades distintas, passou a desenrolar-se diante de uma única autoridade estatal: o magistrado[42]. Nesse novo método, a *exceptio* deixou de ser uma forma processual para assumir a forma de um simples meio de defesa do demandado, sem haver a necessidade de qualquer autorização por parte do magistrado[43].

Essa mudança estrutural alterou, em certa medida, os efeitos da *exceptio*. No procedimento *extra ordinem*, a *exceptio* não tinha mais como paralisar a ação, como era feito no processo formular. Entretanto, o seu poder e a sua eficácia se fundiram na noção da

---

38 Gai.4.115/117. (Tradução em: CORREIA, Alexandre. *Direito Romano*, v. 2, São Paulo, Saraiva, 1955, p. 266).

39 I. 4. 13.1/5.

40 SERPA LOPES, Miguel Maria de. *Exceções Substanciais: Exceção de contrato não cumprido (Exceptio non adimpleti contractus)*, Rio de Janeiro, Freitas Bastos, 1959, pp. 24/25

41 BURDESE, Alberto. *Manuale di Diritto Privato Romano*, 4ª ed, Torino, UTET Giuridica, 2000, p.125

42 AZEVEDO, Luiz Carlos de; TUCCI, José Rogério Cruz e. *Lições de História do Processo Civil Romano*, 2ª ed, São Paulo, Revista dos Tribunais, 2013, p. 48.

43 BURDESE, Alberto. *Manuale di Diritto Privato Romano*, 4ª ed, Torino, UTET Giuridica, 2000, p. 127

litis contestatio, meio de defesa do réu em resposta à citação[44]. Mesmo assim, o termo *exceptio* continuou sendo empregado para as defesas do réu que não rechaçassem os pressupostos das reivindicações do autor, mas apontassem para circunstâncias que impedissem, no todo ou em parte, a eficácia dessas postulações[45]. No período justinianeu, portanto, altera-se a estrutura processual da *exceptio*, mas não há modificação substancial no seu conceito ou na sua essência.

Durante o percurso histórico do direito romano, encontram-se duas marcantes características das *exceptiones* que são imperiosas à compreensão técnica do conceito de de exceção.

O primeiro aspecto diz respeito à necessidade da *exceptio* de ser invocada pelo réu, não podendo ser conhecida de ofício nem pelo pretor nem ao *iudex*. O segundo diz respeito à preclusão do direito do réu suscitar a *exceptio* caso superada a fase *in iure*, de modo que a sua ausência nessa fase impedia o *iudex* de conhecê-la de ofício – tendo em vista que o julgamento era feito de acordo com o conteúdo da fórmula[46].

A rica noção romana de *exceptio* perdurou até os nossos dias, não sendo interrompida pela doutrina medieval nem influenciada sensivelmente pelas escolas exegéticas e pandectistas[47].

O conceito romano, não obstante, é insuficiente para esclarecer as consequências jurídicas irradiadas na hipótese de utilização do instituto. Pelo conceito romano não é possível, por exemplo, esmiuçar com clareza qual a natureza jurídica da exceção, os seus requisitos e, principalmente, o seu âmbito operativo. Nesse sentido, se faz necessário caminhar em busca de um sentido de exceção

---

44 ABRACHES, Frederico Cardoso de Araujo. *Litis contestatio,* Revista da Faculdade de Direito de São Paulo, v. 1, Companhia Industrial de São Paulo, São Paulo, 1893, p. 62.

45 BURDESE, Alberto. *Manuale di Diritto Privato Romano,* 4ª ed, Torino, UTET Giuridica, 2000, p. 129

46 SICA, Heitor Vitor Mendonça. *O direito de defesa no processo civil brasileiro: um estudo sobre a posição do réu.* São Paulo, Atlas, 2011, p. 104.

47 SERPA LOPES, Miguel Maria de. *Exceções Substanciais: Exceção de contrato não cumprido (Exceptio non adimpleti contractus),* Rio de Janeiro, Freitas Bastos, 1959, p. 30

que considere os aspectos da dogmática do direito privado moderno, notadamente aqueles trazidos pela superveniência e evolução da teoria do fato jurídico.

Qualquer esforço em torno de uma categoria jurídica deve tomar desenhos precisos. Sem esse cuidado, a conceitualização torna-se vazia para a dogmática do direito privado e inútil para a prática. Em respeito a esta difícil tarefa, o trabalho apontará algumas premissas técnicas que ajudarão a dar um conceito de exceção mais conciso. É o que passa a ser feito.

1.2. As premissas necessárias para a obtenção do sentido técnico de exceção

Do estudo até agora feito em torno da *exceptio,* assinalamos ter ela nascido no direito romano, como um produto da equidade. Seu escopo consistia em mitigar os rigores do *ius civile* e o seu mecanismo manifestava-se de maneira eminentemente procedimental no processo formular. Apesar disso, a superação do regime *per formulas* não comprometeu de forma alguma a *exceptio,* uma vez que, embora perdido o sentido formal, não foi apagado seu sentido substancial[48]. A *exceptio* tinha, e ainda tem, a função de paralisar uma demanda específica do autor, de maneira definitiva ou temporária, embora deixando injulgado o mérito.

---

48 Certos autores germânicos consideram a *exceptio* extinta com o fim do processo formular. Essa afirmação é contestada por romanistas, como Friedrich Carl von Savigny e, mais recentemente, Alberto Burdese. A contestação também é apoiada por Miguel Maria de Serpa Lopes, autor da primeira monografia de fôlego sobre a *exceptio non adimpleti contractus* no Brasil. Para esses autores, a *exceptio* continuou preservando sua função de paralisar a demanda do autor, quando esta encontrava-se oposta a um outro direito do réu Ver: BURDESE, Alberto. *Manuale di Diritto Privato Romano,* 4ª ed, Torino, UTET Giuridica, 2000, p. 129. SAVIGNY, Friedrich Carl von. *Traité de droit romain,* tradução de Charles Guénoux, v. 5, Paris, Librairie de Firmin Didot frères, 1855, pp. 187/188; SERPA LOPES, Miguel Maria de. *Exceções Substanciais: Exceção de contrato não cumprido (Exceptio non adimpleti contractus),* Rio de Janeiro, Freitas Bastos, 1959, pp. 52/53.

Embora a função da *exceptio* tenha sido mantida pelo direito contemporâneo por meio do instituto jurídico da exceção, resta delimitar de maneira técnica os limites deste efeito neutralizador.

Com esse objetivo, repartiremos a análise sobre a exceção contemporânea com o intuito de estabelecer três premissas. A primeira premissa visa a pontuar em que plano do mundo jurídico encontra-se a exceção. A segunda premissa busca precisar a natureza jurídica da exceção. Já a terceira premissa tem como objetivo delimitar quais os requisitos que a exceção impõe para sua aplicação.

1.2.1. Primeira premissa: a exceção atua no plano da eficácia

Tendo em vista que a exceção atua em conjunto com os fatos jurídicos, seu exame pode ser proveitosamente levado a efeito com recurso às indicações extraídas da teoria do fato jurídico, que atribui metodologicamente a existência de três planos jurídicos pelos quais todos os fatos jurídicos podem ser analisados: existência, validade e eficácia[49].

O plano da existência cuida da entrada dos fatos no mundo jurídico[50]. Se olharmos especificamente para a figura do negócio jurídico, mais detalhada pela doutrina, elemento é tudo aquilo que compõe sua existência no campo do direito[51].

A evolução histórica do instituto da exceção deixa claro que sua função primordial deve envolver a paralisação do exercício de um direito. Nesse sentido, a exceção não consiste, propriamente, em elemento de existência de determinado ato jurídico, pois nada

---

49 Sobre a contribuição da tricotomia para a análise dogmática do direito privado, Ver: SCHMIDT, Jan Peter. *Vida e obra de Pontes de Miranda a partir de uma perspectiva alemã: com especial referência à tricotomia "existência, validade e eficácia do negócio jurídico".* In: Revista Fórum de Direito Civil, Belo Horizonte, 3, 5, 2014, pp.135/158.

50 PONTES DE MIRANDA, Francisco Cavalcanti. *Tratado de direito privado: parte geral. Bens. Fatos jurídicos,* t. 2, Rio de Janeiro, Borsoi, 1954, p. 183

51 AZEVEDO, Antônio Junqueira de. *Negócio jurídico: existência, validade e eficácia,* 4ª ed, 8. tiragem, São Paulo, Saraiva, 2013, p. 31.

diz respeito à sua identificação no mundo jurídico. A exceção não se prende ao suporte fático da relação jurídica[52]

O plano da validade serve a controlar o modo de entrada da declaração negocial no mundo do direito[53]. É o plano característico dos negócios jurídicos, já que o negócio jurídico é o único ato jurídico capaz de gerar efeitos não previamente estabelecidos pelo ordenamento e, por isso, precisa de um controle legal para a sua entrada no mundo do direito. Para que o negócio jurídico possa valer, é preciso que o mundo jurídico, no qual o negócio ingressou, o tenha por apto a nele atuar e permanecer[54]. São impostos a todos os negócios jurídicos os chamados requisitos de validade: caracteres que a lei requer dos elementos do negócio para conferir-lhes validade[55].

A carência de um requisito de validade torna o negócio inválido. A invalidade pode ser reconhecida pela nulidade, como nos casos de negócios jurídicos celebrados por pessoa absolutamente incapaz, ou pela anulabilidade, como nos casos dos vícios de consentimento.

A exceção tampouco busca apontar a ausência de um requisito de validade, alegando qualquer nulidade ou anulabilidade. Pelo contrário, a *exceptio* partia de um pressuposto em que se reconhecia que o ato excetuado era amparado pelo *ius civile*. Nos casos de invalidade, é necessário acionar, e não excepcionar[56]. O conceito estrito de exceção não pode vislumbrá-la no plano da validade.

---

52 PONTES DE MIRANDA, Francisco Cavalcanti. *Tratado de direito privado: parte geral. Exceções. Direitos mutilados. Exercício dos direitos, pretensões, ações e exceções. Prescrição.* t. 6, Rio de Janeiro, Borsoi, 1956, p. 4.

53 AZEVEDO, Antônio Junqueira de. *Negócio jurídico: existência, validade e eficácia,* 4ª ed. 8. tiragem, São Paulo, Saraiva, 2013, p. 41.

54 PONTES DE MIRANDA, Francisco Cavalcanti. *Tratado de direito privado: parte geral. Validade. Nulidade. Anulabilidade.* t. 4, Rio de Janeiro, Borsoi, 1954, p. 3.

55 AZEVEDO, Antônio Junqueira de. *Negócio jurídico: existência, validade e eficácia,* 4ª ed. 8. tiragem, São Paulo, Saraiva, 2013, p. 42.

56 PONTES DE MIRANDA, Francisco Cavalcanti. *Tratado de direito privado: parte geral. Exceções. Direitos mutilados. Exercício dos direitos, pretensões, ações e exceções. Prescrição.* t. 6, Rio de Janeiro, Borsoi, 1956, p. 5.

O plano da eficácia é a parte do mundo jurídico onde os fatos jurídicos produzem os seus efeitos. Naturalmente, fala-se aqui não de toda e qualquer eficácia prática do fato, mas tão somente da eficácia jurídica, isto é, da eficácia referente aos efeitos jurídicos típicos desse fato[57]. Em síntese, o plano da eficácia cuida da irradiação do fato jurídico[58].

Por encobrir o exercício de uma posição jurídica, a exceção está claramente inserida no plano da eficácia. Entretanto, sua operação dentro do mundo jurídico é menos grave que outros institutos inseridos no plano da eficácia, como a resolução, a resilição, ou qualquer outra causa de extinção. A exceção, ao exemplo da *exceptio* romana, não ataca o ato jurídico e nem contesta o pedido da ação do demandante[59]. Aliás, ao contrário de negar o direito em vias de exercício, a exceção o supõe, mas supõe também um outro que toca ao excipiente[60]. Em outras palavras, o objetivo de qualquer exceção é justamente modificar a eficácia de um ato jurídico, a despeito de sua existência, validade e irresolubilidade[61].

Diferentemente do que já se pensou sobre o assunto[62], nota-se que a exceção não tem por escopo a destruição da eficácia, pois

---

57 AZEVEDO, Antônio Junqueira de. *Negócio jurídico: existência, validade e eficácia*, 4ª ed. 8. tiragem, São Paulo, Saraiva, 2013, p. 49.

58 PONTES DE MIRANDA, Francisco Cavalcanti. *Tratado de direito privado: parte geral. Eficácia jurídica. Determinações inexas e anexas. Direitos. Pretensões. Ações.* t. 5, Rio de Janeiro, Borsoi, 1956, p. 3.

59 TEIXEIRA DE FREITAS, Augusto. *Regras de direito: seleção clássica em quatro partes*, São Paulo, Lejus, 2000, p. 82.

60 AGUIAR JR., Ruy Rosado. *Extinção dos contratos por incumprimento do devedor (resolução)*, Rio de Janeiro, Aide, 1991, p. 223.THEODORO JR., Humberto. *Alguns aspectos relevantes da prescrição e decadência no novo código civil.* In: Revista Síntese de direito civil e processual civil, 23, 5, 2003, p. 22.

61 PONTES DE MIRANDA, Francisco Cavalcanti. *Tratado de direito privado: parte geral. Exceções. Direitos mutilados. Exercício dos direitos, pretensões, ações e exceções. Prescrição.* t. 6, Rio de Janeiro, Borsoi, 1956, p. 3.

62 A doutrina italiana do começo do século XX ainda compreendia a exceção como uma permissão dada pela lei não somente para impedir como também para extinguir absolutamente determinada posição jurídica. Este pensamento, entretanto, foi superado na sequência da segunda metade do século. A título exemplificativo: BOLAFFI, Renzo. *Le eccezioni nel diritto sostanzia-*

é de sua natureza o reconhecimento da produção de efeitos do ato jurídico excetuado. Não se nega a eficácia, mas visa-se tão somente à neutralização da eficácia durante o tempo em que se verifica a situação protegida pela exceção. Nas palavras de Pontes de Miranda, trata-se de um *encobrimento da eficácia*, e não ineficácia absoluta ou relativa[63].

1.2.2. Segunda premissa: deve ser, em regra, arguida pelo demandado

A experiência histórica da *exceptio* discrimina a importante característica lógica de que a exceção é instrumento de defesa que só pode ser exercido por quem é demandado. Vale dizer, entretanto, que o campo de exercício da exceção não está restrito à tutela jurisdicional estatal ou arbitral. Já se admite há muito tempo sua arguição em procedimentos extrajudiciais[64]. O exercício extrajudicial da exceção pode vir a ser apreciado, supervenientemente, em procedimento judicial ou arbitral.

Nesse sentido, a compreensão de demandado precisa ser ampla, para contemplar não só o réu, mas também o reconvindo, o requerido em procedimento arbitral, o cobrado extrajudicialmen-

---

le, Milano, Società Editrice Libraria, 1936; ESCOBEDO, Felicia. *L'eccezione in senso sostanziale.* In: Rivista di Proceso Civile, v. 4, Milano, 1927. Mais recentemente na Itália, mas já de forma minoritária: DENTI, Vitorio. *L'eccezione nel processo civile.* In: Rivista Trimestrale di Diritto e Procedura Civile. Milano, Giuffrè, ano 15, pp. 20/40, 1961. O pensamento atual já aparece em estudos mais recentes, como por exemplo: COSTA, Sergio. *Eccezione,* In: Novissimo Digesto Italiano, v. 6, Torino, UTET, 1960, pp. 259/263.

63 PONTES DE MIRANDA, Francisco Cavalcanti. *Tratado de direito privado: parte geral. Exceções. Direitos mutilados. Exercício dos direitos, pretensões, ações e exceções. Prescrição.* t. 6, Rio de Janeiro, Borsoi, 1956, p. 4.

64 PONTES DE MIRANDA, Francisco Cavalcanti. *Tratado de direito privado: parte geral. Exceções. Direitos mutilados. Exercício dos direitos, pretensões, ações e exceções. Prescrição.* t. 6, Rio de Janeiro, Borsoi, 1956, p. 6.

te, entre outros. É dizer: só pode exercer exceção aquele sujeito contra quem se postula algo[65].

Outro aspecto importante prospectado do estudo histórico é que a exceção requer necessariamente uma atitude proativa do demandado, não podendo ser reconhecida *ex officio*. Retomando o exemplo de Chiovenda, se o réu não chamasse a atenção do pretor para que este incluísse a *exceptio pacti*, o *pactum de non petendo* continuaria afastado pelo *ius civile*[66].

Fruto dessa caraterística que sempre acompanhou a exceção, deve o demandado afirmar e fazer valer a exceção, não podendo o juiz reconhecê-la ou levá-la em consideração, mesmo se provados os seus requisitos pelo próprio autor. Em outras palavras, a afirmação do réu referente ao instituto é a condição jurídica que habilita o juiz aplicar o efeito neutralizante pretendido pela exceção[67].

Ao estudar o instituto, Pontes de Miranda também deixa claro que tal característica ainda deve persistir no estudo hodierno da exceção:

> "Em vez de fato, o que o juiz tem de encontrar é o exercício do direito do réu, o exercício do *ius exceptionis*. [...]. Por mais cumprida e completamente provada que esteja, nos autos, a exceção, se não foi oposta, isto é, alegada como exercício (=comunicação de conhecimento + comunicação de vontade), nada pode o juiz no sentido de atender a ela. "[68]

---

65 OLIVEIRA, Rafael Alexandria de. *Aspectos processuais da exceção de contrato não cumprido*, Bahia, Podivm, 2012, p. 34.

66 CHIOVENDA, Giuseppe. *Instituições de Direito Processual Civil*, tradução de Paolo Capitanio, v. 1, Campinas, Bookseller, 1998, p. 405.

67 CALAMANDREI, Piero. *Direito Processual Civil*, tradução de Luiz Abezia e Sandra Drina Fernandez Barbery, v. 1, Campinas, Bookseller, 1999, p. 194; CHIOVENDA, Giuseppe. *Instituições de Direito Processual Civil*, tradução de Paolo Capitanio, v. 1, Campinas, Bookseller, 1998, p. 418; PASSOS, J.J. Calmon de. *Exceção*. In: FRANÇA, Rubens Limongi, *Enciclopédia Saraiva do Direito*, v. 34, São Paulo, Saraiva, 1977, p. 359.

68 PONTES DE MIRANDA, Francisco Cavalcanti. *Tratado de direito privado: parte geral. Exceções. Direitos mutilados. Exercício dos direitos, pretensões, ações e exceções. Prescrição*. t. 6, Rio de Janeiro, Borsoi, 1956, pp. 10/11.

No ato jurídico em que o demandado exerce a exceção, não é exigido que sejam apontados os fundamentos jurídicos que atestam sua incidência[69]. A exceção já será considerada oposta se o demandado alegá-la no ato da recusa do cumprimento postulado pelo demandante[70].

A segunda premissa, portanto, consiste na impossibilidade de a exceção ser cognoscível de ofício. Tal impossibilidade, entretanto, admite pouquíssimas reservas, que necessariamente eram estabelecidas pelo ordenamento jurídico. No direito romano, a regra era afastada em poucos casos[71]. No direito brasileiro, a exceção de prescrição é um exemplo de exceção que, por reserva legal, pode ser conhecida *ex officio* pelo juiz.

1.2.3. Terceira premissa: é contradireito

A natureza jurídica da exceção é espaço de fértil discussão acadêmica. O assunto não encontra consenso nas obras mais antigas[72] e, nos trabalhos mais recentes, o assunto é tratado em diálogo mais reduzido[73].

---

69 ESPÍN CÁNOVAS, Diego. *La excepción de cumplimiento contractual.* In: Anuario de Derecho Civil, Madrid, 07-09, 1964, p. 580.

70 PONTES DE MIRANDA, Francisco Cavalcanti. *Tratado das ações: ação, classificação e eficácia,* t. 1, São Paulo, Revista dos Tribunais, 1970, pp. 63/64.

71 Eram raríssimos os casos em que a *exceptio* poderia operar independentemente de alegação do demandado. Cita-se como exemplo a exceção de exercício ilícito de direito. Sobre o assunto: KASER, Max. *Direito privado romano,* [trad. Samuel Rodrigues e Ferdinand Hämmerle], Lisboa, Fundação Calouste Gulbenkian, 1999, p. 202.

72 A título exemplificativo, vale citar dois trabalhos clássicos sobre exceção de contrato não cumprido, tema principal do presente esforço: (i) a conclusão de Pontes de Miranda (PONTES DE MIRANDA, Francisco Cavalcanti. *Tratado de direito privado: parte geral. Exceções. Direitos mutilados. Exercício dos direitos, pretensões, ações e exceções. Prescrição.* t. 6, Rio de Janeiro, Borsoi, 1956, p. 6), que entende a exceção como um contradireito; e (ii) a de Serpa Lopes, que entende a exceção como uma faculdade (SERPA LOPES, Miguel Maria de. *Exceções Substanciais: Exceção de contrato não cumprido (Exceptio non adimpleti contractus),* Rio de Janeiro, Freitas Bastos, 1959, p. 73)

73 A título exemplificativo: GAGLIARDI, Rafael Villar. *Exceção de contrato não cumprido,* São Paulo, Saraiva, 2010, p. 7; OLIVEIRA, Rafael Alexandria de. *Aspectos processuais da exceção de contrato não cumprido,* Bahia, Podivm, 2012, p. 45.

Em primeiro lugar, não nos parece que a exceção possa ser compreendida como um direito postestativo[74]. Em breves linhas, direito potestativo é a posição jurídica que permite ao seu titular modificar, de modo unilateral, uma situação subjetiva de outrem que, não podendo evitá-lo, deve apenas sujeitar-se[75]. São direitos potestativos, por exemplo: (i) o direito do condômino de coisa indivisível de haver para si a parte vendida a estranho, no caso de não lhe ter sido dada ciência da venda (art. 504 do Código Civil); (ii) o direito do credor constituir o devedor em mora (art. 397 do Código Civil); e (iii) o direito de renunciar ao mandato (art. 682, I do Código Civil).

O exercício de um direito postestativo ocorre independentemente da vontade de quem os deve suportar. Nas palavras de Serpa Lopes, "ao que cumpre sofrer com as consequências da declaração da vontade de outrem, isto é, da vontade daquele que exercita o seu direito potestativo, não deve e não pode fazer o que quer que seja, como sucede no caso do exercício de um direito de preferência ou no da aceitação de uma herança."[76]

Ora, tal passividade e sujeição são inconciliáveis com a noção de exceção. O demandante não se encontra em situação de sujeição frente à possibilidade de o demandado invocar a exceção. Afinal, o demandante pode agir para pôr fim à situação fática que

---

74 A título exemplificativo, cita-se nesse sentido o trabalho de Cleanto Guimarães Siqueira, a exceção resulta na apresentação, pelo réu, de "fatos extintivos, modificativos ou impeditivos do direito do autor. Em: SIQUEIRA, Cleanto Guimarães. *A defesa no processo civil: exceções substanciais no processo de conhecimento.* 3ª ed., São Paulo, Saraiva, 2008, p. 286. Também reconhecem a exceção como direito potestativo: BIANCA, Cesare Massimo. *Diritto civile: la responsabilità,* ristampa, Milano, Giuffrè, 1999, p. 329; BOLAFFI, Renzo. *Le eccezioni nel diritto sostanziale,* Milano, Società Editrice Libraria, 1936;

75 AMARAL, Francisco. *Direito civil: introdução,* 7ª ed., Rio de Janeiro, Renovar, 2008, pp.236/237; GOFFREDO TELLER JUNIOR, *Direito subjetivo.* In: FRANÇA, Rubens Limongi, *Enciclopédia Saraiva do Direito,* v. 57, São Paulo, Saraiva, 1977, p. 315.

76 SERPA LOPES, Miguel Maria de. *Exceções Substanciais: Exceção de contrato não cumprido (Exceptio non adimpleti contractus),* Rio de Janeiro, Freitas Bastos, 1959, p. 71.

dá suporte à exceção dilatória, por exemplo. A depender do caso, pode o próprio demandante também opor exceção[77].

Outra incompatibilidade gerada pela aproximação da exceção à categoria de direito potestativo se apresenta na forma como estes direitos são exercidos. Os direitos potestativos são praticados por meio de ações constitutivas ou desconstitutivas, que podem criar, modificar ou extinguir uma relação jurídica[78]. As exceções, por outro lado, são sempre declarativas – e nunca constitutivas, condenatórias, modificativas ou executivas[79].

Em outras palavras, as exceções não buscam extinguir a eficácia de determinada situação jurídica, como acontece no exercício de um direito potestativo extintivo. A revogação da doação (art. 555 do Código Civil) é direito potestativo que extingue a eficácia da pretensão do donatário em receber o bem doado. A exceção de contrato não cumprido (art. 476 do Código Civil) somente encobre a eficácia da pretensão do contratante enquanto seus requisitos estiverem presentes.

A exceção tampouco pode ser compreendida como uma espécie de pretensão[80]. A pretensão é compreendida como a situação jurídica que permite ao seu titular exigir uma determinada ação ou omissão de outrem[81-82]. É a pretensão que dá legitimação

---

77 Como exemplo, podemos citar a própria exceção de contrato não cumprido. É possível que o demandante, que tenha tido pretensão ofuscada pela exceção, receba do próprio demandado cobrança do que foi pactuado. Neste caso, o demandante – agora demandado – pode opor a exceção frente à pretensão da outra parte, ora demandante.

78 SIMÃO, José Fernando. *Prescrição e decadência: início dos prazos*, São Paulo, Atlas, 2013, p. 184.

79 PONTES DE MIRANDA, Francisco Cavalcanti. *Tratado de direito privado: parte geral. Exceções. Direitos mutilados. Exercício dos direitos, pretensões, ações e exceções. Prescrição.* t. 6, Rio de Janeiro, Borsoi, 1956, p. 6.

80 Nesse sentido: GOGLIANO, Daisy. *A exceção civil como instrumento de tutela na resolução dos contratos sinalagmáticos.* Tese de Titularidade, São Paulo, Universidade de São Paulo, 2013, p. 108.

81 A adoção do termo pretensão no direito pátrio guarda relação com a redação do parágrafo 194 do Código Civil Alemão (BGB). Em tradução: "O direito de exigir de outro uma ação ou uma omissão (pretensão) se extingue por prescrição".

82 AMARAL, Francisco. *Direito civil: introdução*, 7ª ed., Rio de Janeiro, Renovar, 2008, pp.240.

material para exercer, por meio de ação em sentido material, uma exigência específica de uma pessoa frente a outra[83].

Se a exceção fosse uma espécie de pretensão, deveria haver um dever jurídico correlato a ela no feixe de situações jurídicas do demandante, afinal: "pretensão e obrigação têm entre si uma relação de correlação, no sentido de que à pretensão de um sujeito (situação jurídica ativa) corresponde uma obrigação do outro sujeito (situação jurídica passiva)"[84].

Não é esta a eficácia pretendida pelo instituto. A exceção não tem o condão de compelir o demandante a tomar qualquer ação ou omissão. A exceção somente tem efeito paralisador sobre a situação jurídica pela qual se opõe. Ao opor exceção, o demandado encobre a eficácia pretendida pelo demandante, mas não o compele a tomar nenhuma atitude. O demandante, assim, não está obrigado a tomar qualquer ação ou omissão por força da exceção oposta. Essa consequência é incompatível com a situação jurídica pretensão.

Justamente por encobrir a eficácia, a exceção só poderá ser classificada como um contradireito, uma vez que seu campo de atuação se destina tão somente a encobrir os efeitos do direito, pretensão ou ação contra o que se dirige[85].

É na constatação do poder de neutralização da eficácia que se verifica a natureza da exceção[86]. A exceção é um contradireito porque tem efeito neutralizante, na medida em que, uma vez exercida, não tem aptidão para extinguir o direito contraposto, mas serve somente como um anteparo dos seus efeitos[87]. Por ser espécie de contradireito, a exceção integra o feixe de situações jurídicas deti-

---

83 LARENZ, Karl. *Derecho Civil - Parte general,* Madrid, Revista Derecho Privado, 1978, pp. 315/316

84 LUMIA, Giuseppe. *Elementos de teoria e ideologia do direito.* Tradução de Denise Agostinetti. São Paulo, Martins Fontes, 2003, pp. 105/106.

85 PONTES DE MIRANDA, Francisco Cavalcanti. *Tratado de direito privado: parte geral. Exceções. Direitos mutilados. Exercício dos direitos, pretensões, ações e exceções. Prescrição.* t. 6, Rio de Janeiro, Borsoi, 1956, p. 8.

86 CHIOVENDA, Giuseppe. *Instituições de Direito Processual Civil,* tradução de Paolo Capitanio, v. 1, Campinas, Bookseller, 1998, p. 409.

87 OLIVEIRA, Rafael Alexandria de. *Aspectos processuais da exceção de contrato não cumprido,* Bahia, Podivm, 2012, p. 43.

das pelo demandado, compondo seu direito subjetivo como uma posição jurídica ativa[88].

1.3. A delimitação conceitual de exceção

A aproximação feita neste capítulo sobre o tema da exceção foi seletiva. Abordam-se aqui as dificuldades em torno do conceito de exceção que mais interessam às fronteiras de operação da exceção de contrato não cumprido. Há uma série de desafios em torno do conceito de exceção que interessam de perto a estudos voltados ao direito processual e que, consequentemente, contam com obras de maior fôlego sobre o assunto[89].

Para o que nos interessa, a exceção pode ser definida como o contradireito de que o demandado, judicial ou extrajudicialmente, pode valer-se para encobrir – neutralizar – a eficácia irradiada do direito, da pretensão, da ação a que se contrapõe.

Trata-se de uma verdadeira posição de vantagem do demandado em face do demandante. Determinada norma jurídica confere essa vantagem ao demandado na medida em que se verifica a presença de um suporte fático peculiar. A ocorrência dessa circunstância fática, embora não prejudique a existência e validade da posição jurídica do demandante, dá ao demandado uma posição jurídica ativa que lhe permite, excepcionalmente, encobrir a eficácia da vantagem do demandante.

Definido o conceito de exceção, pode-se dar início ao estudo da última categoria geral que antecede o objeto deste estudo: a

---

88 MENEZES CORDEIRO, António Manuel da Rocha e. *Tratado de direito civil*, t. 9, 2ª ed., Coimbra, Almedina, 2016, p. 266.

89 No âmbito processual, por exemplo, há interessante questão sobre a necessidade e utilidade em dizer que o conceito de exceção é restrito às matérias de defesa indireta. Indica-se, para uma abordagem do tema mais voltada para a solução de dilemas processuais: SICA, Heitor Vitor Mendonça. *O direito de defesa no processo civil brasileiro: um estudo sobre a posição do réu*. São Paulo, Atlas, 2011; SIQUEIRA, Cleanto Guimarães. *A defesa no processo civil: exceções substanciais no processo de conhecimento*. 3ª ed., São Paulo, Saraiva, 2008. Ainda sobre o tema das exceções, mas sob o enfoque da exceção substancial: GOGLIANO, Daisy. *A exceção civil como instrumento de tutela na resolução dos contratos sinalagmáticos*. Tese de Titularidade, São Paulo, Universidade de São Paulo, 2013.

exceção substancial, gênero da espécie exceção de contrato não cumprido.

As questões práticas advindas da conceitualização da exceção, como, por exemplo, o decurso de prazo para seu exercício, serão tratadas à luz da exceção de contrato não cumprido, objeto deste estudo.

2. Classificação das exceções

Partindo do conceito de exceção formulado, já é possível percorrer as classificações destinadas ao instituto.

O agrupamento dos diferentes tipos de exceções em categorias é ferramenta indispensável para a sistematização e compreensão das normas jurídicas, cogentes ou dispositivas, aplicáveis a cada espécie de exceção.

Por vezes as normas jurídicas se encontram expressamente endereçadas a um determinado tipo de exceção, como é o caso do art. 332, §1º, do Código de Processo Civil, que excepciona o regime geral e permite que a exceção substancial de prescrição seja reconhecida de ofício pelo juízo.

Em outros casos, as normas são destinadas a princípio para todas as exceções, mas na realidade só encontram âmbito de operação em uma determinada categoria da figura, como acontece com o art. 190 do Código Civil.

A classificação das exceções mediante as categorias que serão discutidas a seguir obedece a diversos critérios distintivos, que podem fazer referência à matéria tratada, à forma de exercício, ao alargamento do efeito neutralizador, dentre outros fatores. Em primeiro lugar, será enfrentada a classificação das exceções em processuais e substanciais – essencial a este trabalho. Depois, os demais critérios serão, desde logo, feitos sob a ótica da exceção substancial, já que é a categoria que mais de perto interessa ao exame da exceção de contrato não cumprido[90].

---

90 Para o estudo de outras categorias de exceções, ver: PONTES DE MIRANDA, Francisco Cavalcanti. *Tratado de direito privado: parte geral. Exceções. Direitos mutilados. Exercício dos direitos, pretensões, ações e exceções. Prescrição.* t. 6, Rio de Janeiro, Borsoi, 1956, p. 14. Edição do Pontes? CHIOVENDA, Giu-

2.1. Exceções processuais e exceções substanciais

Como vimos, a exceção tem por fim neutralizar os efeitos do direito, pretensão ou ação movida pelo demandante contra o demandado. Dentro deste escopo, a depender do objeto de ataque da exceção, ela poderá ser classificada como uma exceção processual ou exceção substancial.

As exceções processuais, também conhecidas como exceções de rito, procuram impugnar o andamento processual de determinada demanda[91]. Elas não têm campo de incidência na esfera do direito material ou do próprio direito subjetivo do demandante. Em outras palavras, as exceções processuais procuram alterar a relação jurídica processual, apontando vícios relativos à prestação de serviços jurisdicionais[92]. Nas palavras de José João Abrantes, "*o direito [subjetivo e material] que o autor invoca, se existe, fica intacto.*"[93]

Como as exceções, em regra, não são cognoscíveis de ofício, as exceções processuais são bastante raras na nossa sistemática processual, uma vez que as defesas processuais são, como regra, cognoscíveis de ofício, por expressa previsão do art. 485, §3º, do Código de Processo Civil[94]. As exceções processuais que restam no nosso sistema são somente duas: a de incompetência relativa e a existência de convenção arbitral (art. 337, §5º do Código de Processo Civil)[95].

---

seppe. *Instituições de Direito Processual Civil,* tradução de Paolo Capitanio, v. 1, Campinas, Bookseller, 1998, p. 346.

---

91 SERPA LOPES, Miguel Maria de. *Exceções Substanciais: Exceção de contrato não cumprido (Exceptio non adimpleti contractus),* Rio de Janeiro, Freitas Bastos, 1959, p. 86.

92 SIQUEIRA, Cleanto Guimarães. *A defesa no processo civil: exceções substanciais no processo de conhecimento.* 3 ed., São Paulo, Saraiva, 2008, p. 279.

93 ABRANTES, José João. *A excepção de não cumprimento do contrato.* 2ª ed., Coimbra, Almedina, 2014, p. 130.

94 APRIGLIANO, Ricardo de Carvalho. *A ordem pública no direito processual civil,* Tese de Doutorado, São Paulo, Universidade de São Paulo, 2010, p. 153

95 Sobre a dificuldade da doutrina em reconhecer outras espécies de exceções processuais: SICA, Heitor Vitor Mendonça. *O direito de defesa no processo civil brasileiro: um estudo sobre a posição do réu.* São Paulo, Atlas, 2011, pp. 69/70.

Por outro lado, as exceções substanciais atacam a eficácia das posições jurídicas de direito material que compõem o direito subjetivo do demandante. Trata-se de contradireitos – como qualquer exceção – destinados a se oporem contra a situação jurídica ativa afirmada pelo demandante, visando a neutralizar, temporária ou definitivamente, os seus efeitos[96].

Um exemplo de exceção substancial é própria exceção de contrato não cumprido, já que por meio dela o demandado poderá neutralizar a eficácia da pretensão (situação jurídica ativa de direito material) do demandante – se presentes os requisitos necessários para a sua oposição.

A presente definição de exceção substancial já evidencia uma característica importante para o estudo de quaisquer de suas espécies, incluindo a exceção de contrato não cumprido: ao opor a exceção, o demandado não rechaça o argumento de que o demandante é titular de um direito existente e eficaz; entretanto, por força da exceção oposta, a eficácia deste direito do demandante deverá ser neutralizada[97].

Dada a sua natureza de exceção, a exceção substancial em regra não poderá ser reconhecida de ofício. Tal regra geral, entretanto, admite reservas. Uma delas é a própria exceção substancial de prescrição.

É bem verdade que ainda existe certo debate acadêmico sobre a atual natureza jurídica da alegação de prescrição. Antes de 2006, não havia dúvidas de que a alegação de prescrição era exceção substancial, já que ela seguia a regra geral de não poder ser reconhecida de ofício. Entretanto, a Lei 11.280/06 alterou o Código

96 OLIVEIRA, Rafael Alexandria de. *Aspectos processuais da exceção de contrato não cumprido*, Bahia, Podivm, 2012, p. 49; Ver também: FONTES, André. *A pretensão como situação jurídica subjetiva*, Belo Horizonte, Del Rey, 2002, pp. 49/50.

97 ORIANI, Renato. *Eccezione*. In: Digesto delle Discipline Privatistiche, t. 3, Turino, UTET, 1999, p. 262. A noção de que a oposição de exceção dá amparo ao reconhecimento do direito do autor foi posta como lugar comum pelo axioma "*Exceptio eundem, quem de jure tenet, repellit*", que pode ser traduzido como "exceção repele a quem de direito pode ser demandado" (TEIXEIRA DE FREITAS, Augusto. *Regras de direito: seleção clássica em quatro partes*, São Paulo, Lejus, 2000, p. 91).

de Processo Civil de 1973 neste particular, permitindo que tal espécie de exceção fosse reconhecida de ofício pelo juízo (art. 219, §5º, do Código de Processo Civil de 1973). Justamente por causa dessa alteração, alguns doutrinadores pensaram que a alegação de prescrição teria perdido sua natureza jurídica de exceção[98].

Entretanto, no nosso entender, a referida alteração não modificou a natureza jurídica de exceção da alegação de prescrição. A opção do legislador sugere o tratamento da questão como contingencial, ditada pelo direito positivo e incapaz de desconfigurar a natureza jurídica de exceção à alegação de prescrição[99]. Em outras palavras, trata-se de medida do legislador decorrente de uma política judiciária de redução de processos[100]. A alegação de prescrição é espécie de exceção que tem, em seu regime jurídico específico, uma característica das objeções, embora não se identifique com elas[101].

Ora, até mesmo no direito romano já existiam hipóteses – embora raras– em que determinada *exceptio* poderia ser reconhecida de ofício tanto pelo pretor como pelo *iudex*. Cita-se, como exemplo, a exceção de exercício ilícito de direito[102]. Mesmo reconhecida *ex officio*, a referida figura não perdia sua natureza de *exceptio*.

---

98 Nesse sentido: GAGLIARDI, Rafael Villar. *Exceção de contrato não cumprido*, São Paulo, Saraiva, 2010, p. 9; MEDINA, José Miguel Garcia et. al. *Breves comentários à nova sistemática processual civil*. v. 2, São Paulo, Revista dos Tribunais, 2006, pp. 41/42

99 OLIVEIRA, Rafael Alexandria de. *Aspectos processuais da exceção de contrato não cumprido*, Bahia, Podivm, 2012, p. 55.

100 SIMÃO, José Fernando. *Prescrição e decadência: início dos prazos*, São Paulo, Atlas, 2013, pp. 232/237.

101 DIDIER JR. Fredie. *Aspectos processuais da prescrição: conhecimento* ex officio *e alegação em qualquer fase do procedimento*. In: CIANCI, Mirna (coord.) *Prescrição no Código Civil: uma análise multidisciplinar*. 2ª ed., São Paulo, Saraiva, 2006, pp. 61/62; THEODORO JR., Humberto. *Distinção científica entre prescrição e decadência: um tributo à obra de Agnelo Amorim Filho*. In: DIDIER JR., FREDIE; MAZZEI, Rodrigo (coord.) *Reflexos do novo Código Civil na legislação processual*. Salvador, JusPodivm, 2006, pp.202/203.

102 KASER, Max. *Direito privado romano*, tradução de Samuel Rodrigues e Ferdinand Hämmerle, Lisboa, Fundação Calouste Gulbenkian, 1999, p. 202.

Evidenciado o conceito de exceção substancial e determinada sua característica especial de não causar oposição à existência de situação jurídica ativa na esfera jurídica do demandante[103], é de grande valia para o presente estudo conhecer mais a fundo como as exceções de direito material operam de maneira geral. Serão dois critérios de classificação analisados aqui: a que classifica as exceções substanciais em dilatórias e peremptórias; e em dependentes e independentes.

Antes de percorrer esse estudo, cumpre fazer nota do porquê que este trabalho não analisará a classificação das exceções substanciais em próprias e impróprias, também conhecidas como exceções simples – as primeiras; e reconvencionais – as segundas[104]. Normalmente, a doutrina costuma classificar as exceções próprias como as que neutralizam a eficácia sem movimentação de pretensão própria e as exceções impróprias como as que são espécies de defesa que, na verdade, é uma movimentação de pretensão na via reversa[105].

A razão de não ser abordada tal classificação é simples: ela não constitui uma dicotomia verdadeira. Ora, como já vimos, o conceito de exceção implica o exercício de um contradireito, na forma que a exceção reconvencional – por implicar exercício de pretensão – não é sequer exceção em sentido técnico[106]. Em pa-

---

103 A exceção substancial não efetivamente nega a existência de direito do autor. Isso não significa, entretanto, que a exceção confessa o petitório do demandante. O afastamento deste entendimento, aliás, ficou cunhado no axioma latino *"Excipiens non videtur fatari'*, conhecido já por muito tempo pelo direito romano-germânico: "Não parece confessar (ou reconhecer) quem por Exceção é removido do petitório da Ação" (TEIXEIRA DE FREITAS, Augusto. *Regras de direito: seleção clássica em quatro partes,* São Paulo, Lejus, 2000, p. 440).

104 CHIOVENDA, Giuseppe. *Instituições de Direito Processual Civil,* tradução de Paolo Capitanio, v. 1, Campinas, Bookseller, 1998, p. 423.

105 "Como se diz em alegoria simples, porém didática: as exceções próprias são defesas com escudo; as impróprias, com espada" (NEVES, Julio Gonzaga Andrade. *A suppressio (*Verwirkung*) no Direito Civil.* São Paulo, Almedina, 2016, p. 66).

106 CHIOVENDA, Giuseppe. *Instituições de Direito Processual Civil,* tradução de Paolo Capitanio, v. 1, Campinas, Bookseller, 1998, p. 423

lavras mais simples, pode-se dizer que a exceção imprópria é tão imprópria que nem chega a ser verdadeiramente uma exceção.

Feita essa nota, parte-se para a análise de classificações que interessam ao sentido mais estrito de exceção substancial.

2.1.1. Exceções substanciais dilatórias e peremptórias

Trata-se de uma das principais categorias de exceções, já relevante nos tempos das Institutas de Gaio[107]. Tal relevância histórica da dicotomia não deixou de transparecer ao longo dos séculos, embora o percurso histórico tenha rendido alterações nos conceitos.

As Ordenações do Reino de Portugal, desde as Ordenações Afonsinas[108], se preocuparam em esquematizar as exceções dilatórias e peremptórias, já formuladas de forma diferente da maneira de Gaio. No processo de evolução normativa das Ordenações, as exceções dilatórias e peremptórias sofreram sensíveis alterações referentes ao momento do rito processual que poderiam ser alegadas[109]. No que se refere ao uso de tal classificação para as exceções substanciais, a classificação se justifica sobre o grau de alcance do efeito neutralizador proposto pela exceção.

---

107 "Classificam-se as exceções em peremptórias ou dilatórias. As peremptórias podem ser opostas perpetuamente e não podem ser evitadas, como a exceção *quod metus causa*, a exceção *dolo malo*, a exceção de contravenção de lei ousenatusconsulto, a de coisa julgada ou a deduzida em juízo, ou ainda a de pacto convencionado, ressaltando que o dinheiro de modo algum seria reclamado. As exceções dilatórias são opiníveis dentro de certo prazo, como a do pacto, segundo o qual o dinheiro não deve ser reclamado durante cinco anos, porque, expirado este prazo, o direito à exceção se extingue." (Gai.4.120/122). A dicotomia também aparece no digesto. Ver: D. 44.1.2.4. O assunto também é tratado nas Institutas de Justiniano. Ver: I. 4. 13.9/11.

108 Ord. Af., 3.54 e Ord. Af., 3.55. A dicotomia segue nas Ordenações Manuelinas (Ord. Man., 3.15.9/3.37 e 3.38) e Filipinas (Ord. Man., 3.15.9/3.37 e 3.38).

109 Cita-se, como exemplo, a alteração promovida pelo Regulamento 737 nas Ordenações Filipinas. O texto da lei, entretanto, não dava atenção às exceções substanciais. Sobre o assunto: SICA, Heitor Vitor Mendonça. *O direito de defesa no processo civil brasileiro: um estudo sobre a posição do réu.* São Paulo, Atlas, 2011, pp. 107/110

Será exceção dilatória, também mencionada em alguns trabalhos como suspensiva[110], a espécie de exceção que almeja encobrir temporariamente a eficácia irradiada do direito, da pretensão, da ação ou da exceção contraposta[111].

Nota-se que a exceção substancial dilatória tem como característica primordial ser temporária, de modo que sua oposição servirá como meio de defesa não definitivo[112]. Afinal, o encobrimento da eficácia promovido pela exceção dilatória poderá cessar de ter efeito em dado momento, ou até mesmo ser totalmente afastado por ato do demandante que é titular do direito cuja eficácia se encontra encoberta[113].

Como exemplo de exceção substancial dilatória, encontramos a exceção de retenção por benfeitorias, que perde seu efeito neutralizador com o pagamento da dívida[114]. A própria exceção de contrato não cumprido, como veremos adiante[115], é exemplo de exceção substancial dilatória, já que o pagamento da contraprestação pelo demandante põe fim ao seu efeito neutralizante.

Será exceção peremptória, também mencionada como exceção definitiva, a espécie de exceção que não sofre influência de fatores supervenientes à sua oposição[116]. Em outras palavras, a

110 CASTRO MENDES, João de. *Direito civil (Teoria Geral)*, v. 3, Lisboa, Almedina, 1973, p. 183.

111 PONTES DE MIRANDA, Francisco Cavalcanti. *Tratado de direito privado: parte geral. Exceções. Direitos mutilados. Exercício dos direitos, pretensões, ações e exceções. Prescrição.* t. 6, Rio de Janeiro, Borsoi, 1956, p. 14; PERSICO, Giovani. L'eccezione d'inademplimento. Milano: Giuffrè, 1955, p. 157.

112 ANTUNES VARELA, João de Matos. *Das obrigações em geral*, v. 1, 10ª ed., Coimbra, Almedina, 2000, p. 402.

113 PONTES DE MIRANDA, Francisco Cavalcanti. *Tratado de direito privado: parte geral. Exceções. Direitos mutilados. Exercício dos direitos, pretensões, ações e exceções. Prescrição.* t. 6, Rio de Janeiro, Borsoi, 1956, p. 14.

114 SABA, Diana Tognini. *Direito de retenção e seus limites.* Dissertação de Mestrado, São Paulo, Universidade de São Paulo, 2016, p. 171.

115 Ver 6.1 infra.

116 GAGLIARDI, Rafael Villar. *Exceção de contrato não cumprido*, São Paulo, Saraiva, 2010, p. 10.

exceção peremptória macula, de maneira perene, a eficácia do direito, da pretensão, da ação ou da exceção do demandante[117].

A neutralização da eficácia da exceção peremptória é, portanto, definitiva. Diferente da exceção dilatória, o passar do tempo e qualquer ação do demandante titular do direito em nada afetará o encobrimento da eficácia promovido pela exceção peremptória. Deve-se destacar, todavia, que a exceção peremptória não promove a exclusão do direito do demandante. O que ocorre é a permanência, no tempo, do efeito neutralizador da eficácia[118].

Como exemplo de exceção substancial peremptória, encontra-se a exceção de prescrição, que congela a eficácia da pretensão demandada.

2.1.2. Exceções substanciais dependentes e independentes

Outra classificação que de perto nos interessa divide as exceções substanciais em dependentes e independentes.

Atualmente, tal classificação vem sendo confundida com certa frequência. Vê-se, como exemplo, o Enunciado 415 do Conselho da Justiça Federal, formulado na V Jornada de Direito Civil, que toma por idênticas as exceções próprias e independentes, bem como as impróprias e dependentes[119]. Como vimos, as exceções próprias são as únicas que podem ser efetivamente classificadas como exceção, sendo que elas podem ser tanto dependentes como independentes[120].

---

117 CHIOVENDA, Giuseppe. *Instituições de Direito Processual Civil,* tradução de Paolo Capitanio, v. 1, Campinas, Bookseller, 1998, p. 423.

118 PONTES DE MIRANDA, Francisco Cavalcanti. *Tratado de direito privado: parte geral. Exceções. Direitos mutilados. Exercício dos direitos, pretensões, ações e exceções. Prescrição.* t. 6, Rio de Janeiro, Borsoi, 1956, p. 14.

119 Enunciado 415: "O art. 190 do Código Civil refere-se apenas às exceções impróprias (dependentes/não autônomas). As exceções propriamente ditas (independentes/autônomas) são imprescritíveis".

120 A aproximação equivocada do conceito de exceção dependente com o de imprópria aparece também em obras mais recentes sobre exceção de contrato não cumprido. Ver: GAGLIARDI, Rafael Villar. *Exceção de contrato não cumprido,* São Paulo, Saraiva, 2010, p. 178.

A distinção das duas figuras se justifica no apoio que a exceção tem no mundo jurídico. Nesse sentido, a exceção substancial pode se apoiar (i) em uma outra situação jurídica detida pelo opositor da exceção; ou (ii) se apoiar em si mesma - no *ius excepcionis*, sem guardar base com outra situação jurídica.

Entende-se por exceção dependente, também chamada de não autônoma, a exceção que tem por fundamento um direito autônomo, que é distinto da exceção[121]. Em outras palavras, as exceções dependentes vão a reboque de um outro direito[122], apresentando-se como um contradireito que tem sua existência e operatividade fundamentalmente ligada à determinada situação jurídica do opositor da exceção.

A exceção de retenção é exemplo de exceção substancial dependente, uma vez que só poderá opor a referida exceção aquele que detiver crédito. Ela se apoia, portanto, ao direito de crédito do excipiente.

Por outro lado, a exceção independente, conhecida também por exceção autônoma, é o contradireito que não se fundamenta em nenhum outro direito[123]. O contradireito, como situação jurídica ativa, existe *per se* e não é afetado pelas demais situações jurídicas que compõem o direito subjetivo do excipiente.

A exceção de prescrição aparece novamente, agora como exemplo de exceção substancial independente. O demandado tem o contradireito de obstar os efeitos da pretensão do demandante, e este contradireito existe independentemente de quaisquer outras posições jurídicas que o demandado tenha contra o demandante.

---

121 PONTES DE MIRANDA, Francisco Cavalcanti. *Tratado de direito privado: parte geral. Exceções. Direitos mutilados. Exercício dos direitos, pretensões, ações e exceções. Prescrição.* t. 6, Rio de Janeiro, Borsoi, 1956, p. 12.

122 NEVES, Julio Gonzaga Andrade. *A suppressio (*Verwirkung*) no Direito Civil.* São Paulo, Almedina, 2016, p. 66

123 OLIVEIRA, Rafael Alexandria de. *Aspectos processuais da exceção de contrato não cumprido*, Bahia, Podivm, 2012, p. 60.

Capítulo II

A CONSTRUÇÃO DA EXCEÇÃO DE CONTRATO NÃO CUMPRIDO

"Examinar as leis em seus próprios textos sem influência de alheias opiniões, comparar atentamente as leis novas com as antigas, medir com precisão o alcance e as consequências de umas e outras; eis o laborioso processo, que empregado temos para conhecer a substância viva da Legislação"
(TEIXEIRA DE FREITAS, Augusto. Consolidação das leis civis, v. 1, ed. fac-sim., Brasilia, Senado Federal, 2003, p. xxxvi).

3. Estruturação dogmática da exceção de contrato não cumprido: estudo das fontes que influenciaram a sistemática brasileira

Para um estudo proveitoso da dogmática brasileira, um enfoque histórico anterior se mostra imprescindível, já que por ele é possível divisar a preocupação dos juristas com a adequação da exceção de contrato não cumprido e as necessidades práticas do direito das obrigações e dos contratos[1]. O esforço histórico se justifica ainda mais diante da trivial constatação de que o sistema jurídico brasileiro é, e sempre foi, romanista. Tal valoração, aliás, está presente na nossa doutrina mais antiga[2].

---

1 "O conhecimento da história presta grande auxílio para o estudioso do século XXI, necessariamente atento aos problemas concretos que continuam a se apresentar neste particular. [...]. Raciocinar com base na história confere segurança aos que pretendem propor para o futuro" (ZANETTI, Cristiano de Sousa. *Direito contratual contemporâneo: a liberdade contratual e sua fragmentação.* São Paulo, Método, 2008, p. xxxi).

2 "O direito romano constitui entre nós a mais copiosa fonte subsidiária da nossa jurisprudência civil, já porque as Ordenações expressamente o mandam observar em muitos casos, já porque a citada Lei de 18 de Agosto de 1769 o declarou subsidiário do direito pátrio nos casos omissos nele, ou incimpletamente providenciados, uma vez que, na espécie sujeita, ele seja conforme a boa razão, ou direito natural, e não se baseie em motivos supersticiosos e peculiares ao povo romano, ou em costumes, máximas, ou prin-

Também será feito um exame recortado e ponderado do direito estrangeiro, de suma importância para verificar como os países europeus e latino-americanos receberam a experiência romana e canônica no que tange à *exceptio non adimpleti contractus.* Também são dignos de nota os projetos de harmonização do direito dos contratos atualmente em curso. O estudo de direito estrangeiro foi feito na proporção em que poderia servir para aclarar o regramento brasileiro, evitando-se assim um estudo *per se* de direito comparado[3].

3.1. Experiência romana

Não há dúvidas de que as fontes romanas que chegaram ao nosso conhecimento contribuíram sobremaneira ao estudo da exceção de contrato não cumprido. Há, entretanto, enorme controvérsia que divide os estudiosos do tema quanto à origem, romana ou medieval, da *exceptio non adimpleti contractus* como instituto jurídico. É bem verdade, entretanto, que a maioria dos estudos caminha no sentido de que a origem da exceção de contrato não cumprido está no trabalho dos glosadores e dos canonistas, embora seja instituto consagrado na expressão latina *exceptio*[4].

cípios rejeitados pela civilização moderna" (LOUREIRO, Lourenço Trigo de. *Instituições de direito civil brasileiro.* v. 1, 5ª ed., Rio de Janeiro, Garnier, 1884, p. 19).

3 ZANETTI, Cristiano de Sousa. *Direito contratual contemporâneo: a liberdade contratual e sua fragmentação.* São Paulo, Método, 2008, p. xxxii

4 CASSIN, René. *De l'exception tirée de l'inexécution dans les rapports synallagmatiques (exception non adimpleti contractus): et de ses relations avec le droit de rétention, la compensation et la résolution.* Paris: Sirey, 1914, p. 1. Aliada à clássica monografia de Cassin, outros trabalhos também defendem a origem medieval do instituto. A título exemplificativo: ABRANTES, José João. *A excepção de não cumprimento do contrato.* 2ª ed., Coimbra, Almedina, 2014, p. 17; AZEVEDO, Álvaro Villaça. Exceptio non adimpleti contractus (*direito romano e direito civil).* In: FRANÇA, Rubens Limongi, *Enciclopédia Saraiva do Direito,* v. 34, São Paulo, Saraiva, 1977, pp. 406/407; MENEZES CORDEIRO, António Manuel da Rocha e. *Tratado de direito civil,* t.9, 2ª ed., Coimbra, Almedina, 2016, p. 269; PEREIRA, Caio Mário da Silva. Exceptio non adimpleti contractus. In: FRANÇA, Rubens Limongi, *Enciclopédia Saraiva do Direito,* v.

Antes de definir nossa opinião sobre a controvérsia, é importante percorrer as fontes romanas que tratavam do fundamento elementar ocupado pela exceção de contrato não cumprido.

O Direito Romano arcaico não conhecia a noção geral de contrato[5]. Mesmo ao longo dos séculos, centrada mais na acionabilidade das prestações individualmente consideradas do que nas consequências da sua interdependência, a sistemática romana não acolheu definição pacífica de contrato[6]. Nas palavras de Reinhard Zimmerann, em Roma "o substantivo *'contractus'* foi antes de mais nada usado de maneira aberta e atécnica"[7].

34, São Paulo, Saraiva, 1977, p. 403; PONTES DE MIRANDA, Francisco Cavalcanti. *Tratado de direito privado: parte especial. Direito das obrigações. Consequências do inadimplemento. Exceções de contrato não adimplido, ou adimplido insatisfatoriamente, e de inseguridade. Enriquecimento injustificado. Estipulação a favor de terceiro. Eficácia protectiva de terceiro. Mudanças de circunstâncias. Compromisso,* t. 26, Rio de Janeiro, Borsoi, 1959, p. 90; SERPA LOPES, Miguel Maria de. *Exceções Substanciais: Exceção de contrato não cumprido (Exceptio non adimpleti contractus),* Rio de Janeiro, Freitas Bastos, 1959, pp. 140/142. ZIMMERMANN, Reinhard. *The law of obligations: roman foundations of the civilian tradition.* Oxford, Oxford University Press, 1996, p. 801, nota 133.Dentre os defensores da origem romana do instituto, encontram-se, também a título exemplificativo: GIRARD, Frédéric. *Manuel élémentaire de droit romain,* 8ª ed., Paris, Rousseau, 1929, p. 567, nota 4. MORENO, María Cruz. *La* "exceptio non adimpleti contractus". Valencia, Tirant lo Blanch, 2004, p. 12; SCADUTO, Gioachino, *L'exceptio non adimpleti contractus nel Diritto Civile italiano"* In: Annali del Seminario Giuridico dell'Università di Palermo, 6, 1921, p.78; MONTEIRO, Marina Stella de Barros; MONTEIRO, Ralpho Waldo de Barros. *A causa dos contratos e a exceptio non adimpleti contractus.* In: Revista dos Tribunais, São Paulo, 958, 2015, p. 107.

---

5 PEREIRA, Caio Mário da Silva. *Direito civil: alguns aspectos da sua evolução,* Rio de Janeiro, Forense, 2001, p. 227.

6 FONSECA, Ana Taveira da. *Da recusa de cumprimento da obrigação para a tutela do direito de crédito: em especial na excepção de não cumprimento, no direito de retenção e na compensação.* Coimbra, Almedina, 2015, p. 36.

7 Tradução de "The substantive contractus, too, was first of all used in the same wide and fairly untechnical sense" (ZIMMERMANN, Reinhard. *The law of obligations: roman foundations of the civilian tradition.* Oxford, Oxford University Press, 1996, p. 562).

É de Labeão[8] a única tentativa de definição de *contractum* que se encontra no Digesto[9]. Tomando como ponto de partida a classificação das obrigações proposta nas Institutas de Gaio[10], o conceito é transcrito no Digesto por Ulpiano[11] e apresenta o contrato como "uma obrigação de uma e de outra parte, o que os gregos chamam de "συνάλλαγμα"[12], como a compra, venda, locação, mandato e sociedade"[13].

O conceito de Labeão, embora tenha repercutido positivamente com os primeiros pensamentos acerca dos contratos ino-

---

8 Labeão, filho do também jurista Pacúvio Antístio Labeão, viveu nas primeiras décadas do Império Romano. Em seus estudos, firmou-se como discípulo de Trebácio. Em sua fase de maior produtividade acadêmica, Labeão dedicava metade do ano a atender alunos em Roma e a outra metade em um retiro para poder escrever obras diversas. Suas obras foram muito difundidas entre os demais juristas romanos. Foi um dos corifeus da escola dos proculianos, que, no período clássico, antagonizou com a escola dos sabinianos. Labeão é um dos dezenove juristas mencionados nas Institutas de Justiniano e o quarto mais antigo jurisconsulto a ter uma obra diretamente empregada na composição do Digesto. (MORAES, Bernardo B. Queiroz de. *Manual de Introdução ao Digesto,* São Paulo, YK Editora, 2017, pp. 183/185).

9 ZANETTI, Cristiano de Sousa. *Direito contratual contemporâneo: a liberdade contratual e sua fragmentação.* São Paulo, Método, 2008, p. 6.

10 Gai 3.135.

11 Ulpiano é o jurista romano clássico mais citado no Digesto de Justiniano. Assim como Paulo, Ulpiano exerceu cargos junto com Papiniano, que deve tê-lo influenciado em certa medida. Por exercer atividades públicas, Paulo criticou a superficialidade dos textos de Ulpiano, mas sua qualidade e estilo compilador revelou-se muito útil para os romanos – principalmente para os compiladores de Justiniano. Ulpiano é um dos cinco juristas que podem ser citados de acordo com a Lei das Citações de Valentiniano III. (MORAES, Bernardo B. Queiroz de. *Manual de Introdução ao Digesto,* São Paulo, YK Editora, 2017, pp. 221/223).

12 A palavra, traduzida para o português, significa sinalagma. Para uma noção mais precisa do significado jurídico extraído da expressão, Ver: CANTARELLA, Eva. *Obbligazione (diritto greco),* In: Novissimo Digesto Italiano, t. 11, Torino, UTET, 1960, p. 547.

13 Tradução de D.50.16.19: "[...] ultro citroqueobligationem, quod graeci [...] vacamt, veluti emptionem venditionem, locationem conductionem, societatem" (Disponível em: GARCÍA DEL CORRAL, Ildefonso. *Cuerpo del Derecho Civil Romano,* t. 3, Barcelona, Jaime Molinas, 1889, p. 914).

minados[14], não prevaleceu entre os juristas romanos[15]. Alguns motivos para o insucesso do conceito são apontados. Ao restringir o conceito de contrato à noção grega de sinalagma, Labeão atrai o conceito somente aos contratos produtores de obrigações recíprocas[16]. O uso da expressão grega tampouco contribuiu para a efetiva compreensão do conceito, entendido como meramente erudito entre os juristas romanos[17].

Como consequência da inexistência de conceito amplamente aceito do termo contrato, os romanos tampouco desenvolveram a concepção de que existia interdependência entre as prestações das partes contratantes.

A própria origem do mais paradigmático contrato sinalagmático contribuiu para sedimentar a ideia de autonomia das obrigações dele derivadas para cada um dos contratantes romanos. A compra e venda romana primitiva era encarada, quando passou a ser fonte de obrigações, como o resultado da aglutinação em um só ato de dois contratos verbais, abstratos, através dos quais o vendedor estipulava o pagamento do preço e o comprador a entrega da coisa vendida[18].

Por tais percepções históricas, é de se reconhecer que as prestações emergentes da compra e da venda eram independentes entre si[19]. Aliás, a regra da independência das prestações nunca foi efetivamente abandonada pelo Direito Romano. Houve,

---

14 Aristão, jurista do século II, iniciou o pensamento em torno da possibilidade de superar o inconveniente prático da tipicidade contratual romana. Ver: D.2.14.7.2; ZANETTI, Cristiano de Sousa. *Direito contratual contemporâneo: a liberdade contratual e sua fragmentação.* São Paulo, Método, 2008, pp. 14/19.

15 ZANETTI, Cristiano de Sousa. *Direito contratual contemporâneo: a liberdade contratual e sua fragmentação.* São Paulo, Método, 2008, p. 8, nota 22.

16 BURDESE, Alberto. Manuale di Diritto Privato Romano, 4ª ed, Torino, UTET Giuridica, 2000, p. 419.

17 ZIMMERMANN, Reinhard. *The law of obligations: roman foundations of the civilian tradition.* Oxford, Oxford University Press, 1996, p. 562, nota 111.

18 CAPITANT, Henri. *De la cause des obligations,* 2ª ed., Paris, Dalloz, 1924, p. 104.

19 FONSECA, Ana Taveira da. *Da recusa de cumprimento da obrigação para a tutela do direito de crédito: em especial na excepção de não cumprimento, no direito de retenção e na compensação.* Coimbra, Almedina, 2015, p. 36.

entretanto, algumas reservas à regra, que foram introduzidas ao sistema ao longo dos séculos[20].

De início, a independência das prestações na compra e venda poderia ser afastada se as partes apensassem ao contrato um pacto que atestasse a interdependência entre elas[21], como se exemplifica em passagem de Labeão no Digesto:

> "Um que havia comprado um fundo com a condição de que, pagado o preço, seria entregue a posse [...]"[22].

Nestes casos, entretanto, era necessária a presença de uma cláusula especial no contrato, dando notícia da importância dessa correlação das obrigações de comprador e vendedor e, consequentemente, permitindo o uso da defesa[23].

Na esteira do pensamento de Labeão, Juliano[24] afirma que, na compra e venda, o comprador poderia recusar o pagamento do

---

20 CASSIN, René. *De l'exception tirée de l'inexécution dans les rapports synallagmatiques (exception non adimpleti contractus): et de ses relations avec le droit de rétention, la compensation et la résolution.* Paris: Sirey, 1914, p. 4; SERPA LOPES, Miguel Maria de. *Exceções Substanciais: Exceção de contrato não cumprido (Exceptio non adimpleti contractus),* Rio de Janeiro, Freitas Bastos, 1959, p. 134.

21 MORENO, María Cruz. La "exceptio non adimpleti contractus". Valencia, Tirant lo Blanch, 2004. p. 12; SCADUTO, Gioachino, *L'exceptio non adimpleti contractus nel Diritto Civile italiano"* In: Annali del Seminario Giuridico dell'Università di Palermo, 6, 1921, pp.75/77.

22 Tradução de D.18.1.78.2: "Qui fundum ea lege emerat, ut soluta pecunia traderetur ei possessio [...]" (Disponível em: GARCÍA DEL CORRAL, Ildefonso. *Cuerpo del Derecho Civil Romano,* t. 1, Barcelona, Jaime Molinas, 1889, p. 904).

23 ZIMMERMANN, Reinhard. *The law of obligations: roman foundations of the civilian tradition.* Oxford, Oxford University Press, 1996, p. 801, nota 133.

24 Foi um dos mais respeitados e originais juristas romanos clássicos. Nascido no final do século I a.C., viveu seu auge na primeira metade do século II d.C., apresentando-se como um dos corifeus da escola dos sabinianos. Mesmo sendo um expoente importante dos sabinianos, acredita-se que Juliano foi um dos responsáveis por acabar com a divisão entre sabinianos e proculianos. É o terceiro jurista mais citado do Digesto. Também é o jurista mais mencionado nas Institutas de Justiniano. (MORAES, Bernardo B. Queiroz de. *Manual de Introdução ao Digesto,* São Paulo, YK Editora, 2017, pp. 182/183).

preço enquanto a mercadoria não fosse entregue pelo vendedor por meio da *exceptio mercis non traditae* – ou exceção de não-entrega da mercadoria. Pela importância da referida passagem do Digesto, principalmente pelos comentários que a fonte irá receber durante a Idade Média, transcreve-se seu texto:

> "Deve-se oferecer ao comprador o preço quando se exercita a ação de compra; assim como se for oferecido parte do preço, subsistirá ainda a ação de compra, porque o vendedor poderá reter a coisa que vendeu"[25].

O mesmo âmbito de operação era conferido à outra espécie de exceção: a *exceptio doli.* O autor que, agindo de maneira ardilosa, viesse demandar a contraparte, poderia ser detido com essa *exceptio*[26]. Por estar atrelada à conduta dolosa do demandante, não era necessária elaboração de cláusula especial para o seu exercício[27].

Já em meados do período clássico, todavia, novos ingredientes são introduzidos. Os contratos já eram dotados de ações inversas (*emptio/venditio* e *locatio/conductio*, por exemplo)[28] e a *oportet ex fides bona* introduziu ao processo formular a responsabilidade por violação de vínculo de fidelidade[29].

---

25 Tradução de D.19.1.25: "Offerri pretium ab mtore debet, quum exemto agitur, et ideo et si pretii partem offerat, nondum est ex emto acto; venditor enim quasi pignus retinere potest eam rem, quam vendidit" (Disponível em: GARCÍA DEL CORRAL, Ildefonso. *Cuerpo del Derecho Civil Romano,* t. 1, Barcelona, Jaime Molinas, 1889, p. 942).

26 Gai. 4.119. O dolo era requisito de aplicação essencial para a *exceptio doli.* Nesse sentido: BURDESE, Alberto. *Manuale di Diritto Privato Romano*, 4ª ed, Torino, UTET Giuridica, 2000, p. 198; MOREIRA ALVES, José Carlos. *Direito Romano,* 16ª ed., Rio de Janeiro, Gen/Forense, 2014, *p.* 184.

27 ORLANDO, Marie-Astrid. *L'exception d'inexécution: L'envers du décor. Approche théorique et jurisprudentielle,* Saarbrücken, Éditions universitaires européennes, 2012, p. 11.

28 MENEZES CORDEIRO, António Manuel da Rocha e. *Tratado de direito civil,* t. 9, 2ª ed., Coimbra, Almedina, 2016, p. 270.

29 Esta fórmula especial baseava-se na alegação da *fides bona,* e não em uma *intentio* baseada em texto expresso do *ius civile.* Nota-se, aqui, o surgimento de um instrumento, inserido na lógica do processo formular romano, que

Na oportunidade de oposição dessas ações, a cláusula *oportet ex fide bona* era introduzida nas *formulae*[30], empoderando o *iudex* e permitindo que ele decidisse que era contrário à boa fé exigir uma prestação sem realizar, por sua vez, aquela a que se estava obrigado[31].

A decisão do juiz poderia caminhar nesse sentido mesmo se não houvesse um acordo a prever essa possibilidade. Além disso, a cláusula *oportet ex fide bona* não era sequer introduzida pelo pretor na fórmula como uma *exceptio*, já que o juiz poderia sempre indagar se o comportamento do autor era ou não conforme a boa-fé[32].

Foi justamente por força da *oportet ex fide bona* que, no século II em diante, a *exceptio doli* não precisava ser mais inserida pelo pretor na forma de *exceptio* – afinal, a sua matéria já poderia incorporar a análise de comportamento conforme a boa-fé do *iudex*[33].

Já no período pós-clássico, firmou-se o princípio geral da sanção da nulidade das estipulações torpes ou de causa torpe[34].

permitia a operação da *fides bona* no direito romano, traduzindo uma medida de lealdade encontrada no escorreito comportamento que se verificava nos negócios comerciais. Sobre o assunto: MARTINS-COSTA, Judith. *A boa-fé no direito privado: critérios para a sua aplicação.* São Paulo, Marcial Pons, 2015, pp. 65/66.

30 As fórmulas eram as estruturas processuais do período clássico. Sobre o assunto, Ver 2.1 Supra. Sobre a cláusula *oportet ex fide bona, ver:* RUBINSTEIN, Flávio. *A* bona fides *como origem da boa-fé objetiva do direito brasileiro.* In: Revista da Faculdade de Direito da Universidade de São Paulo, São Paulo, 99, 2004.

31 ZIMMERMANN, Reinhard. *The law of obligations: roman foundations of the civilian tradition.* Oxford, Oxford University Press, 1996, p. 801, nota 133.

32 FONSECA, Ana Taveira da. *Da recusa de cumprimento da obrigação para a tutela do direito de crédito: em especial na excepção de não cumprimento, no direito de retenção e na compensação.* Coimbra, Almedina, 2015, pp. 38/39. MENEZES CORDEIRO, António Manuel da Rocha e. *Da boa fé no direito civil,* 6ª reimpressão, Coimbra, Almedina, 2015, p.82.

33 CASSIN, René. *De l'exception tirée de l'inexécution dans les rapports synallagmatiques (exception non adimpleti contractus): et de ses relations avec le droit de rétention, la compensation et la résolution*. Paris: Sirey, 1914, pp. 32/33; MENEZES CORDEIRO, António Manuel da Rocha e. *Da boa fé no direito civil,* 6ª reimpressão, Coimbra, Almedina, 2015, p.85.

34 D.41.1.26; I.3.19.24; ZANETTI, Cristiano de Sousa. *Direito contratual contemporâneo: a liberdade contratual e sua fragmentação.* São Paulo, Método, 2008, p. 27, nota 128.

Também se passou a vislumbrar uma vedação geral às estipulações contrárias aos bons costumes, ainda que não houvesse previsão específica a respeito[35].

A percepção de tais fontes romanas - aliada à evolução dos contratos, da *bonae fidei iudicia* e do direito pós-clássico - motivou alguns estudos a defender a existência da *exceptio non adimpleti contractus* no Direito Romano[36]. Ocorre, todavia, que a análise pormenorizada das fontes nos impede de seguir com esta conclusão.

No que tange às passagens de Labeão e Juliano, não há propriamente referência a um caso de exigência recíproca das prestações, campo de operação da exceção de contrato não cumprido. O que se verifica, na realidade, é o estabelecimento de uma ordem nas prestações. As partes resolveram determinar que, primeiro, o comprador pagaria o preço e, depois, receberia a posse[37].

Os trechos extraídos das fontes romanas também não procuram alcançar a totalidade dos sinalagmáticos, sendo direcionados majoritariamente aos contratos de venda[38], muito porque o Direito Romano realmente carece de uma concepção técnica de conexão entre as obrigações[39]. Além disso, o Direito Romano não

---

35 D.45.1.61; ZANETTI, Cristiano de Sousa. *Direito contratual contemporâneo: a liberdade contratual e sua fragmentação.* São Paulo, Método, 2008, p. 27, nota 130.

36 Nesse sentido: GIRARD, Frédéric. *Manuel élémentaire de droit romain,* 8ª ed., Paris, Rousseau, 1929, p. 567, nota 4; MORENO, María Cruz. *La* "exceptio non adimpleti contractus". Valencia, Tirant lo Blanch, 2004. p. 12; SCADUTO, Gioachino, *L'exceptio non adimpleti contractus nel Diritto Civile italiano"* In: Annali del Seminario Giuridico dell'Università di Palermo, 6, 1921, p.78.

37 Aliás, esta é a ordem estabelecida no direito brasileiro como padrão para a compra e venda à vista, como determina o art. 491 do Código Civil. O referido artigo, assim como a passagem do Digesto, dá notícia de um elemento negocial que impõe ordem nas prestações, não lidando com o nascimento simultâneo delas.

38 Certos textos parecem, por seu turno, conter aplicações em matéria de locação e de sociedade. Entretanto, não há notícia nas fontes de uma concepção mais genérica. Ver: CAPITANT, Henri. *De la cause des obligations,* 2ª ed., Paris, Dalloz, 1924, p. 261.

39 ABRANTES, José João. *A excepção de não cumprimento do contrato.* 2ª ed., Coimbra, Almedina, 2014, pp.16/17; CASSIN, René. De l'exception tirée de l'inexécution dans les rapports synallagmatiques (exception non adimpleti contractus): et de ses relations avec le droit de rétention, la compensation et la résolution. Paris: Sirey, 1914, pp. 3-4.

chegou a abandonar o regime da tipicidade contratual e, por consequência, não sentiu necessidade de configurar categorias jurídicas mais genéricas[40].

Em referência às espécies individuais de *exceptio*, embora capazes de englobar parte do escopo da exceção de incumprimento, apresentam-se com estruturas e requisitos diferentes da *exceptio non adimpleti contractus*[41].

Sobre os contratos e a *bonae fidei iudicia*, é bem verdade que, pela cláusula *oportet ex fide bona*, era possível dar amparo aos fundamentos que justificaram a elaboração dogmática da exceção de contrato não cumprido. Ocorre, entretanto, que a solução romana percorria outros preceitos e requisitos.

Como o Direito Romano não formulou uma concepção geral de interdependência das prestações contratuais, os jurisconsultos romanos não buscavam na *exceptio non adimpleti contractus* a solução dos problemas oriundos desta configuração[42].

Reflexões como estas nos impedem de creditar a origem da exceção de contrato não cumprido ao Direito Romano.

De qualquer forma, mesmo ausente a concepção da *exceptio non adimpleti contractus*, as fontes romanas dão notícia de exceções pontuais que, na prática, prosseguiam com a valoração básica subjacente à exceção de contrato não cumprido[43].

Em outras palavras, o Direito Romano não vislumbrou a necessidade da elaboração da *exceptio non adimpleti contractus*, pois contava com outros institutos – *exceptio doli, exceptio mercis non traditae* e cláusula *oportet ex fide bona*, por exemplo – que conse-

---

40 ZANETTI, Cristiano de Sousa. *Direito contratual contemporâneo: a liberdade contratual e sua fragmentação.* São Paulo, Método, 2008, p. 23.

41 Na *exceptio doli*, por exemplo, deve haver a percepção da conduta do autor como dolosa.

42 CASSIN, René. *De l'exception tirée de l'inexécution dans les rapports synallagmatiques (exception non adimpleti contractus): et de ses relations avec le droit de rétention, la compensation et la résolution.* Paris: Sirey, 1914, p. 33.

43 CASSIN, René. *De l'exception tirée de l'inexécution dans les rapports synallagmatiques (exception non adimpleti contractus): et de ses relations avec le droit de rétention, la compensation et la résolution.* Paris: Sirey, 1914, pp. 9/10; MENEZES CORDEIRO, António Manuel da Rocha e. Tratado de direito civil, t. 9, 2ª ed., Coimbra, Almedina, 2016, p. 269.

guiam compartilhar entre si parte do âmbito operativo que hoje se reconhece na exceção de contrato não cumprido[44].

É por este motivo que seguimos a conclusão de José João Abrantes, no sentido de que o instituto da exceção de contrato não cumprido "foi pressentido pelos juristas romanos, que, no entanto, por força da herança de um direito primitivo todo ele dominado pelo formalismo dos actos jurídicos, nunca chegaram à elaboração de uma teoria geral. O instituto fez, todavia, sentir a sua influência de forma indirecta, impondo efeitos explicados por outros meios"[45].

3.2. Direito canônico, glosadores e pós-glosadores

Como vimos anteriormente, o Direito Romano pressentiu os fundamentos da exceção de contrato não cumprido, mas deu a eles roupagens jurídicas diferentes da proposta pela *exceptio non adimpleti contractus.*

O mesmo prognóstico pode ser feito à luz do Direito Germânico. Semelhantemente ao Direito Romano, o Direito Germânico não se fundamentou sob a noção de sinalagma ou de contrato e, por consequência, não atribuiu efeitos jurídicos a um acordo de duas vontades[46]. Havia na sistemática germânica uma preponderância das formas, como a *wadium* - muito semelhante à *stipulatio* romana[47].

---

44 MORENO, María Cruz. La "exceptio non adimpleti contractus". Valencia, Tirant lo Blanch, 2004, p. 13

45 ABRANTES, José João. *A excepção de não cumprimento do contrato.* 2ª ed., Coimbra, Almedina, 2014, p. 17.

46 CASSIN, René. *De l'exception tirée de l'inexécution dans les rapports synallagmatiques (exception non adimpleti contractus): et de ses relations avec le droit de rétention, la compensation et la résolution.* Paris: Sirey, 1914, p. 162; SERPA LOPES, Miguel Maria de. *Exceções Substanciais: Exceção de contrato não cumprido (Exceptio non adimpleti contractus),* Rio de Janeiro, Freitas Bastos, 1959, p. 144.

47 CASSIN, René. *De l'exception tirée de l'inexécution dans les rapports synallagmatiques (exception non adimpleti contractus): et de ses relations avec le droit de rétention, la compensation et la résolution.* Paris: Sirey, 1914, p. 47.

A origem de um estudo técnico que deu verdadeira gênese à exceção de contrato não cumprido se encontra no trabalho dos glosadores e comentadores da Idade Média[48].

A formação destes estudos encontra gênese nos trabalhamos primordiais da Escola de Bolonha, nome de um grupo de estudos da Universidade de Bolonha comandado pelo monge Irnerius[49-50]. A formação da ciência jurídica em Bolonha contribuiu substancialmente com a evolução da ciência do direito durante o século XI, promovendo o reingresso da literatura jurídica clássica – conservada nas *Pandectas* – na consciência científica da Idade Média[51].

A reintrodução dos textos antigos contribuiu para o verdadeiro início da esquematização da exceção de contrato não cumprido. Neste particular, destaca-se o trabalho do glosador Azo[52], jurista

---

48 FONTANELLI, Filippo. *The Invocation of the Exception of Non-Performance: A Case-Study on the Role and Application of General Principles of International Law of Contractual Origin* In: Cambridge Journal of International and Comparative Law, 119, 136, 2012, p.122.

49 Foi um importante jurista medieval italiano, considerado um dos fundadores da Escola dos Glosadores na Universidade de Bolonha, sua cidade natal. Dedicou-se ao estudo do direito romano e, atualmente, é apontado como o autor de diversas glosas, sendo principalmente conhecido como o autor do primeiro "*Summa Codicis*". (OTT, Michael. *Irnerius.* In: HERBERMANN, Charles G. (org.), T*he Catholic Encyclopedia: An International Work of Reference on the Constitution, Doctrine, Discipline, and History of the Catholic Church,,* v. 8, New York, Robert Appleton Company, 1910, item 6181).

50 MARTINS, Argemiro Cardoso Moreira. *O direito romano e seu ressurgimento no final da idade média.* In: WOLKMER, Antonio Carlos (Org.). *Fundamentos da história do direito,* 3ª ed., Belo Horizonte, Del Rey, 2006, p. 162.

51 FRANÇA, Rubens Limongi. *Direito civil (evolução histórica).* In: FRANÇA, Rubens Limongi, Enciclopédia Saraiva do Direito, v. 25, São Paulo, Saraiva, 1977, p. 428; WIEACKER, Franz. *História do direito privado moderno,* tradução de A.M. Botelho, 2ª ed., Lisboa, Fundação Calouste Gulbenkian, 1980, p. 39.

52 Também chamado de Azo de Bolonha, foi um importante jurista italiano da Escola de Bolonha. É autor de diversas glosas, em todas as partes do *Corpus Iuris Civilis.* As obras de Azo gozavam de grande autoridade entre as gerações de advogados continentais do século XII, de tal forma que se costumava dizer "*chi non ha Azzo, non vada a palazzo*", significando "quem não leva consigo a obra de Azo, não vá ao tribunal". Foi um dos professores de Acúrcio, que, por sua vez, incorporou muitas glosas de Azo à Magna Glosa. (CHISHOLM, Hugh; HOOPER, Franklin Henry (org.) *Encyclopædia Britannica,* v. 3, 11ª ed., Internet Archive, 1911, p. 81)

medieval italiano que viveu durante o século XII e se colocou como um dos expoentes da Escola de Bolonha[53].

Azo abordava o problema da interdependência entre as prestações a partir da análise de fontes que versavam sobre a ordem da sua realização no contrato de compra e venda[54]. Azo defende que o proponente da ação, seja ele o comprador ou vendedor, tem de fornecer a sua prestação antes de exigir em juízo cumprimento da prestação a que tem direito[55].

A solução de Azo foi seguida por Francesco Acúrsio[56], que compilou o trabalho dos glosadores bolonheses na conhecida obra *Magna Glosa*[57].

Na oportunidade, Acúrsio defende o entendimento de Azo no sentido de que o autor deverá realizar sua prestação antes de propor ação de cumprimento[58]. Sobre a forma de como o demandado poderia se defender em situação como essa, Acúrsio afirma que a

---

53 CASSIN, René. *De l'exception tirée de l'inexécution dans les rapports synallagmatiques (exception non adimpleti contractus): et de ses relations avec le droit de rétention, la compensation et la résolution.* Paris: Sirey, 1914, p. 36.

54 FONSECA, Ana Taveira da. *Da recusa de cumprimento da obrigação para a tutela do direito de crédito: em especial na excepção de não cumprimento, no direito de retenção e na compensação.* Coimbra, Almedina, 2015, p. 57, nota. 132.

55 CASSIN, René. *De l'exception tirée de l'inexécution dans les rapports synallagmatiques (exception non adimpleti contractus): et de ses relations avec le droit de rétention, la compensation et la résolution.* Paris: Sirey, 1914, pp. 36/37.

56 Acúrsio nasceu em Impruneta, perto de Florença. Foi um jurista medieval italiano da Escola de Bolonha. Foi pupilo de Azo e se dedicou à difícil tarefa de compilar as glosas feitas pelos juristas anteriores. Este trabalho resultou na elaboração da Magna Glosa, finalizada por volta de 1230. O texto de Acúrsio compilou mais de cem mil glosas e foi essencial para a difusão das ideias dos glosadores de bolonha. Além de glosador, Acúrsio também foi um famoso parecerista. (CHISHOLM, Hugh; HOOPER, Franklin Henry (org.) *Encyclopædia Britannica,* v. 1, 11ª ed., Internet Archive, 1911, p. 134).

57 A obra também é conhecida como Glosa Ordinária ou simplesmente Glosa. Suas principais características eram a fidelidade ao texto justinianeu e a sua interpretação analítica, não sistemática, dos axiomas jurídicos clássicos. Sobre o tema: MARTINS, Argemiro Cardoso Moreira. *O direito romano e seu ressurgimento no final da idade média.* In: WOLKMER, Antonio Carlos (Org.). *Fundamentos da história do direito,* 3ª ed., Belo Horizonte, Del Rey, 2006, pp. 162/164.

58 FONSECA, Ana Taveira da. *Da recusa de cumprimento da obrigação para a tutela do direito de crédito: em especial na excepção de não cumprimento, no direito de retenção e na compensação.* Coimbra, Almedina, 2015, p. 57, nota. 131.

defesa, com fundamento na ausência de realização da contraprestação, tem natureza de exceção[59].

A menção que Acúrsio faz à forma de defesa necessária à tutela inicialmente formulada por Azo é de grande relevância para a construção da exceção de contrato não cumprido como figura jurídica, mas a *exceptio non adimpleti contractus* também recebeu contribuições oriundas do Direito Canônico.

O Direito Canônico, muito apoiado pela concepção de fraternidade desenvolvida pela Igreja Católica, adiciona grandes modificações de ordem liberal aos formais princípios romanistas[60]. Tal influência se fez sentir em todos os setores do direito civil: com o princípio do justo preço; com a cláusula *rebus sic stantibus,* com a exigência de boa-fé para a prescrição, dentre outras modificações[61].

O fato do Direito Canônico ter sido, durante a maior parte da Idade Média, o único direito escrito também contribuiu para a sua larga difusão[62]. São numerosas as codificações eclesiásticas que compunham o aparato normativo canônico. A compilação de todas as fontes normativas do Direito Canônico, em contraposição ao *Corpus Iuris Civilis,* recebeu a designação de *Corpus Iuris Canonici*[63].

No que se refere à exceção de contrato não cumprido em particular, o canonista Jacobus Ravanis, também citado como Jacques

---

59 Trata-se da glosa ao D.19.1.13.8 ("*Illud nota etiam hic, quod emptori obiicitur exceptio, nisi pretium solvat*"). Cf. CASSIN, René. *De l'exception tirée de l'inexécution dans les rapports synallagmatiques (exception non adimpleti contractus): et de ses relations avec le droit de rétention, la compensation et la résolution.* Paris: Sirey, 1914, p. 37.

60 WIEACKER, Franz. *História do direito privado moderno,* tradução de Botelho, 2ª ed., Lisboa, Fundação Calouste Gulbenkian, 1980, pp. 67/69.

61 VALLADÃO, Haroldo. *História do direito especialmente do direito brasileiro.* 3ª ed., Rio de Janeiro, Freitas Bastos, 1977, p. 94.

62 GILISSEN, John. *Introdução histórica ao direito,* tradução de Hespanha e Macaísta Malheiros, 2ª ed., 1995, p. 134.

63 SURGIK, Aloísio. *Direito canônico.* In: FRANÇA, Rubens Limongi, Enciclopédia Saraiva do Direito, v. 25, São Paulo, Saraiva, 1977, p. 396; WIEACKER, Franz. *História do direito privado moderno,* tradução de Botelho, 2ª ed., Lisboa, Fundação Calouste Gulbenkian, 1980, p. 73.

de Révigny[64], deu conteúdo ético à *exceptio non adimpleti contractus,* ao questionar retoricamente em seu trabalho como é possível exigir de outro quando o próprio não cumpre[65]. O questionamento de Jacobus encontrou acolhimento no *Corpus Iuris Canonici,* em trecho de Bonifácio VIII[66] no Sexto Livro[67].

Os canonistas também são creditados pela evolução da ideia de interdependência das prestações contratuais. Neste diapasão, tem-se, a partir da corrente canônica, que nos contratos bilaterais ou sinalagmáticos as prestações eram vinculadas tanto na sua gênese quanto na sua execução, possuindo como fundamento a equidade[68].

O aperfeiçoamento da técnica da *exceptio non adimpleti contractus* se deve substancialmente ao pós-glosador Bártolo de

---

64 Jacques de Révigny foi um jurista francês do século XI. Formado na Universidade de Orleáns, os juristas italianos o descreviam como um orador habilidoso. Ele foi um dos críticos aos estudos desenvolvidos pela Escola de Bolonha, de modo que seus estudos são apontados como pioneiros para o movimento pós-glosador de Orleáns. Já no século XVI, muitos dos seus trabalhos foram equivocadamente impressos como se fossem de autoria de Bártolo, o que dificultou a propagação de seu nome. (

65 A citação da frase é feita por Menezes Cordeiro. Ver: MENEZES CORDEIRO, António Manuel da Rocha e. Tratado de direito civil, t. 9, 2ª ed., Coimbra, Almedina, 2016, p. 270, nota 932.

66 Nascido com o nome de Benedetto Gætani, tornou-se em vida o 193º Papa da Igreja Católica, sendo eleito em 24 de dezembro de 1294. Ficou conhecido pelos seus conflitos com Dante Alighieri, por conta do retrato do inferno na Divina Comédia, e pelas suas contribuições ao direito canônico. Neste campo, publicou mais de oitenta cânones jurídicos. Foi o fundador da *Università degli Studi di Roma La Sapienza* em 1303. (OESTEREICH, Thomas. *Pope Boniface VIII.* In: HERBERMANN, Charles G. (org.), *The Catholic Encyclopedia: An International Work of Reference on the Constitution, Doctrine, Discipline, and History of the Catholic Church,* v. 2, New York, Robert Appleton Company, 1907, item 2018).

67 "*Frustra sibi fidem quis postulat abe o servari, cui fidem a se prastiam sevare recursat*" (Livro Sexto, 5, 12,75).

68 A fundamentação em referência é normalmente empregada pela expressão latina de Hortensius "*non servanti fidem, non est fides servanda*". Cf. ORLANDO, Marie-Astrid. *L'exception d'inexécution: L'envers du décor. Approche théorique et jurisprudentielle,* Saarbrücken, Éditions universitaires européennes, 2012, p. 11.

Sassoferrato[69]. Ao lançar comentário ao D.19.1.13.8, Bártolo ampliou o âmbito de operação da antiga *exceptio mercis non traditae* para todos os contratos bilaterais[70], e não somente ao contrato de compra e venda[71]. O comentário de Bártolo também não modificou a posição, já defendida por Acúrsio, de que este meio de defesa era verdadeira exceção[72].

Pela importância do comentário, é conveniente a sua transcrição:

> "Não se pode agir efetivamente mediante um contrato obrigatório para outrem se ele não for cumprido pela própria parte"[73].

---

69 Bártolo foi um jurisconsulto medieval e é considerado um dos mais notáveis comentadores do direito romano. Embora tenha vivido pouco, Bártolo deixou um legado de inúmeras obras jurídicas. Ele escreveu comentários em todas as partes do *Corpus Iuris Civilis,* com exceção das Institutas de Justiniano. É o jurista mais reconhecido do movimento dos pós-glosadores. Por conta de sua fama, seu nome foi utilizado para compor personagens de advogados em diversas peças medievais italianas. (CHISHOLM, Hugh; HOOPER, Franklin Henry (org.) *Encyclopædia Britannica,* v. 3, 11ª ed., Internet Archive, 1911, pp. 451/452).

70 A categoria dos contratos bilaterais também foi melhor desenvolvida pelos glosadores. Destaca-se, neste particular, o trabalho de Baldo. Sobre o assunto: MENEZES CORDEIRO, António Manuel da Rocha e. Tratado de direito civil, t. 9, 2ª ed., Coimbra, Almedina, 2016, p. 271.

71 ZIMMERMANN, Reinhard. *The law of obligations: roman foundations of the civilian tradition.* Oxford, Oxford University Press, 1996, p. 801, nota 133.

72 Neste particular, destaca-se novamente o trabalho de Baldo, que compreende que a exceção de não cumprimento não tornava a pretensão do autor definitivamente inexequível, mas apenas dependente da realização da contraprestação. Ver: CASSIN, René. *De l'exception tirée de l'inexécution dans les rapports synallagmatiques (exception non adimpleti contractus): et de ses relations avec le droit de rétention, la compensation et la résolution.* Paris: Sirey, 1914, p. 56; FONSECA, Ana Taveira da. *Da recusa de cumprimento da obrigação para a tutela do direito de crédito: em especial na excepção de não cumprimento, no direito de retenção e na compensação.* Coimbra, Almedina, 2015, p. 61.

73 Tradução de "*Contractu ultro citroque obligatorio non potest effectualiter agi, nisi abe o qui effectualitur totum contractum ex parte sua impleverit*" (CASSIN, René. *De l'exception tirée de l'inexécution dans les rapports synallagmatiques (exception non adimpleti contractus): et de ses relations avec le droit de rétention, la compensation et la résolution.* Paris: Sirey, 1914, p. 46).

É nesse momento que a concepção primordial da exceção de contrato não cumprido passa a fazer parte da ciência jurídica europeia. Trata-se da união da contribuição do glosador Acúrsio, que sustenta a matéria de defesa como *exceptio*; com a contribuição do pós-glosador Bártolo, que estende a *exceptio mercis non traditae* para os contratos bilaterais.

Partindo destes ensinamentos, em 1560 o conselheiro Fr. Marcus[74] reuniu em uma coletânea de sentenças de diversos parlamentos europeus da época e, pela primeira vez, utilizou a expressão *exceptio non adimpleti contractus* para designar a exceção de inexecução idealizada pelos glosadores e comentadores[75]. Surgia aí a terminologia que acompanharia o instituto até os nossos tempos[76].

Esta concepção firme da exceção de contrato não cumprido é lançada como herança aos esforços codificadores que caracterizaram a evolução do direito moderno. Foi diferente, entretanto, a forma como cada escola jurídica fez uso dessas reflexões. Este é o assunto a ser tratado no tópico seguinte.

3.3. Estruturação moderna na Europa e na América Latina

O desenvolvimento da *exceptio non adimpleti contractus* – levado a cabo por glosadores, canonistas e comentadores – foi aproveitado de maneira distinta pelas escolas francesa e germânica. A abordagem vista na América Latina também ponderou suas peculiaridades. Nesse sentido, vale uma abordagem pormenorizada do assunto.

---

74 Foi um consultor que viveu na região de Veneza no século XVI. Foi responsável por compilar diversas sentenças praticadas em parlamentos europeus da época. (PÉRSICO, Giovanni, *L'Eccezione d'Inadempimento,* Milano, Giuffrè, 1955, p. 1, nota 2).

75 MALECKI, Catherine. L'exception d'inexécution, Paris, LGDJ, 1999, p. 27.

76 As fontes da época também apontam o uso das expressões "*exceptio non impleti contractus*"; "*exceptio non implementi contractus*"; e, também, "*exceptio implementi non secuti*". Sobre o assunto, MORENO, María Cruz. *La* "exceptio non adimpleti contractus". Valencia, Tirant lo Blanch, 2004, p. 14.

3.3.1. A escola francesa e a estruturação sem regra específica

A doutrina humanista francesa não fez referência à exceção de contrato não cumprido[77]. A ausência de menção à *exceptio non adimpleti contractus* se justifica primordialmente pelo fato de que a escola humanista se debruçava sobre as fontes originais do Direito Romano, das quais não há menção expressa ao instituto[78].

Assim como o Direito Romano – que tinha outras figuras para dar amparo às hipóteses corriqueiras da *exceptio non adimpleti* contractus –, a escola humanista francesa também deu amplo âmbito operativo a outros institutos, como o direito de retenção e a compensação, permitindo que eles cuidassem de situações que eram normalmente tuteladas pelo instituto da exceção de incumprimento[79].

Outra importante característica que marcou a escola humanista francesa foi o desenvolvimento da teoria da resolução contratual por meio de condição resolutiva tácita[80]. Com este sistema de resolução contratual, em que, através do recurso à figura da ainda chamada condição tácita, os contratantes têm o direito de resolver o contrato com fundamento no seu não cumprimento, a

---

77 CASSIN, René. *De l'exception tirée de l'inexécution dans les rapports synallagmatiques (exception non adimpleti contractus): et de ses relations avec le droit de rétention, la compensation et la résolution.* Paris: Sirey, 1914, p. 97.

78 A escola humanista francesa, atribuía a si mesma a missão de reedificar o direito romano na sua pureza primitiva, libertando-o da glosa. Sobre o assunto: CAPITANT, Henri. *De la cause des obligations,* 2ª ed., Paris, Dalloz, 1924, p. 262.

79 CASSIN, René. *De l'exception tirée de l'inexécution dans les rapports synallagmatiques (exception non adimpleti contractus): et de ses relations avec le droit de rétention, la compensation et la résolution.* Paris: Sirey, 1914, p. 94.

80 CASSIN, René. *De l'exception tirée de l'inexécution dans les rapports synallagmatiques (exception non adimpleti contractus): et de ses relations avec le droit de rétention, la compensation et la résolution.* Paris: Sirey, 1914, pp. 100/101; ZIMMERMANN, Reinhard. The law of obligations: roman foundations of the civilian tradition. Oxford, Oxford University Press, 1996, p. 163.

exceção de contrato não cumprido não apareceu aos olhos dos humanistas franceses como instituto carente de referência própria[81].

Apesar dos autores mais representativos do movimento da pré-codificação francesa reconhecerem a necessidade das obrigações emergentes de um contrato bilateral serem cumpridas simultaneamente[82], o Código Civil Napoleônico refletiu o pouco tratamento da *exceptio non adimpleti contractus* pela maioria da escola francesa e não deu nenhum tratamento legal ao instituto[83], restando apenas tratamento específico sobre ordem nas prestações em contratos de compra e venda[84]. O mesmo caminho foi traçado pelas codificações inspiradas no *Code,* como os antigos Código de Seabra[85] e o Código Italiano de 1865[86].

---

81 MORENO, María Cruz. *La* "exceptio non adimpleti contractus". Valencia, Tirant lo Blanch, 2004, p. 15.

82 A título exemplificativo: POTHIER, Robert Joseph, *Tratado de los Contratos: Tratado del Contrato de Venta,* t. 1, Buenos Aires, Bibliografica Argentina, 1948, nº 354. De acordo com Henri Capitant, Domat também defendeu a necessidade de ênfase ao estudo do instituto. Ver: CAPITANT, Henri. *De la cause des obligations,* 2ª ed., Paris, Dalloz, 1924, p. 260.

83 Por outro lado, o *Code Civil* conferiu expressamente ao contratante fiel, através da condição resolutiva tácita, a possibilidade de recorrer ao judiciário para resolver um contrato sinalagmático, em caso de descumprimento da contraprestação. Trata-se do art. 1184 do Código Civil Napoleônico. Ver: FONSECA, Ana Taveira da. *Da recusa de cumprimento da obrigação para a tutela do direito de crédito: em especial na excepção de não cumprimento, no direito de retenção e na compensação.* Coimbra, Almedina, 2015, p. 63; MONTEIRO, Marina Stella de Barros; MONTEIRO, Ralpho Waldo de Barros. *A causa dos contratos e a exceptio non adimpleti contractus.* In: Revista dos Tribunais, São Paulo, 958, 2015, p. 111.

84 Artigo 1612 do Código Civil Napoleônico: "*Le vendeur n'est pas tenu de délivrer la chose, si l'acheteur n'en paye pas le prix, et que le vendeur ne lui ait pas accordé un délai pour le paiemen*". Tradução: "O vendedor não é obrigado a entregar a coisa, se o comprador não pagar o preço, e o vendedor não lhe deu um prazo para pagamento"

85 Art. 1574 do Código Civil de Seabra "*O vendedor não é obrigado a entregar a cousa vendida, sem que o preço lhe seja pago, salvo se houver convenção em contrário.*"

86 Artigo 1510 do Código Civil Italiano de 1865: "*Il compratore, se è o ha ragione di temere di essere molestato con un'azione ipotecaria o rivendicatoria, può sospendere il pagamento del prezo fino a che il venditore abbia fato cessar ele*

Foi no final no século XIX que o direito francês, por meio de seus tribunais já influenciados pela pandectística alemã e pelos trabalhos preparatórios do BGB, passou a dar tratamento sedimentado à exceção de contrato não cumprido[87-88]. Analisando

---

molestie, sempreché questi non prescelga di dar cauzione, o non siasi convenuto che il compratore pagherà non ostante qualunque moléstia". Tradução: "O comprador, se tiver ou tiver motivos para temer ser assediado por uma hipoteca ou uma reclamação, pode suspender o pagamento do preço até que o vendedor tenha desistido do assédio, desde que ele não escolha dar segurança ou não tenha concordado que o comprador pagará por qualquer moléstia".

87 Sobre o papel da jurisprudência francesa, que deu verdadeiro desenvolvimento *praeter legem* à exceção de contrato não cumprido, ver: CASSIN, René. *De l'exception tirée de l'inexécution dans les rapports synallagmatiques (exception non adimpleti contractus): et de ses relations avec le droit de rétention, la compensation et la résolution.* Paris: Sirey, 1914, p. 129.

88 O direito espanhol teve experiência parecida com o direito francês, na medida em que o Código Civil Espanhol até hoje não tem dispositivo legal próprio para a exceção de contrato não cumprido, embora o instituto seja indubitavelmente reconhecido como vigente pelos esforços doutrinários e jurisprudenciais. Sobre o assunto, ver: DÍEZ-PICAZO, Luis. *Fundamentos del derecho civil* patrimonial, v.1, 2ª ed., Madrid, Tecnos, 1983, pp. 559/560; HIERRO, Jose Manuel Fernandez. *La* "exceptio non adimpleti contractus". In: Revista de la Universidad de Deusto, Bilbao, 55, 1995, p. 72; MORENO, María Cruz. *La* "exceptio non adimpleti contractus". Valencia, Tirant lo Blanch, 2004, p. 19. Como julgado que reconhece a exceção no direito espanhol, cita-se: Tribunal Supremo de España, Ar. 666, 30 de enero de 1987. Acessado em < http://www.poderjudicial.es/search/indexAN.jsp> em 24.01.17. No Brasil, entretanto, há trabalhos acadêmicos afirmando que o Código Civil espanhol, no seu art. 1100, reconhece expressamente a exceção de contrato não cumprido (Ver: GAGLIARDI, Rafael Villar. *Exceção de contrato não cumprido*, São Paulo, Saraiva, 2010, pp. 22/23). Nós não nos filiamos a esta opinião, uma vez que o referido artigo apresenta mais um requisito de constituição em mora para os contratos de obrigações recíprocas, e não verdadeiramente o instituto da exceção de contrato não cumprido. Sendo assim, este trabalho filia-se sobre este particular à opinião dos juristas espanhóis já supracitados. Ver art. 1100 do Código Civil Espanhol: *"Articulo 1100 [...] En las obligaciones recíprocas ninguno de los obligados incurre en mora si el otro no cumple o no se allana a cumplir debidamente lo que le incumbe. Desde que uno de los obligados cumple su obligación, empieza la mora para el otro."* Tradução: "Artigo 1100 [...] Nas obrigações recíprocas, nenhum dos obrigados incorre em mora se o outro não cumpriu ou não se propôs a cumplir corretamente o que devia. Desde que um dos obrigados cumpre sua obrigação, começa a mora da contraparte."

o surgimento *praeter legem* da exceção de incumprimento na França, Raymond Saleilles reintroduz na linguagem jurídica francesa a expressão "*exceptio non adimpleti contractus*" e defende a aplicação do instituto na lógica da simultaneidade do cumprimento das obrigações nos contratos bilaterais[89].

A aplicação da *exceptio non adimpleti contractus* na França era defendida substancialmente por duas razões principais: a primeira referia-se à impossibilidade de justificar, na França, a limitação do direito de recusar a execução da obrigação somente aos casos especificamente previstos em lei, como nos casos de compra e venda; a segunda corresponde ao argumento *a fortiori* de que a existência de ação de resolução por inexecução era mais grave do que a mera suspensão da exigibilidade decorrente da aplicação da exceção de incumprimento[90]. A doutrina francesa clássica tampouco tinha dificuldade em reconhecer que os princípios norteadores da teoria da resolução por inadimplemento, que já consagravam a regra da condição resolutiva tácita do art. 1184 do *Code*[91],

89 SALEILLES, Raymond. Étude sur la théorie générale de l'obligation, 3ª ed., Paris, Dalloz, 1914, p.187.

90 MONTEIRO, Marina Stella de Barros; MONTEIRO, Ralpho Waldo de Barros. *A causa dos contratos e a exceptio non adimpleti contractus.* In: Revista dos Tribunais, São Paulo, 958, 2015, p. 113.

91 Artigo 1184 do Código Civil Napoleônico: "*Article 1184. La condition résolutoire est toujours sous-entendue dans les contrats synallagmatiques, pour le cas où l'une des deux parties ne satisfera point à son engagement. Dans ce cas, le contrat n'est point résolu de plein droit. La partie envers laquelle l'engagement n'a point été exécuté, a le choix ou de forcer l'autre à l'exécution de la convention lorsqu'elle est possible, ou d'en demander la résolution avec dommages et intérêts. La résolution doit être demandée en justice, et il peut être accordé au défendeur un délai selon les circonstances.*" Tradução: "Art. 1184. A condição resolutiva está sempre implícita nos contratos sinalagmáticos, no caso de uma das duas partes não cumprir seu compromisso. Nesse caso, o contrato não é liquidado automaticamente. A parte para quem a empresa não foi executada tem a opção de forçar a outra parte a executar o acordo, quando for possível, ou de exigir um acordo com danos. A resolução deve ser solicitada em um tribunal, e o réu pode ser concedido um atraso, dependendo das circunstâncias".

eram os mesmos que davam fundamento a exceção de contrato não cumprido[92].

Partindo destas conclusões, o desenvolvimento da exceção de contrato não cumprido encontrou marco fundamental no trabalho de René Cassin, que desenvolveu os traços marcantes da exceção de contrato não cumprido na França[93]. Pela importância e impacto deste trabalho no direito francês, transcreve-se o conceito de Cassin para a exceção de inexecução:

> "[a exceção de contrato não cumprido é] um meio de defesa baseado na boa-fé facultado a quem quer que se encontre obrigado por virtude de uma relação sinalagmática sem que esteja vinculado a cumprir em primeiro lugar, e que consiste na recusa da prestação devida até a contraparte cumprir, por seu turno, a contraprestação que sobre ela recai"[94]

Nota-se uma característica importante na definição de Cassin. Para o autor, a exceção tem por escopo manter o equilíbrio das relações jurídicas entre as partes. Tais relações, entretanto, não são somente de origem contratual, como também de origem extracontratual ou legal. Dá-se, assim, uma tutela geral e completa de todas as relações sinalagmáticas[95].

---

92 CASSIN, René. *De l'exception tirée de l'inexécution dans les rapports synallagmatiques (exception non adimpleti contractus): et de ses relations avec le droit de rétention, la compensation et la résolution*. Paris: Sirey, 1914, p. 96. A mesma percepção também foi feita em estudos brasileiros: PONTES DE MIRANDA, Francisco Cavalcanti. *Tratado de direito privado: parte especial. Direito das obrigações. Extinção das dívidas e obrigações. Dação em soluto. Confusão. Remissão de dívidas. Novação. Transação. Outros modos de extinção*, t. 25, Rio de Janeiro, Borsoi, 1959, p. 326.

93 Sobre a importância do trabalho de Cassin. Ver: FONSECA, Ana Taveira da. *Da recusa de cumprimento da obrigação para a tutela do direito de crédito: em especial na excepção de não cumprimento, no direito de retenção e na compensação*. Coimbra, Almedina, 2015, p. 64, nota. 166.

94 CASSIN, René. *De l'exception tirée de l'inexécution dans les rapports synallagmatiques (exception non adimpleti contractus): et de ses relations avec le droit de rétention, la compensation et la résolution*. Paris: Sirey, 1914, p. 440.

95 FONSECA, Ana Taveira da. *Da recusa de cumprimento da obrigação para a tutela do direito de crédito: em especial na excepção de não cumprimento, no direito de retenção e na compensação*. Coimbra, Almedina, 2015, p. 64.

Em resumo, no direito francês – pelo menos até a reforma do direito das obrigações de Fevereiro de 2016 – o âmbito de operação da *exceptio non adimpleti contractus* não se limita aos contratos sinalagmáticos; sua operabilidade atinge todas as relações de onde derivem obrigações recíprocas de fonte comum[96]. Comentando a ampla concepção do instituto dada por René Cassin, José João Abrantes lista algumas relações jurídicas não contratuais que, por força da amplitude do conceito francês, estariam tuteladas pela *exceptio non adimpleti contractus*:

> "[estariam dentro do âmbito de operação da exceção de incumprimento] as obrigações recíprocas de restituição derivadas da nulidade, da anulação ou da resolução de um contrato; – as relações de origem legal em que haja comunhão de origem de obrigações; os contratos bilaterais imperfeitos e os quase-contratos sinalagmáticos"[97]

A amplitude do conceito de Cassin sobreviveu na França muito por conta de que a exceção de inexecução não encontrava amparo em texto normativo, de modo que a construção doutrinária e jurisprudencial se prendeu mais aos fundamentos comuns ao instituto – sem entretanto vinculá-lo a um único tipo de sinalagma.

Entretanto, a *Ordonnance nº2016-131,* de 10 Fevereiro de 2016, introduziu importante mudança legislativa no direito das obrigações francês. Em linhas gerais, a reforma francesa do direito das obrigações teve como escopo aproximar o direito privado francês das regras europeias de harmonização do direito contratual[98] e remover a imagem de que o direito francês é "complexo, imprevisível e pouco atrativo"[99].

No contexto particular da *exceptio non adimpleti contractus,* o *Code* finalmente recebeu texto normativo específico para o insti-

---

96 MALECKI, Catherine. L'exception d'inexécution, Paris, LGDJ, 1999, p. 27.

97 ABRANTES, José João. A excepção de não cumprimento do contrato. 2ª ed., Coimbra, Almedina, 2014, p. 24

98 CHÉNEDÉ, François. *Le nouveau droit des contrats et des obligations,* Paris, Dalloz, 2016, p. 7.

99 PARLEMENT, *Réforme du Droit des Obligations: un supplément au code civil,* Rapport au Président de la République, Paris, Dalloz, *2016*. Qual é a página citada ?

tuto. Trata-se do artigo 1219 do referido diploma, que pela importância transcreve-se:

> "Artigo 1219 – Uma parte pode recusar o cumprimento da sua obrigação, mesmo quando ela for exigível, se a outra não executar a sua e essa inexecução for suficientemente grave."[100]

O artigo encontra redação muito próxima à estabelecida no §320 do BGB[101], o que sugere uma influência definitiva da estruturação germânica ao instituto francês. Além disso, o artigo francês se encontra inserido na Seção 5 do Capítulo IV do Título III do Terceiro Livro do Código Civil Francês. A Seção 5 em referência é intitulada "A inexecução do contrato"[102] e, consequentemente, cuida das situações de descumprimento dentro das relações jurídicas contratuais.

A alocação da exceção nesta parte do *Code* é resquício de um texto inicial da reforma, que por sua vez limitava expressamente a *exceptio non adimpleti contractus* às relações jurídicas sinalag-

---

100 Tradução art. 1219 do atual Código Civil Francês: *"Une partie peut refuser d'exécuter son obligation, alors même que celle-ci est exigible, si l'autre n'exécute pas la sienne et si cette inexécution est suffisamment grave."*

101 Parágrafo 320 do BGB: *"(1) Wer aus einem gegenseitigen Vertrag verpflichtet ist, kann die ihm obliegende Leistung bis zur Bewirkung der Gegenleistung verweigern, es sei denn, dass er vorzuleisten verpflichtet ist. Hat die Leistung an mehrere zu erfolgen, so kann dem einzelnen der ihm gebührende Teil bis zur Bewirkung der ganzen Gegenleistung verweigert werden. Die Vorschrift des § 273 Abs. 3 findet keine Anwendung. (2) Ist von der einen Seite teilweise geleistet worden, so kann die Gegenleistung insoweit nicht verweigert werden, als die Verweigerung nach den Umständen, insbesondere wegen verhältnismäßiger Geringfügigkeit des rückständigen Teils, gegen Treu und Glauben verstoßen würde."* Tradução: Quem estiver obrigado por um contrato bilateral, poderá recusar a prestação, à qual se obrigou, até a efetuação da contraprestação, a não ser que esteja ele obrigado a satisfazer a prestação em primeiro lugar. Se a prestação tiver de realizar-se a vários, poderá ser recusada, a cada um deles, a parte que lhe compete, até a efetuação de toda a contraprestação. A disposição do §273, alínea 3, não se encontra aplicável. Se for parcialmente satisfeita a prestação por um dos lados, não poderá ser recusada a contraprestação desde que a recusa, de acordo com as circunstâncias, particularmente por causa da insignificância proporcional da parte restante, infringir a boa-fé.".

102 Tradução de *"L'inexécution du contrat"*.

máticas de origem contratual[103]. Ao final, o legislador optou por não limitar o instituto, dando sobrevida ao entendimento de que a exceção de contrato não cumprido se aplica às relações sinalagmáticas em geral[104].

3.3.2. As experiências na Alemanha e América Latina: estruturação com regra específica

A doutrina e jurisprudência germânicas traçaram caminho diametralmente oposto ao utilizado pela exegética francesa. A razão primordial desta diferença se justifica sobre as diferentes maneiras que França e Alemanha lidavam com a possibilidade de resolução contratual por inadimplemento.

Enquanto na França os contratantes contavam com a chamada condição resolutiva tácita, consagrada no *Code* no seu artigo 1184[105], na Alemanha a resolução não foi admitida em caráter geral: foi apenas tolerada extrajudicialmente como ato de justiça privada e aplicável a uma pequena série de casos[106].

A consequência do diferente trato dado ao direito de resolução por inadimplemento foi determinante para a diferença de rumos que estes dois países traçaram na evolução legislativa da *exceptio non adimpleti contractus.* Como consequência da aceitação geral da condição resolutiva tácita, o *Code* não conheceu um artigo próprio para a exceção de contrato não cumprido até fevereiro de 2016. Em contrapartida, o *Bürgerliches Gesetzbuch*, desde 1900, adiciona à ordem jurídica germânica regra própria à exceção de inexecução. O referido dispositivo está previsto no Título II, relativo aos contratos bilaterais, da Seção II do Livro de Direito das

103 CHANTEPIE, Gaël; LATINA, Mathias. *La réforme du droit des obligations: commentaire théorique et pratique dans l'ordre du Code civil,* Paris, Dalloz, p. 542.

104 FAGES, Bernard. *Droit des obligations,* 7ª ed., Paris, LGDJ, 2017, p. 283.

105 Ver item 3.3.1 supra.

106 ABRANTES, José João. A excepção de não cumprimento do contrato. 2ª ed., Coimbra, Almedina, 2014, p. 28; SCADUTO, Gioachino, *L'exceptio non adimpleti contractus nel Diritto Civile italiano"* In: Annali del Seminario Giuridico dell'Università di Palermo, 6, 1921, p.80

Obrigações do BGB. Trata-se do parágrafo 320, (1) do Código Civil alemão[107], que, pela importância expositiva, transcreve-se:

> "§320 Exceção de contrato não cumprido (1) Quem estiver obrigado por um contrato bilateral, poderá recusar a prestação, à qual se obrigou, até a efetuação da contraprestação, a não ser que esteja ele obrigado a satisfazer a prestação em primeiro lugar. Se a prestação tiver de realizar-se a vários, poderá ser recusada, a cada um deles, a parte que lhe compete, até a efetuação de toda a contraprestação. A disposição do §273, alínea 3 [direito de retenção], não encontra aplicação"[108]

A redação atual do BGB põe fim a uma discussão importante que se travou na Alemanha até o final do século XIX. A ciência jurídica do *usus modernus pandectarum* afastou a concepção cedida pelos pós-glosadores de que a exceção de contrato não cumprido era espécie de exceção em sentido estrito e, portanto, não conhecida de ofício. Ato contínuo, no final do século XVIII e início do século XIX, firmou-se o entendimento de que a *exceptio non adimpleti contractus* deveria ser compreendida como uma espécie de pressuposto da ação do demandante que postulava o cumprimento de uma prestação em contrato sinalagmático[109].

Este entendimento foi superado nos meados do século XIX, em um ensaio clássico sobre o tema feito por Heerwart. Foi este trabalho que, após análise minuciosa de dispositivos do Digesto

---

107 O parágrafo §320 não foi objeto de reformas na alteração do direito das obrigações na Alemanha em 2002. Sobre o assunto: JOHNSTON, Angus; MARKESINIS, Basil; UNBERATH, Hannes. *The german law of contract: a comparative treatise*, 2ª ed., Oxford, Hart Publishing, 2006, pp. 381/386.

108 *"§320 (1) Wer aus einem gegenseitigen Vertrag verpflichtet ist, kann die ihm obliegende Leistung bis zur Bewirkung der Gegenleistung verweigern, es sei denn, dass er vorzuleisten verpflichtet ist. Hat die Leistung an mehrere zu erfolgen, so kann dem einzelnen der ihm gebührende Teil bis zur Bewirkung der ganzen Gegenleistung verweigert werden. Die Vorschrift des § 273 Abs. 3 findet keine Anwendung."* (Traduzido por: DINIZ, Souza. *Código Civil alemão.* Rio de Janeiro, Record, 1960, p. 66).

109 FONSECA, Ana Taveira da. *Da recusa de cumprimento da obrigação para a tutela do direito de crédito: em especial na excepção de não cumprimento, no direito de retenção e na compensação.* Coimbra, Almedina, 2015, p. 66.

romano, assentou que o âmbito operativo da exceção de contrato não cumprido fosse os contratos bilaterais e que recaía sobre o réu o encargo de opor a exceção de contrato não cumprido, sendo esta exceção em sentido próprio e não congnoscível *ex officio* pelo juízo[110].

O texto dos §§320 a 322 do BGB refletem a concepção estrita da exceção de contrato não cumprido no direito germânico[111]. No supracitado §320, (1), nota-se a preocupação do legislador alemão em apontar que a exceção permite ao réu se escusar de cumprir sua obrigação em contrato bilateral, se preenchidos os requisitos da correspectividade e simultaneidade das prestações[112].

Muitos ordenamentos jurídicos seguiram a estruturação proposta pelo Código Civil alemão. O Código Civil português dá a noção de exceção de não cumprimento do contrato no seu art. 428º[113]. É por meio deste dispositivo legal que Menezes Cordeiro elenca como requisitos para a aplicação da *exceptio* "(i) contratos com prestações recíprocas; (ii) sem prazos diferentes para o cumprimento das prestações; (iii) faculdade de recusar a prestação; e (iv) enquanto o outro não a efetuar ou não oferecer o seu cumprimento simultâneo"[114].

Na esteira da experiência portuguesa, o Código Civil Italiano de 1942 deu disciplina similar ao §320 do BGB no seu artigo

---

110 O êxito do trabalho de Heerwart na comunidade jurídica alemã se deve, justamente, ao esforço do autor na pesquisa direta das fontes romanas. Nesse sentido: FONSECA, Ana Taveira da. *Da recusa de cumprimento da obrigação para a tutela do direito de crédito: em especial na excepção de não cumprimento, no direito de retenção e na compensação.* Coimbra, Almedina, 2015, p. 69.

111 ZIMMERMANN, Reinhard. *The new german law of obligations: historical and comparative perspectives,* Oxford, Oxford University Press, 2005, p. 75.

112 ABRANTES, José João. *A excepção de não cumprimento do contrato.* 2ª ed., Coimbra, Almedina, 2014, p. 29.

113 Artigo 428º do Código Civil português: *"Artigo 428.º (Noção)1. Se nos contratos bilaterais não houver prazos diferentes para o cumprimento das prestações, cada um dos contraentes tem a faculdade de recusar a sua prestação enquanto o outro não efectuar a que lhe cabe ou não oferecer o seu cumprimento simultâneo. 2. A excepção não pode ser afastada mediante a prestação de garantias."*

114 MENEZES CORDEIRO, António Manuel da Rocha e. Tratado de direito civil, t.9, 2ª ed., Coimbra, Almedina, 2016, p. 279.

1460[115], também compreendendo a exceção dentro dos contratos bilaterais e apontando a correspectividade das prestações como requisito de sua configuração[116].

Da breve análise da estruturação germânica, portuguesa e italiana, é interessante notar que os diplomas legais dão claro enfoque textual na natureza da *exceptio non adimpleti contractus* como exceção em sentido estrito, uma vez que os três textos normativos apontam que o devedor "pode", "poderá", ou "tem a faculdade" de se recusar a prestar sua obrigação na situação defendida pela exceção.

Em outras palavras, dar o enfoque ao devedor, consagrando a *exceptio* como uma posição jurídica detida e exercida no interesse do próprio devedor, garantiu que nesses países não pairassem dúvidas sobre a construção da exceção de inadimplemento como uma exceção em sentido estrito, e não uma exceção imprópria munida de pretensões até mesmo cognoscíveis de ofício.

Em algumas experiências de positivação da *exceptio non adimpleti contractus*, entretanto, o mesmo cuidado não foi observado. Cita-se como exemplo o texto do artigo 1201 do Código Civil Argentino de

---

115 Artigo 1460 do Código Civil italiano: *"Art. 1460 Eccezione d'inadempimento. Nei contratti con prestazioni corrispettive, ciascuno dei contraenti può rifiutarsi di adempiere la sua obbligazione, se l'altro non adempie o non offre di adempiere contemporaneamente la propria, salvo che termini diversi per l'adempimento siano stati stabiliti dalle parti o risultino dalla natura del contratto (1565). Tuttavia non può rifiutarsi l'esecuzione se, avuto riguardo alle circostanze, il rifiuto è contrario alla buona fede (1375)."* Tradução: "Art. 1460. Exceção de inadimplemento. Nos contratos com prestações correspectivas, qualquer um dos contratantes pode recusar-se a cumprir sua obrigação, se o outro não cumpriu ou ofereceu cumprimento contemporaneamente à exigência, salvo se exista termos diversos para o cumprimento imposto pelas partes ou resultante da natureza do contrato (1565). No entanto, a parte não pode recusar-se à cumprir se, tendo em conta as circustâncias, a recusa for contrária à boa-fé (1375)".

116 A título exemplificativo: PÉRSICO, Giovanni, *L'Eccezione d'Inadempimento*, Milano, Giuffrè, 1955, p. 198; GRASSO, Biagio. *Eccezione d'inadempimento e risoluzione del contratto (profili generali)*, Camerino, Jovene, 1973, p. 138; ROPPO, Vincenzo. *Il Contratto*, 2ª ed., Milano, Giuffrè, 2011, p. 920.

1879[117], diretamente inspirado no artigo 1955 do Esboço de Teixeira de Freitas[118]. O antigo diploma argentino apontava que era o credor quem não poderia demandar o cumprimento da prestação sem provar que tinha dado cumprimento à sua contraprestação; e não o devedor quem poderia se defender caso a cobrança fosse levantada[119]. Em síntese, o texto dava a entender que a opção não era do devedor, mas sim uma imposição da lei ao credor[120].

---

117 Artigo 1201 do Código Civil Argentino de 1879: *"Art. 1.201. En los contratos bilaterales una de las partes no podrá demandar su cumplimiento, si no probase haberlo ella cumplido u ofreciese cumplirlo, o que su obligación es a plazo."*. Tradução: "Art. 1.201. Nos contratos bilaterais uma das partes não poderá demandar cumprimento, se não poderia fazê-lo cumplir ou oferecido cumprimento, ou se sua obrigação era a prazo".

118 *"Art. 1.955 Se forem bilaterais (art. 441), uma das partes não poderá demandar seu cumprimento sem provar que de seu lado os tem cumprido, ou que sua obrigação é a prazo, ou sem se oferecer a cumpri-los."* (TEIXEIRA DE FREITAS, Augusto. *Esboço*, v. 2, Brasilia, Ministério da Justiça e Fundação Universidade de Brasilia, 1983, p. 364).

119 O direito chileno era ainda mais radical neste aspecto, indicando que o devedor de contrato bilateral não estaria em mora enquanto o credor não cumprisse sua contraprestação. Ver artigo 1552 do Código Civil chileno: *"Articulo 1552 En los contratos bilaterales ninguno de los contratantes está en mora dejando de cumplir lo pactado, mientras el otro no lo cumple por su parte, o no se allana a cumplirlo en la forma y tiempo debidos."*. Tradução: Artigo 1552 Nos contratos bilaterais nenhum dos contratantes está em mora deixando de cumplir o pactuado, enquanto o outro não cumpre sua parte, ou não chama para cumplir na forma e tempo debidos". Tamanha distinção de efeitos fez com que parte da doutrina chilena, com a qual nos filiamos, interpretasse tal artigo de modo a compreendê-lo como um novo requisito à constituição em mora, ao invés de entendê-lo como suporte legislativo da exceção de contrato não cumprido. Nesse sentido: CLARO SOLAR, Luís. *Explicaciones de Derecho Civil Chileno y Comparado: Tomo X - De las Obligaciones*, Santiago, Nacimento, 1936, p. 787; ALESSANDRI, Arturo; SOMARRIVA, Manuel; VODANOVIC, Antonio. *Tratado de las Obligaciones*, 2ª ed., Santiago, Jurídica de Chile, 2001, p. 301. Em sentido contrário, encontramos: FUEYO LANERI, Fernando. *Cumplimiento e Incumplimiento de las Obligaciones*, 3ª ed., Santiago, Jurídica de Chile, 2004, pp. 239/240.

120 Essa técnica de redação será, inclusive, verificada no Brasil nos Códigos de 1916 e 2002 - também indubitavelmente em consequência da influência e relevância de Teixeira da Silva sobre os textos legislativos brasileiros. Sobre a evolução normativa brasileira da exceção de contrato não cumprido, ver item 4 infra.

A dificuldade do texto de 1879 fez com que surgissem dúvidas a respeito da natureza jurídica da exceção na Argentina[121] – a exemplo do que ocorria na ciência jurídica do *usus modernus pandectarum* no final do século XVIII e começo do século XIX. Também a exemplo do que ocorreu na Alemanha oitocentista, a doutrina e jurisprudência argentinas entenderam por bem reconhecer a natureza da *exceptio non adimpleti contractus* como exceção em sentido estrito, por ser esta acepção, na opinião dos juristas argentinos, mais coerente com as regras de boa-fé do ordenamento[122].

Acompanhando a posição já pacificada, o texto legal foi modificado substancialmente pelo novo artigo 1031 do Código Civil e Comercial da Argentina de 2015[123]. A nova redação, nos modelos da legislação alemã, portuguesa e italiana, de que a parte cobrada "pode" suspender o pedido de cumprimento, deixa clara a natureza jurídica de exceção e desestimula qualquer interpretação que

---

121 TARANTO, Hugo Omar. *Excepción de incumplimiento.* In: STIGLITZ, Rubén (Coord.) *Contratos: teoría general,* v. 1, Buenos Aires, Depalma, 1990, p. 711.

122 A título exemplificativo: GASTALDI, José María; CENTANARO, Esteban. *Excepcion de incumplimiento contractual,* Buenos Aires, Abeledo-Perrot, 1995, p.126; LÓPEZ DE ZAVALÍA, Fernando *Teoría de los contratos. Parte general.* t. 1, 5ª ed., Buenos Aires, Zavalía, 1971, p. 355, nota 4; MASNATTA, Hector. *Excepción de incumplimiento contractual,* Buenos Aires, Abeledo Perrot, 1967, p. 29.

123 Artigo 1031 do Código Civil e Comercial da Argentina de 2015: *"ARTICULO 1031.- Suspensión del cumplimiento. En los contratos bilaterales, cuando las partes deben cumplir simultáneamente, una de ellas puede suspender el cumplimiento de la prestación, hasta que la otra cumpla u ofrezca cumplir. La suspensión puede ser deducida judicialmente como acción o como excepción. Si la prestación es a favor de varios interesados, puede suspenderse la parte debida a cada uno hasta la ejecución completa de la contraprestación.".* Tradução: "Artigo 1031 Suspensão do cumprimento. Nos contratos bilaterais, quando as partes devem cumplir simultáneamente, uma delas pode suspender o cumprimento da prestação, até que a outra cumpra ou ofereça cumprir. A suspensão pode ser deduzida judicialmente como ação ou exceção. Se a prestação é a favor de varios interessados, pode-se suspender a parte debida a cada um até a execução completa da contraprestação".

poderia apontar a *exceptio non adimpleti contractus* como matéria cognoscível de ofício[124].

3.4. Sistemática adotada nas tentativas de harmonização do direito dos contratos

Ao longo do século XX, a aproximação comercial definitiva entre os países produziu movimentos internacionais de harmonização em diversos níveis do direito privado[125]. Neste cenário, a globalização econômica aparece como instrumento catalisador que adiciona à prática contratual um contexto policêntrico sobre a autonomia normativa dos agentes privados[126].

Ato contínuo, para fomentar um melhor fluxo de produtos e serviços, procurou-se restringir as regras jurídicas aplicáveis aos negócios internacionais àquelas que seriam mais facilmente aceitas por todos os agentes, propiciando maior estabilidade aos atos[127],

---

124 CARAMELO, Gustavo; HERRERA, Marisa; PICASSO, Sebastián. *Código civil y comercial de la Nación comentado,* Buenos Aires, Infojus, 2015, p. 435.

125 Sobre o assunto: LANDO, Ole. *The lex lercatoria in international comercial arbitration.* In: International & Comparative Law Quarterly, British Institute of International and Comparative Law, 34, 1985, pp. 747/768.

126 Sobre o assunto, é interessante a definição autopoiética de Gunther Teubner sobre globalização: *"[globalização é] um processo policêntrico no qual, simultaneamente, diferentes setores da vida cruzam suas fronteiras regionais, constituindo, cada qual, um setor autônomo global para si"* (Tradução de: TEUBNER, Gunther. *Societal constitucionalism: alternatives to state-centred constitutional theory?* In: Yale Law School Review, Storrs Lectures, 2004, acessado em <https://ssrn.com/abstract=876941> em 26.01.17, p. 10). Também sobre o fenômeno da globalização no âmbito do direito: FARIA, José Eduardo (coord.). *Direito e Globalização Econômica – implicações e perspectivas.* São Paulo, Malheiros, 1996.

127 GAMA JR., Lauro. *Os princípios UNIDROIT relativos aos contratos do comércio internacional de 2004 e o direito brasileiro: convergências e possibilidades.* In: Revista de Arbitragem e Mediação, São Paulo, Revista dos Tribunais, 8, 2006, p. 50; ZANETTI, Cristiano de Sousa. *Unificação do direito dos contratos.* In: HIRONAKA, Giselda M. F. Novaes (coord.) *Direito civil: direito dos contratos.* v. 3, São Paulo, Revista dos Tribunais, 2008, p. 235.

Para exigências mais pontuais de determinado nicho do comércio internacional, foram modelos destinados a uniformizar o sentido e a estrutura empregadas aos contratos internacionais. Como exemplo, podem-se citar os *International Chamber of Commerce Trade Terms – Incoterms,* modelos que precisam o sentido atribuído a determinadas cláusulas comumente empregadas em contratos internacionais[128]. Também podemos citar os modelos negociais elaborados pela *Fédération Internationale des Ingénieurs-Conseils –FIDIC* para contratos de construção[129].

A comunidade internacional também se lançou em projetos mais ambiciosos, com o objetivo não só de fornecer modelos contatuais, como também de disciplinar regras gerais aplicáveis à categoria dos contratos comerciais internacionais. De maneira mais pormenorizada, os projetos têm como escopo integrar o conteúdo dos negócios celebrados pelos agentes e servir de modelo para futura unificação a ser promovida pelos Estados Nacionais[130].

Como reflexo da presença da *exceptio non adimpleti contractus* na maioria dos ordenamentos jurídicos da Europa, tais projetos não deixaram de dar regime próprio para a exceção de inadimplemento. Vejamos alguns deles.

O primeiro destaque irá aos Princípios *Unidroit* para os contratos de comércio internacional. Trata-se de um dos mais reconhecidos esforços em matéria de codificação do direito do comércio internacional[131]. No preâmbulo de sua versão de 2016,

---

128 VIEIRA, Guilherme Bergmann Borges. *Regulamentação no comércio internaicional,* São Paulo, Aduaneiras, 2002, p. 12.

129 INTERNATIONAL FEDERATION OF CONSULTING ENGINEERS, *Conditions of Contract for Construction.* Switzerland, FIDIC, 1999.

130 ZANETTI, Cristiano de Sousa. *Unificação do direito dos contratos.* In: HIRONAKA, Giselda M. F. Novaes (coord.) *Direito civil: direito dos contratos.* v. 3, São Paulo, Revista dos Tribunais, 2008, p. 235. Sobre esta segunda função, é interessante observar que a já comentada *Ordonnance nº2016-131,* que modificou o direito obrigacional francês em 2016, mencionou diversos projetos de harmonização como inspiradores diretos da reforma em sua exposição de motivos. (PARLEMENT, *Réforme du Droit des Obligations: un supplément au code civil,* Rapport au Président de la République, Paris, Dalloz, 2016, p. VI).

131 BAPTISTA, Luis Olavo. *Contratos internacionais.* São Paulo, Lex Magister, 2011, p. 82.

os Princípios *Unidroit* se projetam para "estabelecer regras gerais aos contratos mercantis internacionais"[132], de forma que a doutrina internacional não tem dificuldade em reconhecê-los como uma espécie de *ius commune* para os agentes privados[133]. No Brasil, os Princípios *Unidroit* já serviram como marco jurídico aplicável a um contrato de compra e venda internacional de mercadorias no qual não se identificava a norma de direito privado aplicável[134].

Os Princípios *Unidroit* dão especial atenção à exceção de contrato não cumprido no seu artigo 7.1.3. (1), que pela importância transcreve-se:

> "Artigo 7.1.3. (Retenção de cumprimento)
> Onde as partes devem cumprir suas obrigações simultaneamente, qualquer parte poderá reter o cumprimento até que a outra parte cumpra sua obrigação"[135]

A redação proposta pelo artigo 7.1.3 (1) é semelhante à linha de raciocínio inaugurada pelo §320 do BGB, de forma a admitir a exceção de contrato não cumprido na sua natureza jurídica de exceção em sentido estrito. Ocorre, todavia, que nos comentários ao artigo 7.1.3. (1), os organizadores apresentam um exemplo que sugere concepção diferente. Eis o exemplo em referência:

> "A concorda em vender para B mil toneladas de trigo branco, com pagamento a ser feito por uma carta e crédito aberta em um banco

---

132 *Unidroit Principles 2016*, Rome, International Institute for the Unification of Private Law, 2016, p. 1.

133 VISCASILLAS, María del Pilar Perales. *Los princípios UNIDROIT y CISG: su mutua interacción.* In: Serie H. Estudios de derecho internacional publico, 27, 1998, p. 189. ZIMMERMANN, Reinhard. Ius commune *and the Principles of European Contract Law: Contemporary Renewal of na Old Idea.* In: MILLER, David L Carey et alii (coord.), European Contract law: Scots and South Afrtican Perspectives, Edinburgh, Edinburgh University Press, 2006, pp.6/7.

134 TJRS, Apel. 0419254-25.2016.8.21.7000, 12ª Câmara Cível, relator Des. Umberto Guaspari Sudbrack, j. 30.03.17

135 Tradução do artigo 7.1.3 (1) dos Princípios *Unidroit* 2016: *"Article 7.1.3. (Withholding performance) (1) Where the parties are to perform simultaneously, either party may withhold performance until the other party tenders its performance."*

> do país X. A não está obrigado a enviar suas mercadorias a menos e até que B abra sua carta de crédito de acordo com suas obrigações contratuais" [136]

No exemplo em questão, nota-se que há certo descompasso entre a solução dada no exemplo – indicando que o vendedor não estaria obrigado a entregar a mercadoria antes do cumprimento das obrigações do comprador – e a solução dada pelo artigo – que, no mesmo exemplo, sugere que o vendedor poderia ser de fato demandado a entregar as mercadorias, mas gozaria da possibilidade de recusar-se a cumprir até a satisfação contratual por parte do comprador.

O que nos parece ter ocorrido no exemplo é uma troca de concepções entre a determinação da ordem nas prestações com o sentido estrito da *exceptio non adimpleti contractus.*

No exemplo citado, o contrato poderá eventualmente estabelecer que o comprador precisa, antes de requerer a mercadoria, emitir a carta de crédito. Entretanto, se isso não acontecer, o próprio artigo 6.1.4. (1) dos Princípios *Unidroit* determina que a exigibilidade será simultânea[137]. Ora, se a exigibilidade é simultânea, é sistematicamente coesa a interpretação de que ambas as partes podem exigir o cumprimento do contrato de imediato, sendo a exceção de contrato não cumprido uma opção dada à parte que deseja segurar seu cumprimento até a satisfação do outro polo obrigacional[138]. Não é por outro motivo que o texto do artigo

---

136 Tradução de: *"A agrees to sell B a thousand tons of white wheat, payment to be made by confirmed letter of credit opened on a bank from country X. A is not obliged to ship the goods unless and until B opens the letter of credit in conformity with its contractual obligations"*(*Unidroit Principles 2016*, Rome, International Institute for the Unification of Private Law, 2016, p. 226).

137 Artigo 6.1.4. (1) dos Princípios *Unidroit* 2016: *"Article 6.1.4. (Order of performance) (1) To the extent that the performances of the parties can be rendered simultaneously, the parties are bound to render them simultaneously unless the circumstances indicate otherwise."* Tradução: "Artigo 6.1.4. (Ordem de desempenho) (1) Na medida em que os desempenhos das partes podem ser prestados simultaneamente, as partes são obrigados a torná-los simultaneamente, a menos que as circunstâncias indiquem o contrário".

138 Sobre esta conclusão, vale recordar o debate da doutrina alemã e argentina sobre o tema, vide ponto 3.3.2 supra.

7.1.3 (1) supracitado menciona que qualquer contratante "poderá reter o cumprimento"[139].

Nesse sentido, parece-nos que a redação do exemplo dado como comentário ao artigo 7.1.3 (1) dos Princípios *Unidroit* merece modificação, indicando precisamente que a recusa da entrega das mercadorias pelo vendedor é uma opção sua, consagra a natureza de exceção em sentido estrito da *exceptio non adimpleti contractus.*

Por fim, outro ponto que chama a atenção é que o artigo 7.1.3 (1) não restringe expressamente a aplicação da exceção de contrato não cumprido aos contratos sinalagmáticos, sugerindo a princípio a possibilidade da *exceptio non adimpleti contractus* servir como um direito de retenção geral no regime proposto pelos Princípios *Unidroit.* Novamente, invoca-se a leitura sistemática, com novo destaque ao artigo 6.1.4 do projeto, para indicar que o sentido dado à exceção de contrato não cumprido é limitado aos contratos bilaterais[140].

O segundo projeto que ganha destaque para os nossos interesses é o Anteprojeto do Código Europeu dos Contratos, desenvolvido desde 1992 pelo grupo de trabalho da *Académie des Privatistes Européens*[141]. Um aspecto interessante deste Anteprojeto é sua

---

139 Tradução do artigo 7.1.3 (1) dos Princípios *Unidroit* 2016: *"[...]may withhold performance [...]."*

140 Neste sentido: BEALE, Hugh; LANDO, Ole. *Principles of European Contract law, parts I and II (Combined and Revised).* Hague/London/Boston, Kluwer Law International, 2000, p. 404; FONSECA, Ana Taveira da. *Da recusa de cumprimento da obrigação para a tutela do direito de crédito: em especial na excepção de não cumprimento, no direito de retenção e na compensação.* Coimbra, Almedina, 2015, p. 233. Destaca-se também nesse sentido os comentários ao artigo 7.1.3 dos Princípios Unidroit, que esclarece que o *right to withhold performance* corresponde à *exceptio non adimpleti contractus*, e não a um direito de retenção geral (*Unidroit Principles 2016*, Rome, International Institute for the Unification of Private Law, 2016, p. 226).

141 Sobre a evolução cronológica dos trabalhos do anteprojeto, ver: ZANETTI, Cristiano de Sousa. *Unificação do direito dos contratos.* In: HIRONAKA, Giselda M. F. Novaes (coord.) *Direito civil: direito dos contratos.* v. 3, São Paulo, Revista dos Tribunais, 2008, pp. 238/240.

tentativa de diálogo direto com as categorias de direito privado dos sistemas jurídicos de *common law*.

O artigo do Anteprojeto que mais de perto nos interessa é o artigo 108 (1):

> "Art. 108 (Direito do credor de suspender o cumprimento nos contratos bilaterais)
> (1) Nos contratos bilaterais, se uma das partes não cumprir ou não oferece cumprimento de sua obrigação, qualquer que seja a gravidade do descumprimento, o credor tem a faculdade de suspender a prestação por ele devida simultânea ou sucessivamente, a menos que a sua recusa seja contrária a boa-fé."[142]

Nota-se que a redação do Anteprojeto segue a mesma linha estabelecida nos Princípios *Unidroit*, ambos com inspiração na tendência alemã e italiana. Ocorre que o Anteprojeto, por sua vez, deixa clara a restrição da aplicação do instituto aos contratos bilaterais e sob qualquer hipótese de inadimplemento contratual[143]. Também há a listagem, no art. 108, (2), das hipóteses em que a recusa é contraria à boa-fé[144].

Nota-se que o texto menciona a hipótese de levantar a suspensão do cumprimento se a prestação é devida de maneira sucessiva. Entretanto, na lógica dos sistemas de origem romano-germânica, se a prestação é devida sucessivamente e a primeira parte ainda

---

142 Tradução do artigo 108 (1) do Anteprojeto do Código Europeu dos Contratos: "*1. Dans les contrats synallagmatiques, si l'une des parties n'exécute pas ou n'offre pas d'exécuter son obligation, quelle que soit la gravité de l'inexécution, le créancier a la faculté de suspendre la prestation par lui due simultanément ou successivement, à moins qu'un tel refus de sa part soit contraire à la bonne foi.*"

143 CANARIS, Claus-Wilhelm. *L'inadempimento nel Codice Europeo dei Contratti*. In: Rivista di Diritto Civile, v. 54, 6, 2008, pp. 630/631.

144 Artigo 108 (2) do Anteprojeto do Código Europeu dos Contratos: "*2. On considère comme contraire à la bonne foi le refus: a) qui entraîne pour l'autre partie des conséquences excessivement onéreuses; b) qui entraîne l'extinction de l'obligation du créancier, dès lors que l'inexécution déjà avérée est de faible entité; c) qui porte préjudice à un droit fondamental de la personne.*" Tradução: "2. A recusa é considerada contrária à boa fé: (a) que resulta em consequências excessivamente onerosas para a outra parte; (b) que implique a extinção da obrigação do credor, desde que a inadimplência já comprovada seja de entidade de pequeno porte; c) prejudicial para um direito humano fundamental."

não foi cumprida, desnecessária é a oposição do direito de suspender o cumprimento, já que inexiste perante aquele que deveria cumprir primeiro situação jurídica capaz de compelir o segundo contratante a adimplir. Em outras palavras, não há necessidade de opor exceção de contrato não cumprido, pois ainda não é exigível a prestação[145].

Um último projeto a ser analisado em apartado neste estudo é o *Draft Common Frame of Reference* (DCFR)[146], definido como um modelo acadêmico destinado ao desenvolvimento da ciência jurídica da harmonização das normas de direito privado[147]. É o artigo III. 3:401 (1) que cuida da figura:

> "III. 3:401: Direito de reter o cumprimento de obrigações recíprocas
> (1) O credor que deverá cumprir obrigação recíproca no mesmo momento, ou depois, que o seu devedor tem o direito de reter o cumprimento da obrigação recíproca até que o devedor tenha se apresentado a cumprir ou cumprido"[148].

---

145 FONSECA, Ana Taveira da. *Da recusa de cumprimento da obrigação para a tutela do direito de crédito: em especial na excepção de não cumprimento, no direito de retenção e na compensação.* Coimbra, Almedina, 2015, p. 232. Parte da doutrina sugere que a inclusão do termo sucessivamente se justificou para harmonizar o conceito da exceção de contrato não cumprido com o direito de suspender o cumprimento dos países de *common law*, nos quais só é possível suspender o cumprimento nas situações em que o contrato expressamente ou implicitamente torna as obrigações sucessivas umas às outras, nesse sentido: : BEALE, Hugh; LANDO, Ole. *Principles of European Contract law, parts I and II (Combined and Revised).* Hague/London/Boston, Kluwer Law International, 2000, p. 405. Sobre a formulação da linguagem do Código Europeu dos Contratos: ZANETTI, Cristiano de Sousa. *Unificação do direito dos contratos.* In: HIRONAKA, Giselda M. F. Novaes (coord.) *Direito civil: direito dos contratos.* v. 3, São Paulo, Revista dos Tribunais, 2008, p. 239.

146 Também menciona-se o artigo 9:201 dos Princípios de Direito Europeu dos Contratos, que têm tratamento parecido com o do *Draft Common Frame of Reference.*

147 VON BAR, Christian et alii. *Principles, definitions and model rules of European private law. Draft Common Frame of Reference (DCFR). Full edition.* v. III. Munich, Sellier, 2009, p. 8.

148 VON BAR, Christian et alii. *Principles, definitions and model rules of European private law. Draft Common Frame of Reference (DCFR). Full edition.* v. III. Munich, Sellier, 2009, p. 863.

É interessante notar que os comentários ao artigo do *Draft*, ao contrário do que se verifica nos Princípios *Unidroit*, precisam a aplicação da regra para todos os tipos de obrigações recíprocas, e não somente aos contratos bilaterais – embora reconheça-se que são estes que dão maior âmbito operativo ao instituto[149].

A exemplo do que ocorre no Anteprojeto do Código Europeu dos Contratos, o *Draft* também faz menção à situação de cumprimento sucessivo, sendo que o exemplo sugerido pelos comentários ao artigo III. 3:401 (1) apontam exatamente essa hipótese[150].

Alguns outros instrumentos de estrutura normativa frequentemente mencionados na atividade do comércio internacional, por cuidarem de tipos específicos de contratos, não buscam dar regime próprio à exceção de contrato não cumprido. É o que acontece, por exemplo, com a Convenção das Nações Unidas sobre os Contratos de Compra e Venda Internacional de Mercadorias (CISG) que, no artigo 58 (1), optou por disciplinar ordem nas prestações de comprador e vendedor, afastando majoritariamente o campo de aplicação da exceção de contrato não cumprido nos casos de sua tutela[151].

---

149 VON BAR, Christian et alii. *Principles, definitions and model rules of European private law. Draft Common Frame of Reference (DCFR). Full edition.* v. III. Munich, Sellier, 2009, p. 863. Tal leitura é confirmada pela doutrina: CRISTAS, Assunção. *"Incumprimento contratual, o Código Civil Português e o DCFR – notas comparadas".* In: DUARTE, Rui Pinto (coord.) *Estudos em Homenagem ao Professor Doutor Carlos Ferreira de Almeida,* v. II, Coimbra, Almedina, 2011, pp. 256/257.

150 *"A employs B to build a house for him; the contract provides that within two days of the contract being signed, A will make an advance payment to B. B need not start work until the payment has been made."* (VON BAR, Christian et alii. *Principles, definitions and model rules of European private law. Draft Common Frame of Reference (DCFR). Full edition.* v. III. Munich, Sellier, 2009, p. 863). Tradução: "A emprega B para construir uma casa para ele; o contrato prevê que, no prazo de dois dias após a assinatura do contrato, a A fará um adiantamento para a B. B não precisará iniciar o trabalho até que o pagamento tenha sido feito."

151 Trata-se do artigo 58 (1) da CISG: *"(1) If the buyer is not bound to pay the price at any other specific time, he must pay it when the seller places either the goods or documents controlling their disposition at the buyer's disposal in accordance with the contract and this Convention. The seller may make such pay-*

Pondera a doutrina, entretanto, que se por ventura as partes afastarem a regra disposta no artigo 58 (1) ou se encontrarem diante de qualquer outra situação de contemporaneidade de pretensões entre comprador e vendedor, é possível se valer de um chamado "direito geral de retenção", que teria roupagem similar à *exceptio non adimpleti contractus*[152].

4. Estudo das fontes brasileiras

O principal anseio deste trabalho é analisar a exceção de contrato não cumprido precisamente na forma como é esquematizada pelo direito brasileiro. A percepção normativa do nosso sistema nos dá notícia de que a referida exceção encontra texto normativo no artigo 476 do Código Civil Brasileiro, localizado na Seção III, Capítulo II, Título V, Livro I da Parte Especial do supracitado diploma[153]. Este será o modelo jurídico[154] a ser estudado nesta etapa do trabalho.

---

ment a condition for handing over the goods or documents." Tradução: "(1) Se o comprador não estiver obrigado a pagar o preço em momento determinado, deve pagá-lo quando o vendedor colocar à sua disposição as mercadorias ou os documentos que as representarem, de acordo com o contrato ou com a presente Convenção. O vendedor poderá considerar o pagamento como condição para a entrega das mercadorias ou dos documentos."

152 A tese é defendida pela aplicação conjunta dos dispositivos da CISG com o artigo 7.1.3. dos Princípios *Unidroit.* Nesse sentido: SCHLECHTRIEM, Peter; SCHWENZER, Ingeborg. *Commentary on the UN Convention on the international sale of goods (CISG). Third Edition.* Oxford, Oxford University Press, 2010, pp. 853/855; TORSELLO, Marco. *Rimedi all'inadempimento nella Convenzione di Vienna del 1980 sulla vendita Internazionale di beni mobili.* In: Contratto e Impresa/Europa, 1, 2013, pp. 322/326. Sobre a influência dos Princípios Unidroit na aplicação da CISG: VISCASILLAS, María del Pilar Perales. *Los princípios UNIDROIT y CISG: su mutua interacción.* In: Serie H. Estudios de derecho internacional publico, 27, 1998, p. 208.

153 Art. 476. Nos contratos bilaterais, nenhum dos contratantes, antes de cumprida a sua obrigação, pode exigir o implemento da do outro.

154 Os modelos jurídicos, nos dizeres de Judith Martins-Costa, citando Miguel Reale, "são estruturas normativas dinâmicas, que integram fatos e valores em normas jurídicas. Correspondem às fontes, mas dela se desprendem por

Mais precisamente, será objeto desta parte o estudo das significações deste modelo jurídico, bem como a sua linguagem específica e o seu papel como estrutura normativa integrada no restante do ordenamento jurídico brasileiro[155]. Destina-se, portanto, à elaboração de um modelo dogmático[156] voltado a captar e atualizar o valor do modelo jurídico da exceção de contrato não cumprido.

Para dar início a este propósito, será feito um estudo pormenorizado da evolução das fontes brasileiras, com ênfase aumentada aos diplomas legais que entenderam por bem dar texto normativo específico à exceção de contrato não cumprido.

Não parece necessário elencar a importância inestimável da análise das legislações precedentes para o escopo deste estudo. Afinal, é por meio de um estudo histórico das fontes que se fornece ao Direito atual a compreensão retrospectiva, esclarecendo dúvidas, afastando imprecisões e levantando, passo a passo, a verdadeira estrutura do ordenamento[157].

A análise da legislação precedente será seguida, por ato contínuo, pelo estudo do regime jurídico disposto no Código Civil de 2002.

---

se apresentarem no devir da mutável experiência jurídico-social: há modelos legislativos, jurisprudenciais, costumeiros e negociais, os quatro consubstanciando a categoria dos modelos jurídicos" (MARTINS-COSTA, Judith. *Autoridade e utilidade da doutrina: a construção dos modelos doutrinários.* In.: MARTINS-COSTA, Judith (org.). *Modelos de direito privado.* São Paulo, Marcial Pons, 2014, p. 10).

155 REALE, Miguel. *Vida e morte dos modelos jurídicos. Estudos e filosofia e ciência do direito.* São Paulo, Saraiva, 1978, p. 16.

156 Novamente nas palavras de Judith Martins-Costa, com nova referência a Miguel Reale: "E há, por igual, modelos dogmáticos – também ditos hermenêuticos, ou doutrinários – 'estruturas teoréticas referidas aos modelos jurídicos, cujo valor eles procuram captar e atualizar em sua plenitude'"(MARTINS-COSTA, Judith. *Autoridade e utilidade da doutrina: a construção dos modelos doutrinários.* In.: MARTINS-COSTA, Judith (org.). *Modelos de direito privado.* São Paulo, Marcial Pons, 2014, p. 10).

157 AZEVEDO, Luiz Carlos de. *História do direito, ciência e disciplina.* In: Revista da Faculdade de Direito de São Paulo, v. 92, São Paulo, Universidade de São Paulo, 1997, p. 33.

4.1. As Ordenações Filipinas e o Código Comercial de 1850

O direito brasileiro conhecido hodiernamente é nascido do galho de planta que o colonizador português trouxe e enxertou no novo continente[158]. Em respeito a este legado, para os propósitos aqui fixados, o estudo da legislação precedente do Brasil partirá do estudo das fontes aplicadas à época da independência do país e da constituição do império brasileiro.

O Brasil se tornou independente de Portugal no dia 7 de setembro de 1822. Um ano após sua independência, o governo imperial de D. Pedro I decreta a Lei de 20 de outubro de 1923 que, no seu art. 1º, determinou que continuavam em vigor no Brasil independente as Ordenações Filipinas, as Leis, Regimentos, Alvarás, Decretos e Resoluções promulgadas pelos Reis de Portugal até o dia 25 de abril de 1821, até que se fosse organizado um novo Código[159].

No ano seguinte, a conturbada e outorgada Constituição de 1824 determinou, no seu art. 1790, XVIII, que um Código Civil e um Criminal deveriam ser organizados "quanto antes" e fundados nas sólidas bases da Justiça e Equidade[160].

---

158 PONTES DE MIRANDA, Francisco Cavalcanti. *Fontes e evolução do direito civil brasileiro*, 2ª ed., Rio de Janeiro, Forense, 1981, p. 49; SIMÃO, José Fernando. *Prescrição e decadência: início dos prazos*, São Paulo, Atlas, 2013, p. 113.

159 Art. 1º As Ordenações, Leis, Regimentos, Alvarás, Decretos, e Resoluções promulgadas pelos Reis de Portugal, e pelas quaes o Brazil se governava até o dia 25 de Abril de 1821, em que Sua Magestade Fidelissima, actual Rei de Portugal, e Algarves, se ausentou desta Côrte; e todas as que foram promulgadas daquella data em diante pelo Senhor D. Pedro de Alcantara, como Regente do Brazil, em quanto Reino, e como Imperador Constitucional delle, desde que se erigiu em Imperio, ficam em inteiro vigor na pare, em que não tiverem sido revogadas, para por ellas se regularem os negocios do interior deste Imperio, emquanto se não organizar um novo Codigo, ou não forem especialmente alteradas.

160 Art. 179. A inviolabilidade dos Direitos Civis, e Politicos dos Cidadãos Brazileiros, que tem por base a liberdade, a segurança individual, e a propriedade, é garantida pela Constituição do Imperio, pela maneira seguinte. [...] XVIII. Organizar-se-ha quanto antes um Codigo Civil, e Criminal, fundado nas solidas bases da Justiça, e Equidade.

Os urgentes problemas do Império eram, primeiro, o da liberdade e da segurança individuais e, segundo, o do desenvolvimento econômico do país[161]. Estes fatores determinam o aparecimento das codificações criminal e processual criminal já em 1830 e 1832, respectivamente, e das codificações comercial e processual comercial, em 1850[162]. A codificação civil, por diversos e complexos motivos[163], chegou somente na República, em 1916.

Durante o intervalo de tempo entre a independência e o Código Civil de 1916, mostra-se conveniente analisar em apartado algumas legislações, bem como consolidações e projetos de lei que ganharam relevo na cultura jurídica brasileira da época.

De início, vale a análise das próprias Ordenações Filipinas, ordenadas durante a união ibérica por Felipe II de Espanha (Filipe I de Portugal) e que entraram em vigor no início do reinado de Felipe III de Espanha (ou Filipe II de Portugal), em 1603. A interpretação de texto original, criticado por suas imperfeições e

161 Sobre a urgência de um código comercial para o Brasil naquela época, é imprescindível a menção aos trabalhos de José da Silva Lisboa, também conhecido como Visconde de Cairu, seguramente um dos maiores juristas brasileiros do século XIX. A título exemplificativo sobre a necessidade de um código para as relações mercantis: "As atuais cirsunstâncias instão com urgência senão por um código formal, ao menos por um Regulamento Comercial, que sirva de diretório às pessoas da Carreira Mercantil, para a regularidade dos tratos da Praça" (LISBOA, José da Silva. *Regras da Praça ou bases de regulamento commercial conforme aos novos códigos de commercio da França e Hespanha, e a legislação patria.* Rio de Janeiro, Typographia Nacional, 1832, p. 22).

162 VALLADÃO, Haroldo. *História do direito especialmente do direito brasileiro.* 3ª ed., Rio de Janeiro, Freitas Bastos, 1977, p. 127.

163 É possível afirmar que um dos fatores que mais influenciou na demora em se elaborar o Código Civil brasileiro foi a falta de meio jurídico com suficiente preparação para aproveitar os resultados obtidos pela pesquisa de Augusto Teixeira de Freitas, seguramente o maior jurista brasileiro do século XIX e o primeiro acadêmico a ser encarregado a redigir um Código Civil para o Império. Sobre este assunto: ZANETTI, Cristiano de Sousa. *Direito contratual contemporâneo: a liberdade contratual e sua fragmentação.* São Paulo, Método, 2008, pp. 87/89.

contradições[164], foi substancialmente alterada durante a era pombalina pela Lei de 18 de agosto 1769, conhecida como a Lei da Boa Razão[165]. Este é o suporte legal vigente no início do império[166].

Dentro da sistemática das Ordenações, o livro que de perto mais nos interessa é o Livro Quarto, que regula o Direito Civil em sentido amplo[167]. A leitura do Livro mostra que a preocupação – referente à necessidade de garantir o cumprimento das obrigações quando uma das partes não confiasse no cumprimento da outra parte – já estava presente no texto das Ordenações Filipinas.

Tal preocupação encontra amparo substancial em passagem do Título V do referido Livro Quarto, na qual é estabelecida ordem nas prestações da compra e venda, determinando que o vendedor deve entregar primeiro a coisa vendida ao comprador, e depois o comprador pagará o preço[168]. Era permitido que as partes pactuassem ordem distinta de acordo com sua vontade, impondo ao

---

164 AZEVEDO, Luiz Carlos de; TUCCI, José Rogério Cruz e. *Lições de história do processo civil lusitano,* São Paulo, Revista dos Tribunais, 2009, p. 35. De acordo com Mario Julio de Almeida Costa, tais imperfeições eram conhecidas como *filipismos* (ALMEIDA COSTA, Mário Julio. *História do direito português,* 3ª ed., Coimbra, Almedina, 2005, p. 291).

165 ALMEIDA COSTA, Mário Julio. *História do direito português,* 3ª ed., Coimbra, Almedina, 2005, p. 143; SIMÃO, José Fernando. *Prescrição e decadência: início dos prazos,* São Paulo, Atlas, 2013, p. 121.

166 A Lei da Boa Razão é apontada como o paradigma do iluminismo jurídico trazido durante o período pombalino. "Uma das Leis mais notáveis do feliz Reinado do Senhor D. José é a Lei de 18 de Agosto de 1769. Denomino-a a Lei da Boa Razão, porque refugou as Lei Romanas, que em Boa Razão não forem fundadas." (TELLES, José Homem Corrêa. *Comentário crítico à Lei da Boa Razão em data de 18 de agosto de 1769.* Lisboa, Typhographia de Maria da Madre de Deus, 1865, p. 3).

167 VELASCO, Ignácio Maria Poveda. *Ordenações do Reino de Portugal,* In: Revista da Faculdade de Direito de São Paulo, v. 89, Universidade de São Paulo, São Paulo, 1994, p. 18.

168 "E por quanto, tanto que a compra e venda for acabada per counsentimento das partes, deve o vendedor entregar primeiro a cousa vendida ao comprador, e depois o comprador lhe deve logo pagar o preço" (Ord. Fil., 4.5.1. Disponível em: ALMEIDA, Cândido Mendes de. *Código filipino ou Ordenações e leis do reino de Portugal: recopiladas por mandado d'el-Rey D. Filipe,* v. 4., t. 3, ed. fac-sim, Brasília, Senado Federal, 2012, p. 783).

comprador a primeira prestação e, se houvesse dúvida quanto à ordem pactuada, o depósito era feito em favor de terceiro[169].

O mesmo texto ainda guardava regra pela qual qualquer parte – vendedor ou comprador – poderia recusar o cumprimento de sua prestação se tivesse receio da capacidade do outro em cumprir com a contraprestação pactuada – regra semelhante à exceção de inseguridade[170].

Comentando o texto das Ordenações, Cândido Mendes alerta para um aspecto interessante da referida regra. A propriedade da coisa vendida mantinha-se no vendedor até a entrega ou tradição da coisa. Se, entretanto, o comprador não tivesse pago o preço, mesmo que o vendedor já tenha efetivamente entregue a coisa, o comprador não se consolidou como proprietário e a entrega não era entendida como perfeita[171].

O texto antigo das Ordenações Filipinas era categórico neste sentido ao apontar que, na hipótese do parágrafo anterior, o vendedor poderia inclusive cobrar a restituição da coisa como se sua fosse[172]. Essa solução, entretanto, foi revogada pelo Alvará de 4 de Setembro de 1810, de modo a aperfeiçoar a tradição do vendedor

169 Ord. Fil., 4.5.1.

170 "Se o vendedor recuzar entregar primeiro a cousa vendida ao comprador, receando de não poder delle haver o preço, e o comprador não confiar do vendedor, duvidando haver delle a cousa comprada, sem lhe primeiro pagar o preço" (Ord. Fil., 4.5.2. Disponível em: ALMEIDA, Cândido Mendes de. *Código filipino ou Ordenações e leis do reino de Portugal: recopiladas por mandado d'el-Rey D. Filipe*, v. 4., t. 3, ed. fac-sim, Brasília, Senado Federal, 2012, p. 783).

171 "Para que o contrato fique perfeito, e passe a cousa ao domínio do comprador, he indispensável prévia entrega ou tradição. Mas a entrega não se entende feita sem a competente paga." (ALMEIDA, Cândido Mendes de. *Código filipino ou Ordenações e leis do reino de Portugal: recopiladas por mandado d'el-Rey D. Filipe,* v. 4., t. 3,, ed. fac-sim, Brasília, Senado Federal, 2012, p. 783, nota 1).

172 "[...] e tanto que o comprador fôr entregue da cousa comprada, e pagar o preço ao vendedor, ou offerecer, logo he feito dela senhor; e não pagando, nem offerecendo logo o comprador o preço ao vendedor, poderá o vendedor cobrar delle a cousa, quando quizer, como sua" (Ord. Fil., 4.5.2. Disponível em: ALMEIDA, Cândido Mendes de. *Código filipino ou Ordenações e leis do reino de Portugal: recopiladas por mandado d'el-Rey D. Filipe,* v. 4., t. 3, , ed. fac-sim, Brasília, Senado Federal, 2012, p. 783).

mesmo se este ainda não tivesse recebido o preço, cabendo a ele, depois da coisa entregue, somente ação pessoal para pedir o preço – e não para reivindicar a coisa[173].

Fora do contexto do estabelecimento de ordem nas prestações para o contrato de compra e venda, que buscou resolver o problema da simultaneidade das prestações impondo uma ordem sucessiva no cumprimento das obrigações de vendedor e comprador, as Ordenações Filipinas não vislumbraram uma referência expressa à exceção de não cumprimento do contrato.

Tal conclusão não surpreende: afinal, as Ordenações Filipinas, não diferentemente das anteriores Afonsinas e Manuelinas, tinham como escopo a compilação das regras elencadas no direito justinianeu, no direito canônico e nas glosas dos juristas medievais. Nessa sistemática, a *exceptio non adimpleti contractus* não contava com regra própria. O paradigma só foi verdadeiramente posto em xeque muitos séculos depois de 1603. Na América Latina, foi a partir da influência de Teixeira de Freitas e da entrada em vigor do Código Civil argentino de 1869. Na Europa, foi a partir do desenvolvimento da pandectística e da entrada em vigor do Código Civil alemão em 1900.

A ausência de dispositivo expresso nas Ordenações Filipinas, entretanto, não impediu a exceção de ser reconhecida dentro do ordenamento proposto pelas ordenações, como dá notícia a doutrina brasileira anterior ao Código Civil de 1916. A passagem de Francisco de Paula Lacerda de Almeida é bastante ilustrativa sobre o assunto, pois o autor aponta a *exceptio non adimpleti contractus* como a exceção dos contratos comutativos, havendo no sistema das Ordenações exceções com o mesmo escopo em contratos tipificados:

> *"Nos commutativos nenhum dos contractantes pode demandar ao outro o adimplemento, sem que primeiro tenha satisfeito a sua prestação; demandando-o sem ter cumprido a sua obrigação, pode ser removido pela excepção competente. [...] É a excepção* non adimpleti contractus.

173 "ALMEIDA, Cândido Mendes de. *Código filipino ou Ordenações e leis do reino de Portugal: recopiladas por mandado d'el-Rey D. Filipe*, v. 4., t. 3, ed. fac-sim, Brasília, Senado Federal, 2012, p. 783, nota 3.

> *Na compra e venda a* exceptio pretti nondum soluti[174], *no de mútuo a* non numeratae pecuniae[175]"[176]

Já em 1833, uma comissão composta por senadores e deputados passou a elaborar um projeto de código comercial[177]. Após um trâmite legislativo lento[178], o Brasil publicava em 1º de julho de 1850 seu Código Comercial, caracterizado por ser a primeira legislação verdadeiramente original da América Latina[179] e com cunho voltado às regras mercantis nacionais, sem deixar entretanto de fazer referência à tradição jurídico-mercantil da época, predominantemente influenciada pelas legislações francesa, espanhola e portuguesa[180]. A segunda parte do diploma, que versa sobre comércio marítimo, ainda é legislação em vigor na atualidade.

Tendo em vista a completa ausência de legislação civil consolidada na época, não raras as vezes o Código Comercial de 1850 penetrava no território do direito civil[181], confortando regras, por

---

174 Ord. Fil. 4.5.1.

175 Ord. Fil. 4.51.1.

176 LACERDA DE ALMEIDA, Francisco de Paula. *Obrigações:* exposição *systematica desta parte do direito civil pátrio,* Porto Alegre, Typographia de Cesar Reinhardt, 1897, p. 311 e nota 4.

177 Os senadores que compunham a comissão eram José Clemente Pereira e Visconde de Abrantes, já os deputados eram Araújo Viana, Miranda Ribeiro e Silva Viana.

178 Sobre o tema, ver: CARVALHO DE MENDONÇA, José Xavier. *Tratado de Direito Comercial Brasileiro,* v. 1, 5ª ed., Rio de Janeiro, Freitas Bastos, 1953, pp. 95/99.

179 VALLADÃO, Haroldo. *História do direito especialmente do direito brasileiro.* 3ª ed., Rio de Janeiro, Freitas Bastos, 1977, pp.130/131.

180 CARVALHO DE MENDONÇA, José Xavier. *Tratado de Direito Comercial Brasileiro,* v. 1, 5ª ed., Rio de Janeiro, Freitas Bastos, 1953, pp.102/103.

181 Tal característica foi notada por Teixeira de Freitas, que afirmava que o Código Comercial de 1850 exorbitava os limites do direito mercantil: "Não acontece isto com o nosso Direito Commercial, cujo Código, não achando apoio na defectiva legislação civil, que temos, contém muitas matérias de Direito Commum, que lhe não pertencem" (TEIXEIRA DE FREITAS, Augusto. *Consolidação das leis civis,* v. 1, ed. fac-sim., Brasilia, Senado Federal, 2003, p. xxxix, nota 12).

exemplo, sobre mandato[182], troca[183], depósito[184], pagamento[185], novação[186].

A respeito da exceção de contrato não cumprido, o Código Comercial de 1850 não deu ao instituto qualquer texto normativo. Há, entretanto, interessante disposição sobre a exigibilidade das prestações em contratos mercantis e sobre a possibilidade de se buscar o remédio da exceção de inseguridade.

Sobre a exigibilidade das prestações mercantis, o Código Comercial de 1850 dispõe, no seu art. 137, que o contrato mercantil que não apresente prazo certo de cumprimento estipulado pelas partes será exequível em dez dias após a data de sua celebração[187]. Mesmo não impondo exigibilidade imediata, o mesmo código mercantil citava a aplicação da regra do art. 137 como evidência de negócio à vista[188].

O texto do art. 137 dá aos contratos mercantis a orientação trazida no Título L do Livro Quarto das Ordenações Filipinas que, ao tratar especificamente do mútuo, previa que as obrigações sem prazo consideravam-se exigíveis também em dez dias depois de contraídas, se as circunstancias de lugar ou tempo não exigissem dilação maior, que seria fixada de maneira razoável pelo juiz[189].

---

182 Arts. 140 e seguintes do Código Comercial de 1850.

183 Arts. 221 e seguintes do Código Comercial de 1850.

184 Arts. 280 e seguintes do Código Comercial de 1850.

185 Arts. 429 e seguintes do Código Comercial de 1850.

186 Arts. 438 e seguintes do Código Comercial de 1850.

187 "Art. 137 – Toda a obrigação mercantil que não tiver prazo certo estipulado pelas partes, ou marcado neste Código, será exeqüível 10 (dez) dias depois da sua data."

188 Cita-se, por exemplo, a referência ao artigo no regime jurídico da compra e venda mercantil: Art. 219 [...]. Não se declarando na fatura o prazo do pagamento, presume-se que a compra foi à vista (artigo nº. 137). [...].

189 "[...] E esta cousa assi emprestada deve tornar o devedor ao tempo e praso, que lhe for posto, e não sendo declarado tempo, cada vez que o acredor lha pedir, e desse tempo fica constituído em mora. O qual se não deve entender logo, porque seria vão e frustatorio o beneficio, se logo se houvesse de pedir o que se presta; polo que se darão ao devedor dez dias de spaço" (Ord. Fil. 4.50.1. Disponível em: ALMEIDA, Cândido Mendes de. *Código filipino ou Ordenações e leis do reino de Portugal: recopiladas por mandado d'el-Rey D.*

A regra das Ordenações foi superada com o advento do art. 127 do Código Civil de 1916[190], que retornou com a regra romana de exigibilidade simultânea[191]. Já a regra do Código Comercial foi revogada, em favor da exigibilidade simultânea, pelo nosso código atual[192].

Um último aspecto relevante: o art. 136 do Código Comercial[193] não admitia exercício de ação para execução de obrigação não vencida, salvo em hipóteses ocupadas por remédios

Filipe, v. 4., t. 3, ed. fac-sim, Brasília, Senado Federal, 2012, pp. 842/843). Embora seja clara a menção ao prazo de dez dias nas ordenações, é possível encontrar comentários ao seu texto, na nossa opinião equivocados, indicando que o referido diploma não impõe qualquer prazo senão aquele estipulado pelo juiz. Nesse sentido: BEVILAQUA, Clóvis. *Código Civil dos Estados Unidos do Brasil comentado por Clovis Bevilaqua,* v. 1, edição histórica, Rio de Janeiro, Editora Rio, 1975, p. 382.

190 Art. 127. Os atos entre vivos, sem prazo, são exeqüíveis desde logo, salvo se a execução tiver de ser feita em lugar diverso ou depender de tempo. Sobre a mudança: ALVES, João Luiz. *Código Civil da República dos Estados Unidos do Brasil anotado,* v. 1, 2ª ed., São Paulo, Saraiva, 1935, p.147.

191 Tal regra estava presente no Digesto: "Todas as vezes em que não se estabelece um termo nas obrigações, o pagamento é devido desde logo" (D.45.1.41.1. Tradução em: MARCHI, Eduardo C. Silveira; MORAES, Bernardo B. Queiroz de; RODRIGUES, Dárcio R. M. *Comentários ao Código Civil Brasileiro: estudo comparativo e tradução de suas fontes romanas – parte geral,* São Paulo, Atlas, 2013, p.131). As Institutas do Imperador Justiniano também cuidam do tema: "§2º Toda estipulação pode ser pura, a termo ou sob condição. Pura é a que está neste exemplo: prometes dar-me cinco moedas? Nesse caso, podem as moedas ser exigidas imediatamente."(I.3.15.2. Tradução em: *Institutas do Imperador Justiniano: manual didático para uso dos estudantes de direito de Constantinopla – elaborado por ordem do Imperador Justiniano no ano de 533 d. C.,* tradução de J. Cretella Jr. E Agnes Cretella, São Paulo, Revista dos Tribunais, 2000, p. 232).

192 Art. 134. Os negócios jurídicos entre vivos, sem prazo, são exeqüíveis desde logo, salvo se a execução tiver de ser feita em lugar diverso ou depender de tempo.

193 Art. 136 – Nas obrigações com prazo certo, não é admissível petição alguma judicial para a sua execução antes do dia do vencimento; salvo nos casos em que este Código altera o vencimento da estipulação, ou permite ação de remédios preventivos.

preventivos regulados pelo próprio código. O remédio preventivo que se assemelha à atual exceção de inseguridade aparece dentro da seara da compra e venda mercantil, no art. 198 do Código Comercial[194].

A breve análise sistemática dos dispositivos do Código Comercial de 1850 que mais nos interessam demonstram que, de fato, o diploma tratou de temas próprios do direito civil – algo motivado sobremaneira pela ausência de uma consolidação das leis civis na época da confecção do seu projeto[195].

A abordagem, entretanto, foi mais baseada na necessidade de regulação civil para cuidar das práticas mercantis e menos baseada na tradição e evolução própria do direito civil – razão pela qual poucas novidades ao paradigma das Ordenações Filipinas foram introduzidas, o que valeu para a exceção de contrato não cumprido. O caminho para a criação do direito civil brasileiro foi verdadeiramente estimulado a partir dos esforços de Teixeira de Freitas, com a Consolidação das Leis Civis e, posteriormente, com seu Esboço.

4.2. Projetos anteriores ao Código Civil de 1916

Chamado "o jurisconsulto do Império", Augusto Teixeira de Freitas foi um dos maiores juristas brasileiros de todos os tempos[196]. Em 1855, em reconhecimento à sua contribuição à literatura jurídica brasileira, o Ministério da Justiça o contratou para a elaboração de uma compilação das leis civis aplicadas ao império.

---

194 Art. 198 – Não procede, porém, a obrigação da entrega da coisa vendida antes de efetuado o pagamento do preço, se, entre o ato da venda e o da entrega, e comprador mudar notoriamente de estado, e não prestar fiança idônea aos pagamentos nos prazos convencionados

195 "Na falta de um código civil, o código comercial estabeleceu normas gerais sobre contratos, definiu direitos e obrigações fora do seu quadro" CARVALHO DE MENDONÇA, José Xavier. *Tratado de Direito Comercial Brasileiro*, v. 1, 5ª ed., Rio de Janeiro, Freitas Bastos, 1953, p.104.

196 HOLANDA, Sérgio Buarque de. (coord.). *História geral da civilização brasileira: o Brasil monárquico*, t. 2, v., 5, 8ª ed., Rio de Janeiro, Bertrand Brasil, 2004, p. 418

Era necessário conhecer e esquematizar a esparsa legislação pátria para, depois, reformá-la com um Código Civil[197].

Em cumprimento ao contrato celebrado com o governo imperial, em 1857 Teixeira de Freitas entrega a Consolidação das Leis Civis. Mesmo adstrito a colidir com a legislação vigente à época, a Consolidação promoveu sensível modificação. Já em sua introdução, considerada de maneira unânime pela doutrina "uma obra completa e com profundo pensamento filosófico"[198], é proposta a divisão da Consolidação em Parte Geral e Parte Especial[199].

Nesta mesma lógica, a Consolidação dá espaço para uma parte geral dos contratos[200], algo inexistente na sistemática das Ordenações Filipinas. Esta inovação serviu, por exemplo, para a Consolidação estabelecer o conceito e os elementos constitutivos de todos os contratos[201].

---

197 PEREIRA, Caio Mário da Silva. *Direito civil: alguns aspectos da sua evolução*, Rio de Janeiro, Forense, 2001, p. 87.

198 VALLADÃO, Haroldo. *História do direito especialmente do direito brasileiro.* 3ª ed., Rio de Janeiro, Freitas Bastos, 1977, p. 142. Sobre a reverberação da obra na doutrina brasileira, ver: POUSADA, Estevan Lo Ré. *Preservação da tradição jurídica luso-brasileira: Teixeira de Freitas e a Introdução à Consolidação das Leis Civis,* Dissertação de Mestrado, São Paulo, Universidade de São Paulo, 2006, pp. 12/15

199 TEIXEIRA DE FREITAS, Augusto. *Consolidação das leis civis*, v. 1, ed. fac-sim., Brasilia, Senado Federal, 2003, p. cxiii. A adoção de uma parte geral, somada à preocupação de Teixeira de Freitas em lançar mão da leitura dos romanos e dos glosadores, poderia sugerir que o autor fosse exemplo de um jurista brasileiro pandectista. Essa percepção, entretanto, não nos parece ser a mais próxima das inspirações do autor. Teixeira de Freitas, se considerado imerso em seu particular contexto histórico, evidencia-se um franco adepto do espirito jurídico iluminista e dos preceitos pombalinos estabelecidos na Lei da Boa Razão. Sobre as influências adotadas por Teixeira de Freitas: SCHIPANI, Sandro. *Il "méthodo didáctico" di Augusto Teixeira de Freitas (prime osservazioni).* In: SCHIPANI, Sandro (org.). *Augusto Teixeira de Freitas e il diritto latino-americano,* Padova, CEDAM, 1988, p. 546.

200 Trata-se do Título I ("Contratos em geral", Secção II ("Dos direitos pessoaes nas relações civis"), Livro Primeiro ("Dos direitos pessoaes") da Parte Especial.

201 "Já observamos na nota ao Art. 343, que o primeiro elemento dos contractos é a capacidade das partes contractantes; e na nota ao Art 344, que o segundo elemento é seu objeto. Ora, o terceiro elemento é o seu modo, e o quarto é sua fôrma. Deste ultimo elemento, no ponto de vista da escriptura publica

O esforço de Teixeira de Freitas na elaboração da parte geral dos contratos se concentrou no agrupamento de diversas regras que se encontravam dispersas nas Ordenações Filipinas, promovendo um verdadeiro salto de vantagem em termos de clareza[202]. Não encontramos, entretanto, novidade referente à exceção de contrato não cumprido. Por exemplo, a Consolidação apontou mesma regra de ordem nas prestações para o contrato de compra e venda vista no "Código Filipino"[203].

Em síntese, exceção de contrato não cumprido não deixava de ser reconhecida pelo direito imperial, mas até então não se achava expressa com generalidade e precisão[204]. Também pelo gênio Teixeira de Freitas, esta façanha foi alcançada alguns anos depois da publicação da Consolidação das Leis Civis.

Após a elogiosa aprovação da Consolidação de Teixeira de Freitas por uma comissão de juristas do governo imperial[205], o art. 1º do Decreto Imperial 2.318, de 22 de dezembro de 1858, autorizou a contratação de um jurisconsulto para a confecção do proje-

(uma das fôrmas dós contractos) trata-se neste Art., e ao seguinte, 367. Todo o contracto (espécie importante das declarações de vontade, e mesmo dos actos jurídicos) tem necessariamente um modo, e uma fôrma. Tem necessariamente um modo, porque as partes contractantes prestão seu consentimento para um ou mais effeitos designados, ou para certo fim. Tem necessariamente uma fôrma, porque não ha contracto sem declaração de vontade, e não ha declaração de vontade sem manifestação exterior, qualquer que ella seja, expressa ou tácita, escripta ou oral." (TEIXEIRA DE FREITAS, Augusto. *Consolidação das leis civis*, v. 1, ed. fac-sim., Brasilia, Senado Federal, 2003, p. 252, nota 26).

202 ZANETTI, Cristiano de Sousa. *Direito contratual contemporâneo: a liberdade contratual e sua fragmentação.* São Paulo, Método, 2008, p. 96.

203 "Art. 519. O vendedor deve primeiro entregar a cousa ao comprador, para este pagar-lhe o preço; e, havendo duvida entre ellos, farão deposito em mão de terceiro" (TEIXEIRA DE FREITAS, Augusto. *Consolidação das leis civis*, v. 1, ed. fac-sim., Brasilia, Senado Federal, 2003, p. 346).

204 BEVILAQUA, Clóvis. *Código Civil dos Estados Unidos do Brasil comentado por Clovis Bevilaqua*, v. 2, edição histórica, Rio de Janeiro, Editora Rio, 1975, p. 208.

205 PONTES DE MIRANDA, Francisco Cavalcanti. *Fontes e evolução do direito civil brasileiro*, 2ª ed., Rio de Janeiro, Forense, 1981, p. 79, nota 79.

to do Código Civil do Império[206]. Ato contínuo, o Decreto Imperial 2.337, de 11 de janeiro de 1859, contratou novamente Teixeira de Freitas para o desafio.

O trabalho foi apresentado durante os anos de 1860 e 1865 sob o modesto título "Código Civil – Esboço" e com a expectativa de que o projeto contasse com o apoio e crítica de todo o povo brasileiro[207].

Seu texto também contava com Partes Geral e Especial. Assim como na Consolidação das Leis Civis, a parte geral dos contratos contou com segregação própria. Trata-se do Capítulo I, do Título I, da Seção III do Livro Segundo da Parte Especial. Na oportunidade do Esboço, entretanto, Teixeira de Freitas não se encontrava necessariamente apegado às regras expressas nas Ordenações Filipinas, o que permitiu ao autor propor sensíveis modificações ao ordenamento vigente à época.

Uma modificação diz respeito à exigibilidade imediata da prestação quando as partes não fixarem prazo. Como vimos, as Ordenações Filipinas estabeleciam o prazo de dez dias para a prestação ser exigível[208]. Mesma regra também é verificada na

---

206 Art. 1º O Meu Ministro e Secretario d'Estado dos Negocios da Justiça contractará com hum Jurisconsulto da sua escolha a confecção do Projecto do Codigo Civil do Imperio.

207 "Em um Código Civil há matéria vastíssima, assuntos variados, ao quilate de todas as inteligências, e todos portanto podem auxiliar-me na feliz execução desta empresa patriótica; com a discussão dos princípios os que forem mais versados, e os outros com esses reparos e advertências mínimos que não são para desprezar. O essencial é que cada um o faça de boa-fé, que não procure exceder-se, que não se esforce em vão por parecer o que não for. De tudo careço, a crítica deve ser severa, ou em artigos de folhas diárias, ou em memórias, ou em correspondência epistolar; e posto que não me seja possível avaliar desde logo os esclarecimentos que espero, terei o cuidado de formar um precioso arquivo; e, concluída a empresa, responderei então às censuras que não me parecerem razoáveis" (TEIXEIRA DE FREITAS, Augusto. *Esboço*, v. 1, ed. fac-sim., Brasilia, Ministério da Justiça e Fundação Universidade de Brasilia, 1983, pp.lxi/lxii).

208 Ord. Fil. 4.50.1

Consolidação das Leis Civis[209][210]. No Esboço, Teixeira de Freitas já reconhece a deficiência da regra[211] e a modifica, apontando que a prestação é exigível desde logo, sem ser necessário aguardar dez dias para tanto[212]. Como já foi adiantado, o resgate dessa regra por Teixeira de Freitas também foi a opção do legislador nos Códigos Civis de 1916 e 2002.

Dentro do que nos interessa mais de perto, o Esboço foi o primeiro projeto brasileiro a apontar a regra da exceção de contrato não cumprido. Inserido no parágrafo oitavo do capítulo dos contratos em geral, que cuida dos efeitos dos contratos, o art. 1955 do Esboço apresenta de maneira sistemática a regra da *exceptio non adimpleti contractus*. Pela importância do texto, sua transcrição se mostra conveniente:

---

209 "Art. 483. Não se-póde porém exigir o pagamento senão dêz dias depois do empréstimo, e segundo as circumstancias o Juiz concederá maior prazo" (TEIXEIRA DE FREITAS, Augusto. *Consolidação das leis civis*, v. 1, ed. fac-sim., Brasilia, Senado Federal, 2003, p. 336).

210 Vale dizer que a Consolidação seguiu estritamente a moldagem das Ordenações Filipinas, não transferindo esta regra – encontrada no regime jurídico específico do mútuo –, para a parte geral dos contratos ou para as regras de pagamento.

211 "Nada mais arbitrário do que marcar um prazo invariável, qual o de dez dias fixado pelo art. 137 do Código do Comércio. Teve-se em vista a disposição da Ord., L. 4º., T. 50, quanto ao contrato de mútuo, como se todas as obrigações nascessem de tais contratos, ou empréstimos de dinheiro, que é o que de ordinário ocorre a todos." (TEIXEIRA DE FREITAS, Augusto. *Esboço*, v. 1, ed. fac-sim., Brasilia, Ministério da Justiça e Fundação Universidade de Brasilia, 1983, p.253).

212 "Art. 862. Se os atos entre vivos não forem condicionais ou a prazo, e tiverem por objeto coisas existentes, ou a entrega de coisas existentes, ou a prestação presente de fatos, o dia de sua existência determinará uma aquisição pura de direitos (art. 566)" (TEIXEIRA DE FREITAS, Augusto. *Esboço*, v. 1, ed. fac-sim., Brasilia, Ministério da Justiça e Fundação Universidade de Brasilia, 1983, p. 200) Vale também a leitura do artigo sobre o tempo do pagamento: "Art. 1064. O pagamento deve ser feito: [...] 2º Não havendo designação de prazo, no dia em que o credor exigir o pagamento; e mesmo imediatamente, se pela natureza da obrigação e circunstâncias não for indispensável um certo lapso de tempo, que o Juiz marcará em caso de dúvida." (TEIXEIRA DE FREITAS, Augusto. *Esboço*, v. 1, ed. fac-sim., Brasilia, Ministério da Justiça e Fundação Universidade de Brasilia, 1983, p.252)

> "Art. 1.955 Se forem bilaterais (art. 441), uma das partes não poderá demandar seu cumprimento sem provar que de seu lado os tem cumprido, ou que sua obrigação é a prazo, ou sem se oferecer a cumpri-los."[213]

O artigo supracitado é verdadeiramente inovador para a época. Em 1865, não havia na América e na Europa qualquer Código que tratasse da *exceptio non adimpleti contractus* de maneira expressa e generalizada. O primeiro Código a fazer isso foi o Código Argentino de 1869 – diretamente influenciado pelo próprio Esboço[214].

O pioneirismo do art. 1.955 do Esboço não o fez vacilar na consideração dos requisitos mais elementares à exceção de contrato não cumprido. Exigiu-se para a sua operação a hipótese do contrato bilateral. O art. 441 identifica o contrato bilateral ou sinalagmático – as expressões são tratadas, portanto, como sinônimas no Esboço – "quando os contratos impuserem às duas partes obrigações recíprocas"[215]. O comodato, por exemplo, está fora do âmbito operativo do art. 1.955 do Esboço.

A redação dada ao instituto, entretanto, não foi capaz de deixar claro se a exceção de contrato não cumprido do Esboço se aproxima da concepção do instituto como um pressuposto para se permitir a cobrança de determinada obrigação ou se de fato se apresenta como exceção em sentido estrito.

Em outras palavras, pela primeira leitura do texto de Freitas, uma parte de contrato bilateral só terá o direito de cobrar o outro contratante se provar que já cumpriu com sua prestação, ou que já ofereceu cumprimento, ou ainda que sua prestação é à prazo e a

---

213 TEIXEIRA DE FREITAS, Augusto. *Esboço,* v. 2, Brasilia, Ministério da Justiça e Fundação Universidade de Brasilia, 1983, p. 364.

214 Dalmacio Velez Sarsfield, jurista argentino responsável pela redação do Código Civil Argentino de 1869, não deixou de reconhecer em diversas oportunidades a influência de Teixeira de Freitas na elaboração do seu projeto. Ver: VALLADÃO, Haroldo. *História do direito especialmente do direito brasileiro.* 3ª ed., Rio de Janeiro, Freitas Bastos, 1977, pp. 144/145

215 TEIXEIRA DE FREITAS, Augusto. *Esboço,* v. 1, Brasilia, Ministério da Justiça e Fundação Universidade de Brasilia, 1983, p. 149.

do outro contratante é exigível. Sem isso, parece que a parte simplesmente não teria o direito de cobrar a prestação.

Verifica-se a proximidade do texto de Teixeira de Freitas com a solução da ciência jurídica do *usus modernus pandectarum* do final do século XVIII e início do século XIX. Neste período, a escola pandectista alemã refutava a ideia dos pós-glosadores de que a exceção era espécie de exceção em sentido estrito e, por isso, não poderia ser reconhecida de ofício. Entendia-se, na realidade, que o instituto deveria ser compreendido como requisito à existência de pretensão contratual, de modo que a sua insatisfação impedia que o demandante postulasse pagamento - assunto cognoscível de ofício pelo juiz.

Como já estudamos anteriormente[216], essa conclusão foi superada antes mesmo da metade do século XIX na Alemanha, reafirmando o entendimento dos pós-glosadores e assentando a exceção de contrato não cumprido como exceção em sentido próprio e incognoscível de ofício, de modo que o demandante poderia cobrar sua prestação da outra parte contratante - cabendo à última, se julgasse conveniente, a oposição da exceção de contrato não cumprido. A redação do §320 do Código Civil Alemão de 1900 já reflete essa opinião[217].

Diferentemente da solução do BGB, o Esboço não indica que a parte do contrato bilateral "poderá recusar a prestação", mas sim aponta que a parte "não poderá demandar seu cumprimento". Teixeira de Freitas também não fez uso do termo "exceção de contrato não cumprido" na redação do artigo e do parágrafo em que este está contido.

Embora o Esboço em si nunca tenha se tornado legislação vigente, a experiência argentina com o artigo 1.201 do Código ar-

---

216 Vide item 5.3.2. supra.

217 "§320 Exceção de contrato não cumprido (1) Quem estiver obrigado por um contrato bilateral, poderá recusar a prestação, à qual se obrigou, até a efetuação da contraprestação, a não ser que esteja ele obrigado a satisfazer a prestação em primeiro lugar. Se a prestação tiver de realizar-se a vários, poderá ser recusada, a cada um deles, a parte que lhe compete, até a efetuação de toda a contraprestação. A disposição do §273, alínea 3 [direito de retenção], não encontra aplicação" (Traduzido por: DINIZ, Souza. *Código Civil alemão*. Rio de Janeiro, Record, 1960, p66).

gentino de 1869[218] – praticamente uma tradução ao espanhol do art. 1.955 do Esboço – deu conta de nos evidenciar como doutrina e jurisprudência reagiriam ao texto. O tempo de uso do artigo 1.201 cuidou por reconhecer a exceção de contrato não cumprido como exceção em sentido estrito, rechaçando a interpretação do dispositivo como pressuposto para demanda[219].

Em 1866, o próprio Teixeira de Freitas se convenceu de que o seu plano de obra deveria ser alterado, passando a elaborar não um Código Civil, mas sim um Código Geral, capaz de envolver regras sobre publicação, interpretação e aplicação das leis e também capaz de unificar o Direito Civil e Comercial[220]. Seu descontentamento com o projeto inicial do Esboço o fez devolver a remuneração que havia recebido do Império para o projeto de Código Civil[221].

Mesmo não aceitando a desistência de Freitas, o governo imperial repudiou a ideia nova de Código Geral e resolveu o contrato com o jurisconsulto em 1872[222]. Augusto Teixeira de Freitas, por complicações oriundas de doença neurológica, morreu no dia 12

218 "Art.1201. En los contratos bilaterales una de las partes no podrá demandar su cumplimiento, si no probase haberlo ella cumplido u ofreciese cumplirlo, o que su obligación es a plazo." Tradução: "Art. 1201. Nos contratos bilaterais uma das partes não poderá demandar o cumprimento, se não provar que el ajá cumpriu ou ofereceu cumprimento, ou que sua obrigação é a prazo".

219 GASTALDI,José María; CENTANARO, Esteban. *Excepcion de incumplimiento contractual*, Buenos Aires, Abeledo-Perrot, 1995, p.126. Para mais detalhes sobre a evolução do direito argentino sobre o tema, ver item 3.3.2. supra.

220 VALLADÃO, Haroldo. *História do direito especialmente do direito brasileiro*. 3ª ed., Rio de Janeiro, Freitas Bastos, 1977, pp. 144.

221 MONTEIRO, Washington de Barros. *Augusto Teixeira de Freitas: Conferência proferida na Faculdade de Direito da Universidade de São Paulo* In: Revista da Faculdade de Direito de São Paulo, v. 62, São Paulo, Universidade de São Paulo, 1967, p. 313.

222 VELASCO, Ignácio Maria Poveda. *Três Vultos da Cultura Jurídica Brasileira: Augusto Teixeira de Freitas, Tobias Barreto de Menezes e Clóvis Bevilaqua.*, In: BITTAR, Educardo Carlos Bianca (org.). *História do Direito Brasileiro: leituras da ordem jurídica nacional.* São Paulo, Atlas, 2006, p. 37.

de dezembro de 1883[223]. A unificação do Direito Civil e Comercial só veio a acontecer no Brasil com o Código Civil de 2002.

A presença de um artigo destinado à exceção de contrato não cumprido, depois do Esboço, só retornou no projeto de Clovis Bevilaqua - que por ventura transformou-se no Código Civil de 1916. Antes de estudá-lo, é imperioso conhecer de perto mais dois projetos anteriores.

Primeiro, analisa-se o trabalho de Felício do Santos, apresentado em 1882. Depois, parte-se à análise do projeto de Coelho Rodrigues, já no período republicano, em 1893. Tal análise se justifica pela intensa influência do *Code* francês nestes trabalhos - influência presente também no projeto de Bevilaqua[224] e que indubitavelmente reverbera até hoje nos textos jurídicos atuais[225].

Ambos os projetos supracitados, a exemplo do Código Civil Napoleônico, não deram nenhum tratamento legal ao instituto da exceção de contrato não cumprido. Entretanto, ambos os projetos, também à imagem do legislador francês[226], deixaram clara a pos-

223 "O excesso de trabalho e os desenganos sofridos, talvez aliados a uma natureza constitucionalmente predisposta, minaram-lhe a razão, fazedo com que fragorosamente desabasse tão extraordinária mentalidade. [...]. Como Nietzsche, como Maupassant, como Donizetti e como Nijinsky, Teixeira de Freitas morreu demente." (MONTEIRO, Washington de Barros. *Augusto Teixeira de Freitas: Conferência proferida na Faculdade de Direito da Universidade de São Paulo* In: Revista da Faculdade de Direito de São Paulo, v. 62, São Paulo, Universidade de São Paulo, 1967, p. 315)

224 BEVILAQUA, Clóvis. *Código Civil dos Estados Unidos do Brasil comentado por Clovis Bevilaqua,* v. 1, edição histórica, Rio de Janeiro, Editora Rio, 1975, p.21.

225 Além dos projetos mencionados, o Brasil conheceu outras tentativas legislativas em torno do primeiro Código Civil brasileiro. Para os propósitos deste estudo, entretanto, o recorte aos projetos de Felício dos Santos e de Coelho Rodrigues se mostrou mais apropriado. Para conhecer as demais tentativas, ver: ZANETTI, Cristiano de Sousa. *Direito contratual contemporâneo: a liberdade contratual e sua fragmentação.* São Paulo, Método, 2008, pp. 106/115. Sobre a influência do direito civil francês ao direito civil brasileiro, ver: AZEVEDO, Antônio Junqueira de. *Influência do Direito Francês sobre o direito brasileiro,* In: Revista da Faculdade de Direito de São Paulo, v. 89, São Paulo, Universidade de São Paulo, 1994, pp. 190/194.

226 Sobre o desenvolvimento da teoria da resolução contratual por meio de cláusula resolutiva tácita, ver item 3.3.1 supra.

sibilidade do direito de resolução por inadimplemento em contratos sinalagmáticos por meio de "condição resolutiva tácita"[227]. No projeto de Felício do Santos, fala-se do art. 428. Já no projeto de Coelho Rodrigues, trata-se do art. 408.

Vejamos a redação de cada um deles em apartado:

> "Art.428. A condição resolutiva sempre se subentendo nos contractos bilateraes no caso de alguma das partes não cumprir aquillo a que se obrigou."[228]
>
> "Art. 408. A condição resolutiva subtende-se nos contratos bilaterais, sempre que uma das partes deixa de satisfazer aquillo a que se obrigou."[229]

Ambos os artigos são intimamente inspirados na primeira parte do art. 1184 do *Code*[230], responsável por criar a possibilida-

---

227 O termo "condição resolutiva tácita" foi o escolhido pela escola humanista francesa na época da confecção do Código Civil Napoleônico. A expressão que a superou posteriormente é a de cláusula resolutiva tácita. A modificação terminológica se justifica porque a condição resolutiva, fator de eficácia do negócio jurídico, subordina o efeito do negócio a evento futuro e incerto. Já a cláusula resolutiva estabelece direito potestativo de resolução contratual ao contratante vítima de inadimplemeto contratual. De qualquer forma, atualmente não há no Brasil a necessidade em se falar de pacto tácito de resolução ou cláusula resolutiva tácita, pois o ordenamento pátrio reconhece expressamente o direito legal de resolução contratual. Ver: PONTES DE MIRANDA, Francisco Cavalcanti. *Tratado de direito privado: parte especial. Direito das obrigações. Extinção das dívidas e obrigações. Dação em soluto. Confusão. Remissão de dívidas. Novação. Transação. Outros modos de extinção,* t. 25, Rio de Janeiro, Borsoi, 1959, p.328/329.

228 FELÍCIO DOS SANTOS, Joaquim. *Projecto do Código Civil,* Rio de Janeiro, Imprensa Nacional, 1891, p. 46

229 COELHO RODRIGUES, Antonio. *Projecto do Código Civil Brazileiro precedido de um projecto de lei preliminar,* Rio de Janeiro, Imprensa Nacional, 1893, p. 56.

230 Artigo 1184 do Código Civil Napoleônico: *"Article 1184. La condition résolutoire est toujours sous-entendue dans les contrats synallagmatiques, pour le cas où l'une des deux parties ne satisfera point à son engagement. Dans ce cas, le contrat n'est point résolu de plein droit. La partie envers laquelle l'engagement n'a point été exécuté, a le choix ou de forcer l'autre à l'exécution de la convention lorsqu'elle est possible, ou d'en demander la résolution avec dommages et intérêts. La résolution doit être demandée en justice, et il peut*

de, por meio da figura da "condição resolutiva tácita", de resolução contratual por inadimplemento de contrato sinalagmático. Os artigos não causam espanto à doutrina brasileira da época que, aliás, sempre reconheceu a existência deste pacto tácito nos contratos bilaterais[231].

Em termos mais diretos, os dispositivos cuidam de hipótese de resolução – e, portanto, extinção da relação obrigacional oriunda do contrato – e não de hipótese de exceção dilatória, responsável não por extinguir, mas apenas encobrir a exigibilidade da prestação contratual até o cumprimento de seus preceitos[232].

Tais artigos compõem o fio evolutivo da teoria da resolução contratual por inadimplemento – teoria esta que partiu da concepção de "condição resolutiva tácita" para a consagração do di-

---

être accordé au défendeur un délai selon les circonstances." Tradução: "Art. 1184. A condição resolutiva está sempre implícita nos contratos sinalagmáticos, no caso de uma das duas partes não cumprir seu compromisso. Nesse caso, o contrato não é liquidado automaticamente. A parte para quem a empresa não foi executada tem a opção de forçar a outra parte a executar o acordo, quando for possível, ou de exigir um acordo com danos. A resolução deve ser solicitada em um tribunal, e o réu pode ser concedido um atraso, dependendo das circunstâncias".

---

231 "Nos contractos bilateraes sempre se subintende a condição resolutiva, que uma das partes poderá requerer a resolução da sua obrigação, e se outra não se prestar a cumprir a sua. Neste caso porém, o contracto não se resolve ipso jure: deve intervir sentença, com citação da outra parte, e comminação de se haver a obrigação por desfeita; Cod. Civ. Fr. art. 1184" (TRIGO DE LOUREIRO, Lourenço. *Instituições de Direito Civil Brasileiro,* v. 2, ed. fac-sim., Brasília, Senado Federal, 2004, p. 228). A desnecessidade de se referir a um pacto tácito de resolução surge com o advento do parágrafo único do art. 1092 do Código Civil de 1916, que já garante o direito legal de resolução. Mesmo assim, e talvez por excesso de referência ao voluntarismo do século XIX, o Código Civil de 2002, no seu art. 474, ainda faz menção ao *modus operandi* da cláusula resolutiva tácita.

232 "A exceção, segundo a unanimidade das definições, não é instrumento de negação do direito de crédito pleiteado pelo autor da ação, antes o pressupõe, apenas que a pretensão e a ação a ele ligadas ficam encobertas ou temporariamente paralisadas por um obstáculo levantado pelo réu" (AGUIAR JR., Ruy Rosado. *Extinção dos contratos por incumprimento do devedor (resolução),* Rio de Janeiro, Aide, 1991, pp. 221/223).

reito legal à resolução contratual estabelecida primeiramente no parágrafo único do art. 1092 do Código Civil de 1916[233] e, atualmente, no art. 475 do Código Civil de 2002[234-235].

Em síntese, os artigos que cuidam do precedente histórico do direito à resolução por inadimplemento não se aproximam verdadeiramente do mapeamento evolutivo que chegou à exceção de contrato não cumprido do art. 476 do Código Civil de 2002, mas sim do direito legal à resolução disciplinado no artigo anterior. Embora ambos encontrem fundamento na concepção de interdependência das prestações, o direito à resolução por inadimplemento e *exceptio non adimpleti contractus* são institutos diferentes entre si[236].

Ambos os projetos de código civil supramencionados não encontraram aprovação governamental. O projeto de Felício dos Santos não chegou a ser verdadeiramente apreciado, em virtude dos episódios que conduziram à proclamação da República, já o de

---

233 Art. 1.092. [...]. Parágrafo único. A parte lesada pelo inadimplemento pode requerer a rescisão do contrato com perdas e danos.

234 Art. 475. A parte lesada pelo inadimplemento pode pedir a resolução do contrato, se não preferir exigir-lhe o cumprimento, cabendo, em qualquer dos casos, indenização por perdas e danos.

235 A maioria da doutrina brasileira aponta o parágrafo único do art. 1092 do Código Civil de 1916 como precursor do direito legal de resolução posto no art. 475 do Código Civil de 2002. A título exemplificativo, cita-se: AGUIAR JR., Ruy Rosado. *Extinção dos contratos por incumprimento do devedor (resolução)*, Rio de Janeiro, Aide, 1991, p. 52; LOTUFO, Renan. *Código Civil comentado*, v. 3, t. 1, São Paulo, Saraiva, 2016, p. 135. Há entretanto, quem sustente que o Código Civil de 1916 não encontrava texto legal correspondente ao supracitado art. 475 (GAGLIARDI, Rafael Villar. Exceção de contrato não cumprido, São Paulo, Saraiva, 2010, p. 27). Pela leitura dos dispositivos proposta neste item do trabalho, para nós resta clara a correspondência entre os dois artigos e, portanto, a necessidade de se filiar à maioria da doutrina: ambos os artigos cuidam, em seus respectivos códigos, do direito legal à resolução.

236 PONTES DE MIRANDA, Francisco Cavalcanti. *Tratado de direito privado: parte especial. Direito das obrigações. Extinção das dívidas e obrigações. Dação em soluto. Confusão. Remissão de dívidas. Novação. Transação. Outros modos de extinção*, t. 25, Rio de Janeiro, Borsoi, 1959, p. 326.

Coelho Rodrigues recebeu dura crítica da comissão revisora e não encontrou aprovação no Congresso Nacional[237].

4.3. O Código Civil de 1916

Em 1899, Clóvis Beviláqua foi convidado para elaborar mais um projeto de código civil. A tarefa foi concluída com brevidade e, depois de sete meses de trabalho, um projeto foi apresentado ao Ministro da Justiça Epitácio Pessoa. Após modificações e reformas de uma comissão de juristas presididas pelo Ministro, apresentou-se ao Presidente da República o projeto revisto. O texto foi enviado ao Congresso, momento em que recebeu o famoso parecer de Rui Barbosa criticando sua forma, mas não sua substância[238]. Em dezembro de 1915, o projeto foi aprovado e promulgado pelo Decreto 3.071, de 1º de janeiro de 1916[239].

O Código Civil de 1916, em síntese, foi bastante conservador na composição da sua parte geral dos contratos. Também se mostrou um Código liberal, menos intervencionista até mesmo que as próprias Ordenações Filipinas dentro de alguns temas atinentes à liberdade contratual[240].

No que se refere à exceção de contrato não cumprido, a inovação se deu pela introdução de um dispositivo expresso sobre o instituto. O projeto inicial de Bevilaqua já previa, no *caput* do seu artigo 1.231[241], regra semelhante à expressa no art. 1.955 do

237 VALLADÃO, Haroldo. *História do direito especialmente do direito brasileiro.* 3ª ed., Rio de Janeiro, Freitas Bastos, 1977, p. 179.

238 Em comentário sobre erros de gramática: "Será simplesmente descuido? Bem o creio. Mas nem por involuntário deixa o solecismo de ser solecismo. Além de que a lei não tem erratas. Seus desacertos não admitem remédio: são pecados lapidares" (BARBOSA DE OLIVEIRA, Rui Caetano. *Obras completas de Rui Barbosa: parecer sobre a redação do código civil.* v. 29, t. 1, Rio de Janeiro, Ministério da Educação e Saúde, 1902, p. 5).

239 PONTES DE MIRANDA, Fancisco Cavalcanti. *Fontes e evolução do direito civil brasileiro,* 2ª ed., Rio de Janeiro, Forense, 1981, pp. 83/86.

240 ZANETTI, Cristiano de Sousa. *Direito contratual contemporâneo: a liberdade contratual e sua fragmentação.* São Paulo, Método, 2008, pp. 138/145.

241 "Art. 1.231. Nos contratos synallagmaticos nenhum dos contraentes pode reclamar judicialmente o cumprimento da prestação devida pelo outro, sem

Esboço de Teixeira de Freitas. No projeto revisto, a regra foi transportada para o art. 1.242 com pouca alteração no texto e em conjunto com o direito legal de resolução[242].

A redação final ocorreu no artigo 1.092 do Código Civil de 1916, que aglutinou também a exceção de inseguridade[243]. Eis o texto normativo em referência:

> Art. 1.092. Nos contratos bilaterais, nenhum dos contraentes, antes de cumprida a sua obrigação, pode exigir o implemento da do outro. Se, depois de concluído o contrato, sobreviver a uma das partes contratantes diminuição em seu patrimônio, capaz de comprometer ou tornar duvidosa a prestação pela qual se obrigou, pode a parte, a quem incumbe fazer prestação em primeiro lugar, recusar-se a esta, até que a outra satisfaça a que lhe compete ou de garantia bastante de satisfaze-la.
> Parágrafo único. A parte lesada pelo inadimplemento pode requerer a rescisão do contrato com perdas e danos.

---

que primeiro tenha cumprido a que lhe incumbia, salvo se esse direito lhe está assegurado por lei ou convenção." (BEVILÁQUA, Clóvis. *Observações para esclarecimento do código civil brasileiro,* In: Códigos Civis do Brasil: do Império à República – uma retrospectiva histórica, Brasilia, Senado Federal, 2003, p. 239).

---

242 "Art. 1.242. Nos contratos synallagmaticos nenhuma das partes pode exigir da outra o cumprimento da respectiva obrigação sem que tenha cumprido a sua. A parte prejudicada pelo não cumprimento pode requerer a resilição do contrato com perdas e damnos" (*Projeto revisto do Código Civil (Código Civil de 1916)*,, In: Códigos Civis do Brasil: do Império à República – uma retrospectiva histórica, Brasilia, Senado Federal, 2003, p. 814). O direito legal de resolução foi indicação sugerida por Amaro Cavalcanti nos trabalhos da comissão especial revisora do projeto. Ver: *Trabalhos da comissão especial – VI Discussão da Parte Especial (Código Civil de 1916)*, In: Códigos Civis do Brasil: do Império à República – uma retrospectiva histórica, Brasilia, Senado Federal, 2003, p. 154.

243 A adição da regra da exceção de inseguridade é resultado de um aditivo oferecido também por Amaro Cavalcanti, já nos momentos de votação do projeto revisto. Ver: *Parecer da Câmara dos Deputados às Emendas do Senado (Código Civil de 1916)*, In: Códigos Civis do Brasil: do Império à República – uma retrospectiva histórica, Brasilia, Senado Federal, 2003, p. 154.

A redação disposta no *caput* do artigo remete à discussão já travada na análise do art. 1955 do Esboço de Teixeira de Freitas. Pela forma como foi escrito o texto legislativo, não parece ter sido a intensão do código positivar uma exceção em sentido estrito. Haveria aqui apenas uma proibição de buscar o cumprimento de um contrato bilateral nos casos em que o demandante não tivesse, ele mesmo, cumprido ou oferecido sua prestação.

Não por outro motivo que Miguel Maria de Serpa Lopes, ao analisar o *caput* do art. 1.092, defendeu a posição de que o Direito Civil brasileiro se encontrava, junto com o *Code,* no rol dos diplomas civis que não previam expressamente a exceção de contrato não cumprido[244]. A conclusão do autor se baseia mais fortemente na deficiência do texto normativo em comparação com o regime jurídico visto no Código Civil Alemão de 1900 e menos na presença ou não de texto normativo que alude ao instituto[245].

De fato, o *caput* não fornece com clareza ao intérprete, como nos §§320 e seguintes do BGB, o âmbito operativo e os requisitos de aplicação da exceção de contrato de cumprido. A leitura literal do artigo brasileiro parece fornecer, tão somente, uma base quanto aos fundamentos da *exceptio non adimpleti contractus* – de modo a defender o exercício simultâneo das pretensões sinalagmáticas[246].

A partir do *caput* do art. 1.092, a doutrina brasileira teve evolução parecida com a ocorrida na Argentina, já que o código civil argentino previa texto normativo bastante semelhante.

Para dar interpretação ao texto normativo de modo que ele ganhasse algum sentido prático, a doutrina brasileira que se ocupou de estudar o referido artigo deu a ele a roupagem da exceção

---

244 SERPA LOPES, Miguel Maria de. *Exceções Substanciais: Exceção de contrato não cumprido (Exceptio non adimpleti contractus),* Rio de Janeiro, Freitas Bastos, 1959, pp. 155/162.

245 SERPA LOPES, Miguel Maria de. *Exceções Substanciais: Exceção de contrato não cumprido (Exceptio non adimpleti contractus),* Rio de Janeiro, Freitas Bastos, 1959, p. 161. Neste mesmo sentido, comentando a passagem de Serpa Lopes: GAGLIARDI, Rafael Villar. *Exceção de contrato não cumprido,* São Paulo, Saraiva, 2010, p. 28.

246 OLIVEIRA, Rafael Alexandria de. *Aspectos processuais da exceção de contrato não cumprido,* Bahia, Podivm, 2012, p. 95.

de contrato não cumprido[247]. Entendia-se que o artigo, ao ser violado por demandante que não tinha cumprido sua prestação em contrato bilateral, dava amparo a uma defesa do demandado – e essa defesa necessariamente seria a *exceptio non adimpleti contractus*[248]. Sobre o assunto, Pontes de Miranda trouxe sintética conclusão:

> "O direito francês, com repercussão em muitos sistemas jurídicos, não estabeleceu a exceção *non adimpleti contractus* para todos os contratos bilaterais. A doutrina dividiu-se entre os que sustentavam ser instituto geral a exceção *non adimpleti contractus* e, pois, também a exceção *non rite adimpleti contractus*, e os que lhe negavam tal generalidade. A discussão foi definitivamente superada no Código Civil brasileiro, art. 1092, alínea 1ª, relativo a todos os 'contratos bilaterais'"[249]

Em síntese, a insatisfação com o texto normativo do *caput* do art. 1092 do Código Civil de 1916 não impediu que o direito brasileiro extraísse dele a norma jurídica da exceção de contrato não cumprido. O Código de Beviláqua, assim como o Código de Velez Sarsfield, não eram totalmente alheios à *exceptio* como o *Code Civil*, mas tampouco atingiam a completude regulatória do BGB.

4.4. Projetos anteriores ao Código Civil de 2002

O Código Civil de 1916, antes de ser revogado pelo Código Civil de 2002, assistiu a algumas tentativas de reforma que fracassaram. Para a análise proposta neste estudo, vamos prestar

247 ANDRADE, Darcy Bessone de Oliveira. *Do Contrato*, Rio de Janeiro, Forense, 1960, p. 263

248 CARVALHO SANTOS, João Manoel de. *Código Civil Brasileiro Interpretado: direito das obrigações (arts. 1.079-1.121)*, v. 15, 6ª ed., Rio de Janeiro, Freitas Bastos, 1958, p. 238.

249 PONTES DE MIRANDA, Francisco Cavalcanti. *Tratado de direito privado: parte especial. Direito das obrigações. Consequências do inadimplemento. Exceções de contrato não adimplido, ou adimplido insatisfatoriamente, e de inseguridade. Enriquecimento injustificado. Estipulação a favor de terceiro. Eficácia protectiva de terceiro. Mudanças de circunstâncias. Compromisso*, t. 26, Rio de Janeiro, Borsoi, 1959, p. 99.

notas aos seguintes anteprojetos: o Anteprojeto de Código das Obrigações de 1941 e o anteprojeto de Código de Obrigações de 1965. Vejamos cada um em apartado.

O Anteprojeto de 1941 tinha como escopo unificar o direito das obrigações civis e comerciais, bem como o de mitigar o caráter fortemente liberal do Código Civil de 1916, subordinando parte dos interesses privados às matérias de interesse da ordem social[250]. Ele tratava da exceção de contrato não cumprido no art. 323[251], de maneira idêntica à forma escolhida no art. 1092 do Código de 1916. A proposta não foi levada adiante pelo poder legislativo[252]

O Anteprojeto de 1965 foi, na verdade, terminado em 1963, mas sua apreciação foi adiada por conta do golpe militar de 1964. Já em 1965, o anteprojeto já tinha logrado a conversão em projeto de lei e estava pronto para ser discutido no Poder Legislativo. Seus anseios eram parecidos com os que motivaram o Anteprojeto de 1941[253]. O texto dedicado à exceção de contrato não cumprido é o do art. 344 do Anteprojeto de 1965[254]. O dispositivo apresentava texto mais simples e menos elucidativo que o próprio art. 1092 do Código Civil de 1916.

O projeto, entretanto, procurou rechaçar qualquer dúvida de previsão legal do instituto ao inseri-lo em Seção chamada de

---

250 NONATO, Orozimbo; AZEVEDO, Philadelpho; GUIMARÃES, Hahnemann. *Exposição de motivos.* In: RANGEL, Leyla Castello Branco (org.). *Código Civil: anteprojetos*, v.1, Brasília, Senado Federal, 1989, p. 56.

251 "Art. 323. Nos contratos bilaterais, nenhum dos contraentes, antes de cumprida a sua obrigação, pode exigir o implemento da do outro" (RANGEL, Leyla Castello Branco (org.). *Código Civil: anteprojetos*, v.1, Brasília, Senado Federal, 1989, p. 48).

252 ZANETTI, Cristiano de Sousa. *Direito contratual contemporâneo: a liberdade contratual e sua fragmentação.* São Paulo, Método, 2008, p. 148.

253 PEREIRA, Caio Mário da Silva. *Exposição de motivos.* In: RANGEL, Leyla Castello Branco (org.). *Código Civil: anteprojetos*, v.3, Brasília, Senado Federal, 1989, p. 109.

254 "Art. 344. Nos contratos bilaterais o inadimplemento de prestação já exigível não pode reclamar o implemento da do outro." (RANGEL, Leyla Castello Branco (org.). *Código Civil: anteprojetos*, v.3, Brasília, Senado Federal, 1989, p. 237).

"Exceção de Contrato não Cumprido"[255], parte do Capítulo intitulado "Cessação da Relação Contratual". Foi o primeiro projeto de lei nomeou diretamente o instituto de "exceção de contrato não cumprido"[256]. Embora inovador também em vários outros aspectos, o projeto foi retirado de pauta pelo governo militar que, pouco antes do início da década de 1970, iniciou os trabalhos que desembocaram no Código Civil de 2002.

4.5. O Código Civil de 2002

Para tanto, a Comissão de Revisão e Coordenação dos Projetos de Códigos do Ministério da Justiça constituiu, em maio de 1969, a Comissão Revisora e Elaboradora do Código Civil, coordenada pelo professor Miguel Reale[257]. O anteprojeto que se transformaria no atual Código Civil foi publicado em 1972 e levado à apreciação da comunidade jurídica brasileira duas vezes. Em 1975, o revisado anteprojeto foi enviado ao Congresso Nacional pelo Presidente Ernesto Geisel, iniciando sua tramitação na casa legislativa como Projeto 634/1975[258]. O projeto teve longa tramitação no Congresso Nacional – com segundo turno na Câmara dos Deputados – e foi sancionado em 2002[259].

---

255 Tratava-se da Seção III do Capítulo de Princípios Gerais do Título que cuidada dos Contratos em Geral.

256 No relatório da Comissão Elaboradora, os autores do projeto deixaram claro que o artigo referia-se à exceção de contrato não cumprido: "Nos contratos bilaterais, reside a *exceptio non adimpleti contractus*" (NONATO, Orozimbo; PEREIRA, Caio Mário da Silva; SANTOS, Theophilo Azeredo; MARCONDES, Sylvio. *Relatório da Comissão Elaboradora do Projeto de Lei nº 3.264/65* In: RANGEL, Leyla Castello Branco (org.). *Código Civil: anteprojetos*, v.3, Brasília, Senado Federal, 1989, p. 416).

257 PASSOS, Edilenice; LIMA, João Alberto de Oliveira. *Memória legislativa do Código Civil*, v. 1, Brasilia, Senado Federal, 2012, p. xxi.

258 ZANETTI, Cristiano de Sousa. *Direito contratual contemporâneo: a liberdade contratual e sua fragmentação*. São Paulo, Método, 2008, p. 192.

259 Sobre o trâmite do projeto no Congresso Nacional, ver: PASSOS, Edilenice; LIMA, João Alberto de Oliveira. *Memória legislativa do Código Civil*, v. 1, Brasilia, Senado Federal, 2012, pp. xxi/xxxv

O Código Civil de 2002 tem como característica geral a harmonização de interesses individuais – típicos das relações privadas – com as necessidades da coletividade[260]. Na Exposição de Motivos, deixa-se claro que o projeto encontra alicerce no imperativo da solidariedade social – responsável por salvaguardar necessidades básicas da coletividade frente ao individualismo exacerbado[261] – e no princípio da concreção – responsável por dar à doutrina e à jurisprudência a capacidade de criar soluções aplicáveis aos casos concretos do cotidiano[262].

A análise mais dedicada à exceção de contrato não cumprido se inicia na leitura do art. 475 do Projeto 634/1975[263]. Seu texto é exatamente idêntico ao art. 323 do Anteprojeto de 1941, mas a regra foi agrupada dentro de Seção Intitulada "Da exceção de contrato não cumprido", a exemplo do que ocorreu com o art. 344 do Anteprojeto de 1965. Também a exemplo deste último, incluiu-se a exceção de inseguridade dentro desta Seção.

Sobre o dispositivo, no primeiro turno da Câmara dos Deputados, o Deputado Fernando Coelho ofereceu a Emenda nº 386. A Emenda não foi aprovada na Câmara, mas o debate em torno de sua justificativa é ilustrativo sobre a composição e a natureza jurídica da *exceptio non adimpleti contractus* no direito brasileiro.

De acordo o Deputado Fernando Coelho, o texto do art. 475 "dá a entender que a inexigibilidade no caso opera *ipso jure*"[264] o

---

260 REALE, Miguel. *Exposição de motivos do supervisor da comissão revisora e elaboradora do código civil.* In: *Novo Código Civil: exposição de motivos e texto sancionado,* 2ª ed., Brasilia, Senado Federal, 2005, p. 25.

261 REALE, Miguel. *Exposição de motivos do supervisor da comissão revisora e elaboradora do código civil.* In: *Novo Código Civil: exposição de motivos e texto sancionado,* 2.ª ed., Brasilia, Senado Federal, 2005, p. 61.

262 REALE, Miguel. *Exposição de motivos do supervisor da comissão revisora e elaboradora do código civil.* In: *Novo Código Civil: exposição de motivos e texto sancionado,* 2ª ed., Brasilia, Senado Federal, 2005, pp. 29/30.

263 "Art. 475 – Nos contratos bilaterais, o contraente pode recusar o cumprimento da prestação que lhe é exigida, se o outro contraente deixou de cumprir a sua." (PASSOS, Edilenice; LIMA, João Alberto de Oliveira. *Memória legislativa do Código Civil,* v. 1, Brasilia, Senado Federal, 2012, p. 132)

264 PASSOS, Edilenice; LIMA, João Alberto de Oliveira. *Memória legislativa do Código Civil,* v. 2, Brasilia, Senado Federal, 2012, p. 272.

que, continua o Deputado, "não é exato, pois apenas faculta uma defesa ao devedor"[265].

A justificação da Emenda evidencia o problema interpretativo em torno da exceção de contrato não cumprido brasileira – que a rigor a acompanha desde o art. 1955 do Esboço de Teixeira de Freitas. O final da argumentação aponta a opinião da Emenda no sentido de que a *exceptio non adimpleti contractus* é exceção em sentido estrito, de modo que o demandante de fato pode postular o cumprimento da prestação do demandado – que por seu lado pode se valer da exceção para se defender. A firmeza da afirmação de Fernando Coelho de que o instituto é verdadeiramente uma defesa do devedor encontra respaldo unânime na doutrina brasileira[266].

O parecer parcial foi assinado pelo Deputado Raymundo Diniz e rejeitou a Emenda nº 386. Sua argumentação contou com a opinião de Agostinho de Arruda Alvim, autor do próprio art. 475 e de toda a parte de direito das obrigações do projeto. Eis o que foi decidido:

> Mantenho a redação do Projeto. Trata-se, na hipótese, como bem acentuou o Prof. Agostinho de Arruda Alvim, da *exceptio non adimpleti contractus*. E, continua o eminente e saudoso Mestre: "a emenda supõe não haver uma simples faculdade, no caso do artigo 425, o qual, por isso mesmo, opera ipso jure. E conclui: "mas não é bem isto o que diz o artigo, o qual admite que contratante possa recusar,

265 PASSOS, Edilenice; LIMA, João Alberto de Oliveira. *Memória legislativa do Código Civil*, v. 2, Brasilia, Senado Federal, 2012, p. 272.

266 Para apontar trabalhos existentes à época da emenda, cita-se: PONTES DE MIRANDA, Francisco Cavalcanti. *Tratado de direito privado: parte especial. Direito das obrigações. Consequências do inadimplemento. Exceções de contrato não adimplido, ou adimplido insatisfatoriamente, e de inseguridade. Enriquecimento injustificado. Estipulação a favor de terceiro. Eficácia protectiva de terceiro. Mudanças de circunstâncias. Compromisso*, t. 26, Rio de Janeiro, Borsoi, 1959, p. 103; SERPA LOPES, Miguel Maria de. *Exceções Substanciais: Exceção de contrato não cumprido (Exceptio non adimpleti contractus)*, Rio de Janeiro, Freitas Bastos, 1959, p. 193. Atualmente, tampouco se encontra destacada na doutrina nacional opinião diferente desta. A compreensão do instituto como exceção em sentido estrito, aliás, é verificada na convergência mundial em torno da elaboração de textos normativos que cuidam da *exceptio non adimpleti contractus*. Sobre o assunto, ver item 3.4. supra.

> outorgando-lhe, portanto, uma faculdade, de acordo, pois, com o que pretende a emenda. Pela rejeição"[267]

O conteúdo do parecer de Raymundo Diniz é elucidativo. A emenda não foi aprovada porque entendeu-se que a sua preocupação já era atendida pela redação originária do artigo. Afinal, na opinião prevalecente, entendia-se que o art. 475 era claro ao classificar a exceção de contrato não cumprido como uma verdadeira defesa do réu – exceção em sentido estrito – e por isso impossível de ser vislumbrada como uma impossibilidade *ipso iure* de demandar a pretensão contratual. Pelo que se diz no parecer, também não era outro o entendimento de Arruda Alvim, o próprio autor do projeto. O parecer final confirmou a rejeição da Emenda.

Os próximos anos de tramitação do Código Civil não provocaram grandes alterações sobre o texto normativo da exceção de contrato não cumprido. A única emenda aprovada que modificou o texto do Projeto 634/1975 é a conhecida Emenda do Senado Federal nº332, proposta pelo Senador Josaphat Marinho, na qualidade de relator-geral do projeto no Senado[268]. A Emenda foi responsável por consolidar o texto e "adequar o projeto à técnica jurídica"[269].

A consolidação do texto renumerou os artigos do projeto e elencou a regra da *exceptio non adimpleti contractus* no art. 476. Já a adequação do texto removeu a palavra "contraentes" e a substituiu por "contratantes". Chegou-se, assim, à redação do atual art. 476 do Código Civil de 2002, inserido na "Seção III – Da Exceção de Contrato não Cumprido" do "Capítulo II da Extinção do Contrato":

> CAPÍTULO II
> Da Extinção do Contrato
> [...]
> Seção III – Da Exceção de Contrato não Cumprido
> Art. 476. Nos contratos bilaterais, nenhum dos contratantes, antes de cumprida a sua obrigação, pode exigir o implemento da do outro.

---

267 PASSOS, Edilenice; LIMA, João Alberto de Oliveira. *Memória legislativa do Código Civil*, v. 2, Brasilia, Senado Federal, 2012, p. 272.

268 No senado, o projeto do Código Civil era nomeado como Projeto 118/1984.

269 PASSOS, Edilenice; LIMA, João Alberto de Oliveira. *Memória legislativa do Código Civil*, v. 3, Brasilia, Senado Federal, 2012, p. 546.

Este é o regime jurídico ocupado pelo instituto no direito brasileiro atual e será com base neste artigo que se desenrolará as considerações seguintes deste trabalho – sempre, é claro, com amplo apoio nas elucidações obtidas até então.

Já de início é possível verificar que o Brasil integra o grupo de países que optaram por dar à exceção de contrato não cumprido um regime jurídico próprio. A constatação dessa similaridade do sistema brasileiro com os sistemas italiano, argentino, alemão e português, por exemplo, nos permite aproximar o nosso esforço das pesquisas feitas no exterior sobre a *exceptio*, sem, é claro, perder o tato da peculiaridade do texto normativo brasileiro.

Capítulo III

FUNDAMENTO E NATUREZA JURÍDICA DA EXCEÇÃO DE CONTRATO NÃO CUMPRIDO

"Se há, no campo do Direito Civil, um setor em que se requer do jurista a mais alta sensibilidade social e a mais íntima familiaridade com o que podemos chamar de ética do Direito, é exatamente o das obrigações. Em poucas áreas se percebe, como nessa, que o entendimento da estrutura jurídica exige uma consideração teleológica das relações e uma valoração comparativa dos interesses que o Direito leva em conta."
(BETTI, Emilio. Teoria Geral das Obrigações, tradução de Francisco José Galvão Bruno, Campinas, Bookseller, 2006, p. 25).

5. Fundamento da exceção de contrato não cumprido

O objetivo deste terceiro capítulo é detalhar qual é o fundamento e a natureza jurídica da exceção de contrato não cumprido. Por este motivo, outras figuras jurídicas – que eventualmente guardam certa importância ao estudo da *exceptio non adimpleti contractus* – serão estudadas no limite da sua contribuição ao objeto primordial da pesquisa.

É bem verdade que o debate em torno dos fundamentos da exceção de contrato não cumprido assume maior relevo nos ordenamentos em que esta não se encontra consagrada em direito positivo[1]. É o que justifica o amplo estudo sobre o tema na doutrina francesa[2] (anterior à *Ordonnance* nº 2016-131[3]) e espanhola[4], por exemplo.

---

1 FONSECA, Ana Taveira da. *Da recusa de cumprimento da obrigação para a tutela do direito de crédito: em especial na excepção de não cumprimento, no direito de retenção e na compensação.* Coimbra, Almedina, 2015, p. 278.

2 CASSIN, René. *De l'exception tirée de l'inexécution dans les rapports synallagmatiques (exception non adimpleti contractus): et de ses relations avec le droit de rétention, la compensation et la résolution.* Paris: Sirey, 1914, pp. 124/137; MALECKI, Catherine. *L'exception d'inexécution*, Paris, LGDJ, 1999, pp. 61/76; ORLANDO, Marie-Astrid. *L'exception d'inexécution: L'envers du décor. Approche théorique et jurisprudentielle*, Saarbrücken, Éditions universitaires européennes, 2012, pp. 12/15.

3 Sobre o assunto, ver ponto 3.3.1. supra.

4 ESPÍN CÁNOVAS, Diego. La excepción de cumplimiento contractual. In: Anuario de Derecho Civil, Madrid, 07-09, 1964, p. 546/547; HIERRO, Jose

Entretanto, por mais que o nosso ordenamento apresente regime jurídico destinado especificamente à exceção de contrato não cumprido[5], um estudo seletivo[6] de seus fundamentos poderá contribuir com a definição de soluções para certos casos concretos limítrofes, capazes de desafiar as definições comuns em torno do domínio de aplicação do instituto, bem como da sua irradiação de efeitos no mundo jurídico[7].

Da análise aqui proposta, cabe mencionar o papel relevante que o princípio da interdependência funcional das obrigações sinalagmáticas presta à exceção de contrato não cumprido.

É seguro dizer, depois do estudo que já fizemos, que a *exceptio non adimpleti contractus* tem presente a exigência de certa paridade frente aos interesses em conflito nas relações contratuais. Dentro da sistemática do direito das obrigações e dos contratos,

---

Manuel Fernandez. *La* "exceptio non adimpleti contractus". In: Revista de la Universidad de Deusto, Bilbao, 55, 1995, pp. 84/86; MORENO, María Cruz. *La* "exceptio non adimpleti contractus". Valencia, Tirant lo Blanch, 2004, pp.20/34.

5 Trata-se do artigo 476 do Código Civil, objeto principal deste estudo.

6 A abordagem seletiva dá justificativa ao fato deste trabalho não abordar o debate que existia na França nos séculos XIX e XX, que apontavam primordialmente a causa do negócio jurídico como fundamento da exceção de contrato não cumprido. Embora autores franceses mais modernos, como Catherine Malecki (*L'exception d'inexécution*, Paris, LGDJ, 1999, pp. 74) e Marie-Astrid Orlando (*L'exception d'inexécution: L'envers du décor. Approche théorique et jurisprudentielle,* Saarbrücken, Éditions universitaires européennes, 2012, p. 12) já anunciarem a superação deste debate, ele continua sendo referendado em certa medida nas obras brasileiras, ainda que mais recentes. Cita-se, como exemplo: GAGLIARDI, Rafael Villar. *Exceção de contrato não cumprido,* São Paulo, Saraiva, 2010, pp. 38/41. Em Portugal, os trabalhos mais hodiernos já dão notícia da superação do apontamento da teoria da causa do negócio jurídico como fundamento da exceção de contrato não cumprido. Ver: FONSECA, Ana Taveira da. *Da recusa de cumprimento da obrigação para a tutela do direito de crédito: em especial na excepção de não cumprimento, no direito de retenção e na compensação.* Coimbra, Almedina, 2015, p. 279.

7 ABRANTES, José João. A excepção de não cumprimento do contrato. 2ª ed., Coimbra, Almedina, 2014, p. 153.

essa percepção é tida de maneira mais pormenorizada na categoria das relações contratuais sinalagmáticas.

Nos contratos sinalagmáticos, como a locação ou a compra e venda, não somente nascem prestações para ambas as partes, como também essas prestações se encontram unidas uma à outra por um vínculo de reciprocidade ou interdependência[8]. Ambas as partes possuem suas respectivas prestações que são intimamente correlatas e dependentes entre si[9]. Diferente ocorre nos contratos não sinalagmáticos - ou unilaterais, como o comodato - em que a prestação surge somente a uma das partes da relação jurídica obrigacional[10].

Essa relação de troca entre prestações deve ser entendida em sentido jurídico e não em sentido econômico, de modo que o fato dos valores objetivos das prestações não serem equivalentes entre si não exclui, *per se*, a qualificação da relação jurídica contratual como sinalagmática[11]. Ainda que o direito privado contemporâneo se preocupe em algumas situações com a equivalência econômica entre as prestações[12], para que haja sinalagma jurídico basta que a

---

8 ANTUNES VARELA, João de Matos. *Das obrigações em geral*, vol. 1, 10ª edição, Coimbra, Almedina, 2000, p. 396.

9 MENDONÇA, Manoel Ignacio Carvalho de. *Doutrina e pratica das obrigações*, v. 2, 2ª ed., Rio de Janeiro, Francisco Alves, 1911, p. 332

10 Tal classificação está presente há muito tempo na tradição jurídica romano-germânica. Robert Joseph Pothier já a contemplava no seu Tratado das Obrigações de 1761: "As divisões admitidas em nosso Direito são as seguintes: primeira divisão: contratos sinalagmáticos ou bilaterais, e contratos unilaterais. Os sinalagmáticos ou bilaterais são aqueles pelos quais cada uma das partes contratantes se compromete para com a outra. Tais são os contratos de venda, aluguel, etc. Os unilaterais são aqueles pelos quais só uma das partes contratantes se obriga para com a outra, como no caso de empréstimo de dinheiro" (POTHIER, Robert Joseph. *Tratado das obrigações*, tradução de Adrian Sotero De Witt Batista e Douglas Dias Ferreiras, Campinas, Servanda, 2001, p. 38).

11 FONSECA, Ana Taveira da. *Da recusa de cumprimento da obrigação para a tutela do direito de crédito: em especial na excepção de não cumprimento, no direito de retenção e na compensação*. Coimbra, Almedina, 2015, p. 111.

12 Cita-se como exemplo o instituto da lesão contratual, estabelecida no art. 157 do Código Civil de 2002. Dentre os pressupostos de aplicação do instituto, encontra-se a necessidade de se verificar se a prestação assumida por

vontade das partes aponte a interdependência e correspectividade das prestações – sem que elas, necessariamente, sejam equivalentes economicamente.

Sendo assim, se as partes celebrarem um contrato de locação e acordarem um preço de aluguel com desconto – ou seja, inferior ao do mercado –, este contrato não deixará de ser sinalagmático. Afinal, das declarações negociais de ambas as partes resulta que o preço do aluguel constitui a contraprestação correlata e equivalente ao uso do bem locado.

Nota-se que o sinalagma não é tutelado pelo direito privado por assumir uma eventual função econômico-social de equilíbrio objetivo. O sinalagma é, pelo contrário, um elemento plenamente interno da relação jurídica de atribuição patrimonial, responsável por dar a esta relação um específico sentido de conjunto e unidade[13]. Ao tutelar o sinalagma, o sistema jurídico preserva a liberdade que as partes têm de construir, sob seus próprios critérios, relações de correspectividade e correspondência.

Já em termos mais específicos, a reciprocidade e interdependência das prestações desde a gênese da relação contratual sinalagmática é chamada de sinalagma genético. A ideia de sinalagma genético implica dizer que, desde a formação da relação obrigacional, cada dever de prestação constitui para o outro a sua razão de ser[14], de modo que o regular desenvolvimento da relação jurídica exige a satisfação plena de ambas as prestações[15].

parte de negócio jurídico é "manifestamente desproporcional ao valor da prestação oposta. A análise de equivalência, para a operação do vício de negócio jurídico em referência, é verdadeiramente econômica, e não jurídica. Sobre o assunto: PEREIRA, Caio Mario da Silva. *Lesão nos contratos,* 6ª ed., Rio de Janeiro, Forense, 2001, p. 198

13 MÚRIAS, Pedro; PEREIRA, Maria de Lurdes. *Sobre o conceito e extensão do sinalagma*, In: MENEZES CORDEIRO, António Manuel da Rocha e. (org.). Estudos em honra do professor doutor José de Oliveira Ascensão, v. 1, Lisboa, Almedina, 2008, p. 430.

14 ROPPO, Vincenzo. *Il Contratto,* 2ª ed., Milano, Giuffrè, 2011, p. 418.

15 DÍEZ-PICAZO, Luis. *Fundamentos del derecho civil* patrimonial, v.1, 2ª ed., Madrid, Tecnos, 1983, pp. 558/559

A vertente do sinalagma genético, entretanto, não é a única que cuida dos efeitos da relação contratual sinalagmática. Afinal, a reciprocidade e interdependência dos deveres contratuais não somente impõe a necessidade de haver o vínculo das prestações no momento do nascimento contratual, como também é exigida sua preservação durante todo o período de execução do negócio. Trata-se do chamado sinalagma funcional[16].

O sinalagma funcional aponta essencialmente para a ideia de que as obrigações têm de guardar paralelismo também durante seu exercício[17]. O prejuízo de uma prestação ao longo da relação contratual pode fazer a outra prestação perder a razão de ser[18].

Se em um contrato de locação, por exemplo, a coisa locada for prejudicada a ponto ser impossível a cessão de sua posse, o pagamento do aluguel perde sentido e, por isso, abre-se espaço para a resolução contratual por impossibilidade superveniente – instituto jurídico fundamentado no sinalagma funcional.

Outra consequência direta do sinalagma funcional é sobre a regra da execução simultânea das prestações[19]. Considerando as prestações de maneira independente, já considera-se de execução imediata as prestações não sujeitas a prazo prefixado legal ou consensual. Essa regra está presente nas fontes romanas[20] e, no direi-

---

16 ALMEIDA COSTA, Mário Júlio. *Direito das obrigações*, 12ª ed., Coimbra, Almedina, 2016, p. 361

17 ANTUNES VARELA, João de Matos. *Das obrigações em geral*, vol. 1, 10ª edição, Coimbra, Almedina, 2000, p. 397.

18 BIANCA, Cesare Massimo. *Diritto civile: il contratto*, v. 3, ristampa, Milano, Giuffrè, 1984, p. 461.

19 LARENZ, Karl. *Derecho de Obligaciones*, t. 1, Tradução de Jaime Santos Briz, Madrid, EDERSA, 1958, p. 268.

20 "Todas as vezes em que não se estabelece um termo nas obrigações, o pagamento é devido desde logo" (D.45.1.41.1. Tradução em: MARCHI, Eduardo C. Silveira; MORAES, Bernardo B. Queiroz de; RODRIGUES, Dárcio R. M. *Comentários ao Código Civil Brasileiro: estudo comparativo e tradução de suas fontes romanas – parte geral*, São Paulo, Atlas, 2013, p.131).

to brasileiro contemporâneo, é adotada e reproduzida nos artigos 134 e 331 do Código Civil[21].

É claro que as partes podem, por convenção, afastar a regra da simultaneidade e introduzir ordem de cumprimento nas prestações. Em casos mais sensíveis, a própria lei impõe como regra dispositiva ordem nas prestações de contratos típicos – é o caso, por exemplo, da compra e venda à vista, em que o art. 491 do Código Civil estabelece que, primeiro, o comprador deverá pagar o preço e, depois, o vendedor entregará a coisa vendida[22].

A possibilidade de exercício simultâneo das prestações parece se acomodar bem dentro da lógica do desenvolvimento paralelo da relação obrigacional. Afinal, qualquer parte pode exigir da outra o cumprimento imediato da prestação. Ocorre, entretanto, que se uma das partes exigir o cumprimento da outra sem ter antes cumprido com sua prestação, é possível haver um desequilíbrio deste sinalagma funcional. Isso porque, mesmo que o devedor também possa exigir do outro a sua contraprestação, haveria uma distribuição desigual de risco de inadimplemento – sem prévia concordância das partes quanto a isso.

Imaginemos um contrato de locação de um computador. No contrato, não é estabelecida ordem nas prestações de ceder o bem e pagar o aluguel. Por força dos artigos 131 e 331 supracitados, e diante da ausência de legislação especial a respeito[23], as referidas prestações são exigíveis simultaneamente. As prestações também são correlatas e interdependentes.

O locador, portanto, poderia exigir o pagamento do aluguel antes mesmo do locatário ter qualquer posse sobre o computador. Diante dessa situação, não sobraria opção ao locatário senão pagar o aluguel e exigir a entrega da coisa. Se ele não providenciar

21 Art. 134. Os negócios jurídicos entre vivos, sem prazo, são exeqüíveis desde logo, salvo se a execução tiver de ser feita em lugar diverso ou depender de tempo. [...] Art. 331. Salvo disposição legal em contrário, não tendo sido ajustada época para o pagamento, pode o credor exigi-lo imediatamente.

22 Art. 491. Não sendo a venda a crédito, o vendedor não é obrigado a entregar a coisa antes de receber o preço.

23 A resposta seria diferente se estivéssemos diante de compra e venda à vista, já que a ordem nas prestações é preestabelecida pelo art. 491 do Código Civil de 2002.

o pagamento, estará inadimplindo o contrato. Pelo que se verifica nessa hipótese, correria totalmente por conta do locatário o risco de inadimplemento do locador, que ainda não entregou o computador e pode optar por não fazê-lo e descumprir o pactuado[24].

É justamente para evitar este descompasso no sinalagma funcional que encontra-se justificada a exceção de contrato não cumprido[25]. A *exceptio non adimpleti contractus* paralisaria a pretensão da parte demandante até o efetivo cumprimento de sua prestação. Sua aplicação seria fundamentada (i) na existência de sinalagma genético na relação contratual, já que as prestações ora em análise são correlatas e correspectivas; e (ii) na necessidade de um meio de defesa para a manutenção do sinalagma funcional, uma vez que nem as partes nem a lei designou ordem específica no cumprimento das prestações[26].

No nosso exemplo acima, o locatário ganharia uma nova opção: ele ainda poderia ainda pagar o aluguel e exigir a entrega da coisa, mas também poderia optar por opor exceção de contrato não cumprido, de modo a paralisar a pretensão do locador e só voltar a ser compelido por ela depois da entrega do computador, ou do oferecimento da entrega.

Em síntese, o sinalagma genético evidencia o caráter de correspectividade e interdependência das prestações de relações contratuais sinalagmáticas. No entanto, apoiar-se unicamente nesta característica não é suficiente para explicar o fenômeno do insti-

---

24 Ainda na hipótese de descumprimento por parte do locador, as consequências jurídicas dependerão do tipo de inadimplemento. Se houver mora, o locatário poderá exigir execução específica. Se houver inadimplemento definitivo, o locatário poderá optar entre a execução pelo equivalente ou a resolução. Em todos os casos, é possível exigir também o pagamento de perdas e danos. Sobre o assunto: ZANETTI, Ana Carolina Devito Dearo. *O contrato de distribuição: o inadimplemento recíproco*, São Paulo, Atlas, 2015, p. 144.

25 MÚRIAS, Pedro; PEREIRA, Maria de Lurdes. *Sobre o conceito e extensão do sinalagma*, In: MENEZES CORDEIRO, António Manuel da Rocha e. (org.). Estudos em honra do professor doutor José de Oliveira Ascensão, v. 1, Lisboa, Almedina, 2008, p. 396.

26 COUTO E SILVA, Clóvis do. *A obrigação como processo*. Rio de Janeiro, Editora FGV, 2006, p. 112.

tuto da exceção de contrato não cumprido de maneira completa[27]. Isso porque a exceção de contrato não cumprido se ocupa primordialmente da manutenção da bilateralidade que implica o cumprimento simultâneo das obrigações[28], assegurando, neste sentido, a sustentação do equilíbrio das posições contratuais durante a fase executiva do contrato[29]. É por isso que tanto o sinalagma genético como o funcional contribuem, em pé de igualdade, na compreensão dos fundamentos da exceção de contrato não cumprido[30].

6. Natureza jurídica da exceção de contrato não cumprido

Natureza é a essência de um ser. Não diferentemente, as indagações sobre a natureza jurídica de um instituto de direito se situam já dentro dos quadros essenciais de sua elaboração dogmática[31]. Ao identificar a natureza jurídica, o jurista encaixa a figura em estudo dentro de um arquétipo regulatório e teórico de determinada categoria jurídica. A preservação das categorias jurídicas e a identificação das naturezas jurídicas dos institutos é, aliás, missão da doutrina, costumeiramente desafiada pelos tempos atuais de irreflexão no exercício cotidiano do direito[32].

---

27 BETTI, Emilio. *Teoria Geral das Obrigações*, tradução de Francisco José Galvão Bruno, Campinas, Bookseller, 2006, p. 455.

28 MARTINS-COSTA, Judith. *A boa-fé no direito privado: critérios para a sua aplicação*. São Paulo, Marcial Pons, 2015, p. 644.

29 AGUIAR JR., Ruy Rosado de. *Comentário ao Novo Código Civil: dos contratos em geral*, v. 6, t. 2, Rio de Janeiro, Forense, 2011, p. 749.

30 PONTES DE MIRANDA, Francisco Cavalcanti. *Tratado de direito privado: parte especial. Direito das obrigações. Consequências do inadimplemento. Exceções de contrato não adimplido, ou adimplido insatisfatoriamente, e de inseguridade. Enriquecimento injustificado. Estipulação a favor de terceiro. Eficácia protectiva de terceiro. Mudanças de circunstâncias. Compromisso*, t. 26, Rio de Janeiro, Borsoi, 1959, p. 93.

31 ASCENSÃO, José de Oliveira. *Natureza Jurídica*. In: FRANÇA, Rubens Limongi, *Enciclopédia Saraiva do Direito*, v. 54, São Paulo, Saraiva, 1977, p. 96

32 "O nosso tempo de inreflexão e de irnediatez faz confundir com doutrina jurídica qualquer opinião publicada (qualquer que seja a fonte da publicação, inclu-

Quando a doutrina aponta que a natureza jurídica do contrato é de negócio jurídico bilateral ou plurilateral[33], identifica-se uma gama de características à referida espécie contratual que são inerentes a todos os negócios jurídicos celebrados por duas ou mais pessoas, o que facilita o trabalho e desenvolvimento do conhecimento dogmático em torno da figura. É assim que se conhece, por exemplo, que a compra e venda é formada pela conjunção de proposta e aceitação. Ora, sua natureza jurídica demanda a pluralidade de manifestações de vontade.

Conhecer as características essenciais da *exceptio non adimpleti contractus* brasileira por meio da definição de sua natureza jurídica é a pretensão fulcral deste tópico.

6.1. Exceção de contrato não cumprido como exceção substancial dilatória

A relevância de uma posição mais elaborada sobre o assunto encontra justificativa na turbulência enfrentada pelos tribunais brasileiros em sua na definição. Embora sempre referida no Brasil como exceção de contrato não cumprido, *exceptio non adimpleti*

sive *blogs* eletrônicos sem qualquer prestígio intelectual, ou textos destituídos de outra fonte que não os *sites* de busca *google* ou similares). Tem-se por doutrinadores não mais os *doctores,* mas (num país que os tem aos milhares) até mesmo aqueles que – formalmente doutores ou não – são paródias de Janjão, o personagem de Machado de Assis, ensinado por seu pai a expressar *fidelidade no repetir numa sala as opiniões ouvidas numa esquina, e vice-versa.* Não é raro encontrar uma doutrina desoladora quanto à consistência intelectual, vazada na superficialidade do manejo ele noções elementares, contraditória e, assim, geradora de insegurança, positivamente inútil para dar conta de problemas práticos corriqueiros" (MARTINS-COSTA, Judith. *Autoridade e utilidade da doutrina: a construção dos modelos doutrinários.* In.: MARTINS-COSTA, Judith (org.). *Modelos de direito privado.* São Paulo, Marcial Pons, 2014, pp. 14/15).

33 A título meramente exemplificativo, já que a referida consideração é bastante mencionada pela doutrina nacional e internacional: GOMES, Orlando. *Contratos,* 2ª ed., Rio de Janeiro, Forense, 1966, p. 14; MARINO, Francisco Paulo de Crescenzo. *Classificação dos contratos.* In: JABUR, Gilberto Haddad; JUNIOR, Antonio Jorge Pereira. (coord.) *Direito dos contratos,* São Paulo, Quartier Latin, 2006, p. 33.

contractus ou só *exceptio*[34], o judiciário brasileiro não poucas vezes identifica no instituto a natureza jurídica de cláusula resolutiva tácita[35]. Outras decisões, entretanto, apontam a exceção de contrato não cumprido como defesa indireta de mérito ou como exceção em sentido estrito[36]. O Superior Tribunal de Justiça, nas oportunidades em que foi provocado, já se manifestou em ambos os sentidos[37].

A instabilidade em torno da natureza jurídica da exceção de contrato não cumprido nos tribunais não surpreende. Ela é fruto de uma indefinição por parte da doutrina no trato da questão[38].

---

34 A expressão já se apresenta na doutrina há muito tempo. Ver: LACERDA DE ALMEIDA, Francisco de Paula. *Obrigações:* exposição *systematica desta parte do direito civil pátrio,* Porto Alegre, Typographia de Cesar Reinhardt, 1897, p. 311 e nota 4; MENDONÇA, Manoel Ignacio Carvalho de. *Doutrina e pratica das obrigações,* v. 2, 2ª ed., Rio de Janeiro, Francisco Alves, 1911, p. 333.

35 TJSP, Apel. 0015592-41.2011.8.26.0506, 23ª Câmara de Direito Privado, relator Des. Paulo Roberto de Santana, j. 30.11.16; TJSP, Apel. 1003302-74.2015.8.26.0008, 38ª Câmara de Direito Privado, relator Des. Eduardo Siqueira, j. 15.07.16; TJDF, Apel. 0024579-86.2013.807.0001, 2ª Turma Cível, relator Des. João Egmont, j. 10.06.15.

36 TJSP, Apel. 0011294-66.2010.8.26.0077, 7ª Câmara de Direito Privado, relator Des. Miguel Brandi, j. 16.05.12; TJRJ, Apel. 0034676-70.2013.8.19.0209, 24ª Câmara Cível e de Consumidor, relatora Des. Keyla Blank de Cnop, j. 02.10.15; TJRS, Apel. 597071604, 5ª Câmara Cível, relator Des. Araken de Assis, j. 05.06.97

37 Em sentido de que a exceção é cláusula resolutiva tácita: STJ, Resp. 1.179.532-MG, Primeira Turma, relator Min. Hamilton Carvalhido, j. 07.10.2010 . Em sentido de que a exceção é defesa indireta de mérito e, portanto, exceção em sentido estrito: STJ, Resp. 673.773-RN, Terceira Turma, relatora Min. Nancy Andrighi, relator para acórdão Min. Ari Pargendler, j. 15.03.2007.

38 A doutrina dedicada ao tema compreende a exceção de contrato não cumprido como uma exceção em sentido estrito. Por todos: SERPA LOPES, Miguel Maria de. *Exceções Substanciais: Exceção de contrato não cumprido (Exceptio non adimpleti contractus),* Rio de Janeiro, Freitas Bastos, 1959, p. 192. Há, entretanto, a presença de opinião diversa em trabalhos de escopo mais amplo, nos quais afirma-se que a exceção de contrato não cumprido é cláusula resolutiva tácita. Nesse sentido: DINIZ, Maria Helena. *Código Civil anotado,* 15ª ed., São Paulo, Saraiva, 2010, p. 397. SOBRINHO, Mário de Camargo. *Exceção de contrato não cumprido (art. 476).* In: CHINELLATO, Silmara Juny (coord.); MACHADO, Antônio Cláudio da Costa (org.). *Código Civil interpretado: artigo por artigo, parágrafo por parágrafo,* 3ª ed., Barueri, Manole, 2010, p. 373.

Afinal, é papel da doutrina a fixação de conceitos e criação de modelos jurídicos para o uso dos operadores de direito, de modo que a deficiência da pesquisa jurídico-acadêmica neste particular desampara o julgador de padrões técnicos capazes de assegurar certa previsibilidade nas decisões[39].

Se a indefinição da doutrina sobre o assunto não fosse o bastante, o Código Civil tampouco colabora com a questão. Por um lado, o nome da Seção em que se encontra o art. 476 - "Exceção de Contrato não Cumprido" - sugere a natureza jurídica de exceção em sentido estrito. Por outro lado, a mesma Seção faz parte do Capítulo do Código Civil que cuida "Da Extinção do Contrato" - dando a entender que as disposições ali agrupadas se destinam ao encerramento da relação jurídica contratual, finalidade do direito de resolução.

A gênese do problema se encontra nos fundamentos da exceção de contrato não cumprido. Como vimos anteriormente, tanto o direito legal de resolução como a exceção de contrato não cumprido partem da percepção e assimilação do sinalagma contratual como preocupação do sistema de direito privado[40]. Entretanto, mesmo com fonte axiológica em comum e com a opção do legislador brasileiro de aproximar o artigo 476 das modalidades de extinção do contrato, os institutos não podem ser assemelhados.

O direito à resolução do contrato é posição jurídica de efeito extintivo sobre a relação jurídica contratual[41], que se opera a partir

39 MARTINS-COSTA, Judith. *Autoridade e utilidade da doutrina: a construção dos modelos doutrinários*. In.: MARTINS-COSTA, Judith (org.). *Modelos de direito privado*. São Paulo, Marcial Pons, 2014, pp. 24/25.

40 São várias as notas feitas anteriormente sobre o assunto. As principais considerações feitas sobre sinalagma se encontram no item 5. supra. Notas adicionais são também encontradas nos tópicos que cuidam da evolução do instituto da exceção de contrato não cumprido nos direitos estrangeiro (item 3. supra) e brasileiro (item 4. supra).

41 A doutrina já se ocupou de discutir se seria mais apropriado referir-se à resolução como direito de extinção do contrato ou de extinção da relação jurídica contratual. O presente trabalho é seguidor da segunda opinião, já que o dever de indenizar, que segue a resolução, não poderia existir sem o contrato. Nesse sentido: BETTI, Emílio. *Teoría General del Negócio Jurídico*, tradução de A. Martín Pérez, Granada, Comares, 2000, p. 433; LARENZ, Karl.

superveniência do descumprimento do pactuado de maneira absoluta[42]. Nas palavras de Antunes Varela, a resolução do contrato é a "destruição da relação contratual validamente constituída"[43]. Sua essência assume natureza jurídica de direito potestativo da parte que amarga o inadimplemento definitivo, já que a parte inadimplente não encontra outro amparo senão sujeitar-se ao exercício do direito à resolução[44].

A expressão "cláusula resolutiva tácita" – talvez por influência do voluntarismo francês existente na doutrina privatista brasileira do século XIX – é expressão sobrevivente e atualmente imprópria que remete ao direito legal de resolução[45]. O referido mecanismo resolutório, estabelecido no art. 475 do Código Civil de 2002, consiste no direito legal de desfazer a relação jurídica contratual por consequência do inadimplemento definitivo[46].

Totalmente diferente é a proposta da exceção de contrato não cumprido[47]. A *exceptio non adimpleti contractus* não busca dar fim à relação jurídica contratual, mas sim dilatar a eficácia da preten-

Derecho de Obligaciones, t. 1, Tradução de Jaime Santos Briz, Madrid, EDERSA, 1958, pp. 393/394.

42 AGUIAR JR., Ruy Rosado de. *Comentário ao Novo Código Civil: dos contratos em geral*, v. 6, t. 2, Rio de Janeiro, Forense, 2011, p. 447.

43 ANTUNES VARELA, João de Matos. *Das obrigações em geral*, vol. 2, 7ª edição, Coimbra, Almedina, 1997, p. 275

44 PONTES DE MIRANDA, Francisco Cavalcanti. *Tratado de direito privado: parte especial. Direito das obrigações. Extinção das dívidas e obrigações. Dação em soluto. Confusão. Remissão de dívidas. Novação. Transação. Outros modos de extinção*, t. 25, Rio de Janeiro, Borsoi, 1959, p. 332.

45 Sobre a impropriedade do termo, bem como sua evolução ao longo da doutrina brasileira, ver itens4.2. a 4.5 supra.

46 ASSIS, Araken de. *Resolução do contrato por inadimplemento*, 2ª ed., São Paulo, Revista dos Tribunais, 1994, p. 70.

47 "Em relação à própria exceção *non adimpleti contractus*, a diferença [em relação ao direito de resolução] é grande" (PONTES DE MIRANDA, Francisco Cavalcanti. *Tratado de direito privado: parte especial. Direito das obrigações. Extinção das dívidas e obrigações. Dação em soluto. Confusão. Remissão de dívidas. Novação. Transação. Outros modos de extinção*, t. 25, Rio de Janeiro, Borsoi, 1959, p. 332).

são contratual[48], "encobrindo" sua eficácia até a satisfação de seus requisitos de operação[49].

A diferença de consequência justifica a atribuição de requisitos de operação diferentes entre a exceção de contrato não cumprido e a resolução. O direito de resolução surge na hipótese de inexecução definitiva do contrato, já a exceção de contrato não cumprido admite, como veremos adiante[50], qualquer espécie de inadimplemento - mora ou inadimplemento definitivo[51].

Nota-se que a exceção de contrato não cumprido serve função diametralmente oposta à tomada pelo direito à resolução. Enquanto a resolução procura extinguir a relação contratual, a exceção visa a reforçá-la, prevenindo um adimplemento de risco por parte do excipiente[52]. Não por outro motivo que a manutenção dos contratos é apontada como função da exceção de contrato não cumprido, já que ela impõe não a ruptura, mas a manutenção da relação obrigacional por meio de sua paralisação até o adimplemento do *excepto*[53].

Não sendo, portanto, espécie de direito à resolução do contrato, resta saber se a exceção *non adimpleti contractus* configurada pelo direito brasileiro é espécie de exceção em sentido estrito ou se, na realidade, é regra que dispõe pressuposto para o nascimento da pretensão contratual.

---

48 SERPA LOPES, Miguel Maria de. *Exceções Substanciais: Exceção de contrato não cumprido (Exceptio non adimpleti contractus)*, Rio de Janeiro, Freitas Bastos, 1959, p. 313.

49 PONTES DE MIRANDA, Francisco Cavalcanti. *Tratado de direito privado: parte especial. Direito das obrigações. Consequências do inadimplemento. Exceções de contrato não adimplido, ou adimplido insatisfatoriamente, e de inseguridade. Enriquecimento injustificado. Estipulação a favor de terceiro. Eficácia protectiva de terceiro. Mudanças de circunstâncias. Compromisso*, t. 26, Rio de Janeiro, Borsoi, 1959, p. 98.

50 Ver item 10.3. infra.

51 AGUIAR JR., Ruy Rosado de. *Comentário ao Novo Código Civil: dos contratos em geral*, v. 6, t. 2, Rio de Janeiro, Forense, 2011, p. 765.

52 NOVA, Giorgio De; SACCO, Rodolfo. *Il contrato*. In.: SACCO, Rodolfo (org.) *Trattato di Diritto Civile Italiano*, t. 2, Torino, Editrice Torinese, 1993, p. 667.

53 ABRANTES, José João. *A excepção de não cumprimento do contrato*. 2ª ed., Coimbra, Almedina, 2014, pp. 172/173

A análise da segunda hipótese é pertinente. Enquanto a exceção em sentido estrito depende de oposição do excipiente, a ausência de pretensão poderia ser conhecida de ofício pelo juiz.

A estrutura do Código Civil novamente não dá solução fácil ao impasse. De um lado, o uso da expressão "Exceção" na Seção do artigo 476 nos leva a crer que o modelo brasileiro reconheceu o instituto como exceção em sentido estrito. De outro, o artigo menciona que nenhum contratante "pode exigir" a prestação do outro antes de cumprir com a sua própria – e não que o contratante "poderá recusar a prestação" se for cobrado antes de receber.

Já foi visto que essa a hipótese da exceção como pressuposto da ação de cobrança da prestação foi suportada pela escola pandectista até o início do século XIX, mas que depois foi abandonada em favor da primeira – que se consagrou no BGB e nos diplomas jurídicos que colheram sua influência[54]. No Brasil, embora a doutrina não tenha se ocupado precisamente sobre o assunto, a evolução legislativa dá notícia de debate específico sobre a matéria no qual é eleita a natureza de exceção em sentido estrito[55].

A referência ao já estudado nos ajuda na determinação de um posicionamento. A opção adotada nos debates legislativos realmente parece ser a mais coerente com toda a sistemática do Código Civil vigente. Se a exceção de contrato não cumprido fosse pressuposto para o exercício da pretensão contratual, ao invés de oportunidade de defesa pela parte que é constrangida, não seria aplicada aos contratos sinalagmáticos sem prazo a regra da exigibilidade imediata. Tal interpretação contraria frontalmente o disposto nos artigos 134 e 331 do Código Civil, responsáveis por estabelecer o direito do credor de exigir de imediato a prestação não sujeita a prazo.

Também é digno de nota a lógica irretorquível. A exceção de contrato não cumprido cuida de promover tutela a um direito de crédito do excipiente. Sendo direito patrimonial disponível, cabe ao interessado – e somente a ele – a alegação da exceção. Não cabe

---

54 Ver item 3.3.2. supra.

55 Ver item 5.5. supra.

ao Estado, na sua função jurisdicional, se imiscuir em assunto que só diz respeito ao particular[56].

Essa lógica, aliás, repercute para além dos já citados artigos 134 e 331 do Código Civil. Por tratar-se de direito patrimonial disponível, a exceção de contrato não cumprido pode ser renunciada. Isso pode ser feito tanto por cláusula específica neste sentido - conhecida como cláusula *solve et repete* -, como também pelo simples estabelecimento de ordem nas prestações. Se interpretássemos a exceção de contrato não cumprido como pressuposto para o exercício da pretensão, essas disposições não encontrariam lógica no sistema.

Com efeito, numa sociedade de direito privado, é dado aos cidadãos a liberdade para eleger e disciplinar seus próprios interesses econômicos, o que justifica a sua liberdade de contratar[57]. Ato contínuo, se os contratantes podiam ter convencionado que um deles deve cumprir antes do outro, também deve o demandado ter como abster-se de opor exceção. Entendimento diverso poderia causar incoerência frente aos demais dispositivos e liberdades do nosso sistema de direito privado.

Além disso, conclusão diversa poderia motivar investigações supérfluas por parte do poder jurisdicional[58]. Afinal, a falta de invocação da exceção pode significar simplesmente que a obrigação do demandante está já cumprida. Se este cumprimento não resta claro na peça inicial, o julgador lançaria mão da exceção *non adimpleti contractus* de modo exacerbante, promovendo benefício atonitamente injustificado ao devedor demandado.

Já é de conhecimento da doutrina que, interpretar a lei é buscar o seu sentido normativo, compactado frente às intenções de regulação e às ideias normativas concretas do legislador his-

56 SIMÃO, José Fernando. *Prescrição e decadência: início dos prazos*, São Paulo, Atlas, 2013, p. 233.

57 CANARIS, Claus-Wilhelm. *A liberdade e a justiça contratual na "sociedade de direito privado"*. In: MONTEIRO, António Pinto (coord.). *Contractos: actualidade e evolução*. Porto: Universidade Católica, 1997, p. 51.

58 VAZ SERRA, Adriano Paes da Silva. *Excepção de Contrato não Cumprido*. In: Boletim do Ministério da Justiça, 67, 1957p. 28, nota 12.

tórico[59]. Não por outro motivo que a interpretação deve rechaçar raciocínio que conduz o intérprete ao encontro de conclusão absurda[60]. Desta forma, a devida consideração sistemática do Código Civil de 2002 afasta a interpretação de que a exceção de contrato não cumprido assumiria papel de pressuposto para o exercício regular da pretensão contratual.

Tendo em conta as considerações até agora traçadas sobre a natureza jurídica da exceção de contrato não cumprido, não parece haver outra possibilidade de entendimento senão a de compreender o dispositivo do artigo 476 do Código Civil como verdadeira exceção em sentido estrito.

A retomada do que foi estudado inicialmente[61] nos permite afirmar que a exceção de contrato não cumprido é um contradireito por meio do qual a parte contra quem se pede, judicial ou extrajudicialmente, o adimplemento de uma prestação fundada em vínculo sinalagmático, pode recusar-se a cumpri-la, de modo a neutralizar a eficácia da pretensão da parte demandante.

Dentre das classificações pertinentes à figura da exceção, verifica-se de pronto que a *exceptio non adimpleti contractus* é exceção substancial, já que se destina a neutralizar eficácia de pretensão contratual – espécie de posição jurídica de direito material. Sendo exceção substancial, é espécie de defesa indireta de mérito, não cognoscível *ex officio* pelo juiz.

Também é exceção dilatória, pois o "encobrimento" da eficácia só persiste enquanto a parte demandante não adimplir ou pelo menos oferecer cumprimento à contraprestação devida por ela. Por fim, é exceção dependente, já que se apresenta como um contradireito que tem sua existência e eficácia fundamentalmente ligada à pretensão do excipiente.

---

59 LARENZ, Karl. *Metodologia da Ciência do Direito,* tradução de José Lamego, 3ª ed., Lisboa, Calouste Gulbenkian, 1997, p. 448.

60 Da interpretação dos textos legislativos se deve refugar sempre o absurdo. Trata-se da conhecida regra *absurdus intellectu ab omni dispositione est abjiciendus.* (TEIXEIRA DE FREITAS, Augusto. *Regras de direito: seleção clássica em quatro partes,* São Paulo, Lejus, 2000, p. 13).

61 A delimitação conceitual de exceção foi feita no item 1. supra.

Tendo em vista que a exceção de contrato não cumprido opera no âmbito dos contratos, seu exame pode ser proveitosamente levado a efeito com recurso às indicações extraídas da teoria do negócio jurídico. Sob essa perspectiva, identifica-se a *exceptio non adimpleti contractus* como um elemento categorial derrogável dos contratos sinalagmáticos.

Em breve síntese, os elementos categoriais são aqueles que caracterizam determinado tipo de negócio e são determinados pela ordem jurídica[62]. Os elementos categoriais são subdivididos em duas classes. São elementos categoriais inderrogáveis, ou essenciais, os que revelam a essência do negócio jurídico, definindo sua categoria jurídica, distinguindo-o dos demais negócios. São elementos categoriais derrogáveis, ou naturais, os que defluem da natureza do negócio, mas podem ser afastados pela vontade das partes sem que, por isso, o negócio mude de tipo[63].

A título exemplificativo, é elemento categorial inderrogável da compra e venda o consenso sobre a coisa e o preço. Por outro lado, é elemento categorial derrogável a responsabilidade pela evicção.

A exceção de contrato não cumprido assume roupagem de elemento categorial porque é inserida no negócio não por vontade das partes, mas sim pela ordem jurídica aplicável aos contratos sinalagmáticos. Já nos elementos categoriais, o instituto assume a classe de derrogável, já que a regra, mesmo sendo proveniente do ordenamento jurídico, pode ser afastada pela vontade espontânea das partes sem causar abalo desconstrutivo ao sinalagma da relação contratual.

6.2. Institutos congêneres

Definida a natureza jurídica da exceção de contrato não cumprido, salta aos olhos suas características essências e seus contornos mais íntimos. De posse dessas conclusões, e antes de seguir adiante aos seus requisitos de aplicação, é preciso firmar entendi-

62 AZEVEDO, Antônio Junqueira de. *Negócio jurídico: existência, validade e eficácia,* 4ª ed, São Paulo, Saraiva, 2013, p. 32.

63 AZEVEDO, Antônio Junqueira de. *Negócio jurídico: existência, validade e eficácia,* 4ª ed, São Paulo, Saraiva, 2013, p. 35.

mento e afastar eventuais proximidades com institutos jurídicos que, embora guardem semelhança com o objeto da nossa investigação, com ele não se confundem.

6.2.1. Vedação ao enriquecimento injustificado

Toda a relação obrigacional[64], compreendida dinamicamente como um processo, compõe-se de um conjunto de atividades direcionadas à satisfação do interesse útil do credor[65]. Essas atividades são instrumentalizadas juridicamente por deveres jurídicos que surgem, operam e se extinguem durante todo o curso da relação obrigacional[66].

Neste feixe de atividades voltadas à satisfação do interesse do credor, encontra-se a preocupação em se assegurar a devolução ao patrimônio do credor daqueles ganhos que o devedor tenha conseguido à custa dos bens ou até da pessoa do credor[67].

Dentro desta preocupação, que já era de conhecimento dos romanos[68], encontra-se a vedação ao enriquecimento injustificado, expressamente prevista no atual Código Civil[69], que se direcio-

---

64 É importante destacar, para os propósitos da nossa análise, que é elemento nuclear da relação obrigacional uma pretensão, positiva ou negativa, que se revela como desenvolvimento de uma conduta, como resultado de um obrar ou como assunção de uma garantia por riscos ou por vícios. Sobre a relação obrigacional e sua distinção em face da relação de direito real, ver: BETTI, Emilio. *Teoria Geral das Obrigações,* tradução de Francisco José Galvão Bruno, Campinas, Bookseller, 2006, pp. 29/36.

65 COUTO E SILVA, Clóvis do. *A obrigação como processo.* Rio de Janeiro, Editora FGV, 2006, p. 20. LARENZ, Karl. *Derecho de Obligaciones,* t. 1, Tradução de Jaime Santos Briz, Madrid, EDERSA, 1958, p. 39.

66 MARTINS-COSTA, Judith. *Comentários ao novo Código Civil: do inadimplemento das obrigações.* v. 5, t. 2, Rio de Janeiro, Forense, 2003, p. 53.

67 NORONHA, Fernando. *Direito das obrigações.* 3ª ed., São Paulo, Saraiva, 2010, p. 42.

68 D. 50.17.206

69 Artigos 884 e seguintes do Código Civil de 2002.

na especificamente a suprimir um locupletamento injustificado de alguém à custa alheia[70].

Salta aos olhos que, para a restituição do patrimônio ao devedor por meio da vedação ao enriquecimento injustificado, é necessário que a percepção tenha sido obtida às custas do credor[71].

Na hipótese de um contrato de compra e venda de um automóvel, a vantagem obtida pelo comprador – o automóvel – encontra correspondência na perda de parcela de seu patrimônio – o pagamento do preço. Se o comprador entretanto perceber dois automóveis, deverá restituir uma unidade ao vendedor, sob pena de enriquecer injustificadamente.

Há notória aproximação entre a preocupação da vedação ao enriquecimento injustificado com a exceção de contrato não cumprido. Ao admitir que em determinadas hipóteses o demandado possa neutralizar a pretensão do demandante, o ordenamento dá ao excipiente a oportunidade de evitar uma situação de descompasso no tráfego de riquezas.

Acontece, entretanto, que os institutos não se confundem. É bem verdade que o não exercício da *exceptio non adimpleti contractus* gera descompasso no fluxo de patrimônio. Esse descompasso, diferentemente do que acontece nos casos tutelados pela vedação ao enriquecimento sem causa, não é injustificado.

Na exceção, há propriamente uma relação jurídica obrigacional que dá apoio à pretensão do excepto. Dessa forma, não se verifica uma ausência de justificativa para a pretensão; o enriquecimento tampouco se dá às custas do credor – mas sim às custas do pactuado em contrato bilateral[72].

---

70 ALMEIDA COSTA, Mário Júlio. *Noções Fundamentais de Direito Civil*, 4ª ed., Coimbra, Almedina, 2001, p. 98.

71 ANTUNES VARELA, João de Matos. *Das obrigações em geral*, vol. 1, 10ª edição, Coimbra, Almedina, 2000, p. 488.

72 Pensemos, por exemplo, em um contrato de locação. Admitindo-se a simultaneidade na execução das prestações entre locador e locatário, o locador poderia exigir do locatário imediatamente o pagamento do aluguel, mesmo se ainda não tivesse disponibilizado a posse do bem objeto do contrato ao locatário. Isso sem dúvida gera um fluxo desordenado nas riquezas de locador e locatário, mas a razão disso acontecer é o estabelecimento, no pactuado, de simultaneidade na execução das prestações. O locatário poderá se valer da

Sendo assim, embora a exceção de contrato não cumprido guarde relação com a sinalagma funcional[73] e com a manutenção de um equilíbrio no fluxo de patrimônio, sua assimilação com o valor jurídico da vedação ao enriquecimento injustificado não é direta.

6.2.2. *Tu quoque*

O *tu quoque* é formula específica da boa-fé objetiva para o tratamento de exercício inadmissível de posições jurídicas. Em breve síntese, a função de maior fôlego da boa-fé objetiva no nosso sistema é a corretora, destinada a impedir o exercício manifestamente desleal, incoerente, imoderado ou irregular das posições jurídicas que compõem o feixe do direito subjetivo[74].

A função corretiva se encontra abarcada pelo artigo 187 do Código Civil de 2002 através da fórmula do abuso do direito, responsável por dar ilicitude ao exercício de uma posição jurídica geneticamente lícita[75]. O abuso do direito é instrumento jurídico que guarda relação direta com o princípio da solidariedade social, de modo a reprovar atos jurídicos que, embora praticados em referência à posição jurídica lícita, promovem sacrifícios e penalidades manifestamente desproporcionais a outro[76]. Trata-se da

exceção de contrato não cumprido para neutralizar a eficácia da pretensão do locador em receber o aluguel. Se, entretanto, ele não o fizer, haverá descompasso – mas ele não será injustificado normativamente.

73 Ver item 5 supra.

74 MARTINS-COSTA, Judith. *A boa-fé no direito privado: critérios para a sua aplicação.* São Paulo, Marcial Pons, 2015, p. 571.

75 PONTES DE MIRANDA, Francisco Cavalcanti. *Tratado de direito privado: parte especial. Direito das obrigações: Fatos ilícitos absolutos. Atos-fatos ilícitos absolutos. Atos ilícitos absolutos. Responsabilidade. Danos causados por animais. Coisas inanimadas e danos. Estado e servidores Profissionais.* t.53, Rio de Janeiro, Borsoi, 1966, p. 62.

76 BIANCA, Cesare Massimo. *Diritto civile: la responsabilità*, v. 5, ristampa, Milano, Giuffrè, 1999, p. 682.

configuração, como ato ilícito, do exercício de direito que entra em contraposição com as finalidades da ordem jurídica[77]

Sob o arquétipo do abuso do direito, algumas hipóteses típicas foram cunhadas pela doutrina alemã para dar concretude à ilicitude do exercício manifestamente desleal de posição jurídica[78], como o *venire contra factum proprium*, a *suppressio*, e, para o que mais de perto interessa, o *tu quoque.*

A fórmula *tu quoque* recebeu terminologia que remonta às palavras finais de Julio Cesar que, ao se ver apunhalado por seu filho adotivo Brutus, proclama "*tu quoque, Brute, filii mii?*"[79]. A expressão composta por sensação de surpresa e deslealdade do cônsul romano dão fumaça do conceito que recai sobre a figura.

Tu quoque é a formula típica do abuso do direito "pela qual a pessoa que viole uma norma jurídica não poderia, sem abuso, exercer a situação jurídica que essa mesma norma lhe tivesse atribuído"[80]. A hipótese do *tu quoque* serve para que o direito censure o emprego de "dois pesos e duas medidas"[81], já que é contrário ao exercício legal de direito a possibilidade de se desrespeitar

---

77 DANTAS, San Tiago. *Programa de direito civil: parte geral,* v. 1, edição histórica, Rio de Janeiro, Editora Rio, 1977, p. 367.

78 MENEZES CORDEIRO, António Manuel da Rocha e. *Da boa fé no direito civil,* 6ª reimpressão, Coimbra, Almedina, 2015, p. 718. A existência de tais figuras típicas não esgota a possibilidade de comportamentos abusivos, que podem se concretizar em estrutura nova a estas categoriais.

79 AZEVEDO, Antônio Junqueira de. *Interpretação do contrato pelo exame da vontade contratual. O comportamento das partes posterior à celebração. Interpretação e efeitos do contrato conforme o princípio da boa-fé objetiva. Impossibilidade de* venire contra factum proprium *e de utilização de dois pesos e duas medidas (*tu quoque*). Efeitos do contrato e sinalagma. A assunção pelos contratantes de riscos específicos e a impossibilidade de fugir do 'programa contratual' estabelecido.* In: Revista Forense, Rio de Janeiro, n. 35, p. 280.

80 MENEZES CORDEIRO, António Manuel da Rocha e. *Da boa fé no direito civil,* 6ª reimpressão, Coimbra, Almedina, 2015, p. 839.

81 MARTINS-COSTA, Judith. *A boa-fé no direito privado: critérios para a sua aplicação.* São Paulo, Marcial Pons, 2015, p. 641.

um comando e, depois, exigir de outro o seu acatamento[82]. Ruy Rosado de Aguiar Jr. fornece exemplo para a figura:

> "O condômino que viola a regra do condomínio e deposita móveis em área de uso comum, ou a destina para uso próprio, não pode exigir do outro comportamento obediente ao preceito"[83-84]

A eficácia do *tu quoque* é a mesma de todas as figuras que se encontram inseridas no círculo do abuso do direito: se determinado exercício de direito dar evidência ao emprego manifestamente desproporcional de dois pesos e duas medidas, tal ato jurídico será configurado como ato ilícito absoluto[85], deixando de gozar de proteção jurídica e dando eventual ensejo à reparação civil em favor do sujeito prejudicado[86]. Sua aplicação, contudo, requer cautela, pois não se pode afirmar que o sujeito de direito pode sempre eximir-se do cumprimento de seus deveres em

---

82 MENEZES CORDEIRO, António Manuel da Rocha e. *Da boa fé no direito civil*, 6ª reimpressão, Coimbra, Almedina, 2015, p. 843.

83 AGUIAR JR., Ruy Rosado. *Extinção dos contratos por incumprimento do devedor (resolução)*, Rio de Janeiro, Aide, 1991, pp. 249/250.

84 Outro exemplo, dentro da sistemática contratual, é fornecido por Cristiano Zanetti: "Nesse sentido, pode-se pensar num caso em que um dos candidatos a contratante insista com o outro para que as negociações não sejam encerradas em função de determinada divergência, apontada como secundária, e, mais tarde, ele próprio abandone os entendimentos, baseado nesse mesmo motivo" (ZANETTI, Cristiano de Sousa. *Responsabilidade pela ruptura das negociações*. São Paulo, Juarez de Oliveira, 2005, p. 136). O autor ainda alerta que o mesmo exemplo poderia preencher as características de outra figura típica do abuso do direito: o *venire contra factum proprium*. O enquadramento do exemplo à figura do *tu quoque*, entretanto, tem a vantagem de não exigir avaliação se a confiança foi efetivamente suscitada no caso – algo imperioso para a configuração do *venire contra factum proprium*.

85 PONTES DE MIRANDA, Francisco Cavalcanti. *Tratado de direito privado: parte especial. Direito das obrigações: Fatos ilícitos absolutos. Atos-fatos ilícitos absolutos. Atos ilícitos absolutos. Responsabilidade. Danos causados por animais. Coisas inanimadas e danos. Estado e servidores Profissionais.* t.53, Rio de Janeiro, Borsoi, 1966, p. 62.

86 ANTUNES VARELA, João de Matos. *Das obrigações em geral*, vol. 1, 10ª edição, Coimbra, Almedina, 2000, p. 547.

função do descumprimento anterior por parte de outra pessoa[87]. É importante destacar que o prejuízo sofrido pelo exercício do direito deve ser manifestamente desproporcional em relação ao que ordinariamente é esperado daquela relação jurídica.

É patente a similaridade do *tu quoque* com a exceção de contrato não cumprido. Ambos traduzem e se explicam por uma mesma ideia: a de sinalagma e comutatividade[88]. Entretanto, a partida de um mesmo fundamento não garante ao *tu quoque* e à *exceptio non adimpleti contractus* a mesma carga de significância jurídica. A diferença entre os dois, no sistema brasileiro, pode ser explicada categoricamente em três notas.

A primeira diz respeito à natureza jurídica e ao âmbito operativo. A exceção de contrato não cumprido é exceção material dilatória especificamente cunhada para relações contratuais sinalagmáticas. O *tu quoque* é modelo jurídico extraído do âmbito de aplicação do princípio da boa-fé objetiva, mais precisamente de sua função corretora de exercícios inadmissíveis de posições jurídicas. Sua eficácia, portanto, segue a mesma cartilha do princípio de boa-fé e se estende para além dos contratos sinalagmáticos, protegendo a comutatividade que extrapolam das fronteiras da relação contratual bilateral[89].

---

87 MENEZES CORDEIRO, António Manuel da Rocha e. *Da boa fé no direito civil*, 6ª reimpressão, Coimbra, Almedina, 2015, p. 837.

88 AGUIAR JR., Ruy Rosado. *Extinção dos contratos por incumprimento do devedor (resolução)*, Rio de Janeiro, Aide, 1991, p. 250; MARTINS-COSTA, Judith. *A boa-fé no direito privado: critérios para a sua aplicação*. São Paulo, Marcial Pons, 2015, p. 643.

89 "O *tu quoque* tem, porém, uma função explicativa e sistematizadora. Transcende, por isso, os meros contratos sinalagmáticos, cujo nível jurídico imanente traduz, aliás, de modo sugestivo. Nos contratos sinalagmáticos, o Direito valora uma estrutura ôntica disfarçada pelo contracenar de duas prestações de sentido contrário. O *tu quoque* revele, então, que não interessa, dogmaticamente, a posição desenraizada de cada um. Ora, tal vector não se limita aos sinalagmas: estes não são a única situação jusmaterial subjacente às posições jurídicas formais. Assim, no campo contratual não sinalagmático, existe, sob os clausulados formais, uma economia real que deve ser respeitada. Não se deve, depois, apelar para o contrato, como se nada houvesse mudado; caso o faça, pode-se contrapor-lhe o *tu quoque*, numa extensão da excepção de contrato não cumprido" (MENEZES CORDEIRO, António Manuel da Rocha e. *Da boa fé no direito civil*, 6ª reimpressão, Coimbra, Almedina, 2015, p. 837).

A segunda diferença é de requisitos de aplicação. A exceção de contrato não cumprido, como veremos adiante[90], não exige um exercício manifestamente desproporcional de posição jurídica. A ausência deste requisito se justifica pelo sinalagma contratual ser o ponto de partida da *exceptio non adimpleti contractus*. O sinalagma contratual já traduz a existência e a configuração de deveres contrapostos de tal maneira que, sem essa inserção sistemática, perderiam a identidade e o sentido que os definem. Já o *tu quoque* parte de uma pespectiva diferente de comutatividade. Qualquer atentado à uma das posições jurídicas implicadas pode ser um atentado ao sinalagma[91]. Diante de tamanha amplitude de escopo, a legislação agiu com prudência e exigiu para a aplicação do *tu quoque*, no artigo 187 do Código Civil, que este abalo seja manifestamente desproporcional ao normalmente verificado.

Há situações em que ambos podem ser aplicados, já que o sinalagma contratual é espécie do gênero de comutatividade protegido pelo *tu quoque*. Parece, todavia, que nestes casos optar pela *exceptio non adimpleti contractus* seria o caminho mais escorreito, já que sua aplicação é mais descomplicada e independe de esforço de concretude, fruto de um ponderar prévio do legislador sobre o sinalagma contratual[92].

Uma terceira e última diferença digna de nota diz respeito à eficácia no mundo jurídico. Enquanto a exceção de contrato não cumprido busca neutralizar temporariamente a eficácia da pretensão do excepto, o *tu quoque* visa a configurar o ato jurídico praticado de maneira desproporcional como um ato ilícito absoluto, removendo-o peremptoriamente do âmbito de proteção do direito.

Tendo em vista essas diferenças, é possível concluir que o *tu quoque* consegue alcançar situações que fogem do escopo da exce-

---

90 Ver Capítulo IV infra.

91 MARTINS-COSTA, Judith. *A boa-fé no direito privado: critérios para a sua aplicação*. São Paulo, Marcial Pons, 2015, p. 645; MENEZES CORDEIRO, António Manuel da Rocha e. *Da boa fé no direito civil*, 6ª reimpressão, Coimbra, Almedina, 2015, p. 845.

92 MENEZES CORDEIRO, António Manuel da Rocha e. *Da boa fé no direito civil*, 6ª reimpressão, Coimbra, Almedina, 2015, p. 847.

ção de contrato não cumprido, protegendo proporcionalidade nas relações jurídicas além da classificação contratual sinalagmática.

Nessas situações, a boa-fé objetiva – até mesmo em referência histórica com a modelagem da *exceptio non adimpleti contractus*[93] – serve como reforço normativo para a exceção de contrato não cumprido e seus fundamentos[94]. O *tu quoque* é, nesta medida, gênero da espécie *exceptio non adimpleti contractus.*

6.2.3. Direito de retenção

O direito de retenção pode ser compreendido como a posição jurídica que autoriza o possuidor obrigado a restituir um bem a retê-lo em garantia, prolongando a sua posse para além do momento em que deveria cessar, até que o credor do referido bem pague integralmente o débito relacionado à coisa retida[95]. A figura também está fundamentada, a exemplo do *tu quoque,* no princípio da boa-fé objetiva, notadamente em sua função corretora.

O direito de retenção em sentido estrito é decorrente da ordem jurídica e independe de qualquer convenção das partes. O estabelecimento de estrutura consensual de preocupação semelhante – chamada pela doutrina de retenção convencional – não assume a natureza jurídica de contradireito, mas sim de uma faculdade já previamente consubstanciada pela vontade das partes. Por conta disso, a retenção consensual não se encaixa precisamente no modelo jurídico estrito de direito de retenção[96].

---

93 Sobre a origem histórica da exceção de contrato não cumprido e a influência da boa-fé objetiva, ver item 3 supra.

94 ZANETTI, Cristiano de Sousa. *Responsabilidade pela ruptura das negociações.* São Paulo, Juarez de Oliveira, 2005, p. 133.

95 SABA, Diana Tognini. *Direito de retenção e seus limites.* Dissertação de Mestrado, São Paulo, Universidade de São Paulo, 2016, p. 39.

96 FONSECA, Arnoldo Medeiros da. *Direito de retenção*, 3ª ed., Rio de Janeiro, Revista Forense, 1957, pp. 111/112. No mesmo sentido, mas aglutinando a retenção convencional ao conceito técnico de direito de retenção: PONTES DE MIRANDA, Francisco Cavalcanti. *Tratado de direito privado: parte especial. Direito das obrigações: Obrigações e suas espécies. Fontes e espécies de obrigações.* t.22, Rio de Janeiro, Borsoi, 1958, p. 256.

O Código Civil de 2002, assim como o Código Civil de 1916 e com profunda inspiração na técnica francesa dominante nos séculos XIX e XX[97], não se prestou a dar regime jurídico próprio à figura *in abstracto* do direito de retenção. Ocorre, todavia, a presença do instituto configurado em textos normativos dedicados a casos específicos. É o caso, por exemplo, do direito de retenção no contrato de locação de coisas[98]; no contrato de depósito[99]; e no contrato de comissão[100].

A ausência de um regime jurídico geral à figura não foi impedimento para a doutrina brasileira reconhecer o direito de retenção sob uma perspectiva mais ampla – sobretudo por força de leitura extensiva do art. 1.219 do Código Civil de 2002[101], que é reconhecido em estudos da matéria como cláusula geral para o instituto, mesmo encontrando-se em livro especial do diploma civil e destinando-se somente aos créditos conectados a benfeitorias[102].

O exercício do direito de retenção se dá por meio de exceção dilatória e depende de três requisitos de aplicação: (i) o excipiente deve ter a posse da coisa alheia; (ii) o excipiente deve ser titular

97 ANDRADE, Olavo de. *Notas sobre o direito de retenção*. São Paulo, Livraria Academica Saraiva & C. Editores, 1922, p. 23.

98 Art. 571. Havendo prazo estipulado à duração do contrato, antes do vencimento não poderá o locador reaver a coisa alugada, senão ressarcindo ao locatário as perdas e danos resultantes, nem o locatário devolvê-la ao locador, senão pagando, proporcionalmente, a multa prevista no contrato.
Parágrafo único. O locatário gozará do direito de retenção, enquanto não for ressarcido.

99 Art. 644. O depositário poderá reter o depósito até que se lhe pague a retribuição devida, o líquido valor das despesas, ou dos prejuízos a que se refere o artigo anterior, provando imediatamente esses prejuízos ou essas despesas.

100 Art. 708. Para reembolso das despesas feitas, bem como para recebimento das comissões devidas, tem o comissário direito de retenção sobre os bens e valores em seu poder em virtude da comissão.

101 Art. 1.219. O possuidor de boa-fé tem direito à indenização das benfeitorias necessárias e úteis, bem como, quanto às voluptuárias, se não lhe forem pagas, a levantá-las, quando o puder sem detrimento da coisa, e poderá exercer o direito de retenção pelo valor das benfeitorias necessárias e úteis.

102 SABA, Diana Tognini. *Direito de retenção e seus limites*. Dissertação de Mestrado, São Paulo, Universidade de São Paulo, 2016, p. 151.

de crédito frente ao excepto; e (iii) deve haver conexidade entre o crédito e a posse[103]-[104]. Verificados os requisitos e oposta a exceção de direito de retenção, o possuidor poderá reter a coisa para além do inicialmente previsto, até que o crédito que com ela é conectado seja satisfeito, restando evidente que o direito de retenção é instrumento de manutenção do *status quo,* não servindo como forma de pagamento ou compensação da dívida[105].

A confusão entre o direito de retenção e a exceção de contrato não cumprido remete à gênese da figura da *exceptio non adimpleti contractus.* A jurisprudência francesa do século XIX já sedimentava o reconhecimento da exceção de contrato não cumprido em casos em que deveria ser aplicado o direito de retenção[106].

É bem verdade que as semelhanças são grandes entre as duas figuras, afinal as duas se ocupam de espécie de exceção dilatória e ambas lidam com conexidade entre posições jurídicas. Tendo em vista que ambas procuram paralisar a pretensão do excepto, tanto

---

103 SABA, Diana Tognini. *Direito de retenção e seus limites.* Dissertação de Mestrado, São Paulo, Universidade de São Paulo, 2016, p. 55.

104 A espécie mais comum de conexidade vislumbrada no direito de retenção é a que o crédito faz referência às despesas feitas por causa do bem ou de danos por ele causados. É o caso do possuidor de boa-fé frente ao crédito de reembolso das benfeitorias úteis e necessárias. Essa espécie de conexão entre crédito e dever de restituir é chamada de conexidade material ou objetiva. Há também a conexidade jurídica, espécie possível ao direito de retenção em países que optaram por legislar a garantia legal à situações em que o dever de restituir e o crédito são nascidos de uma mesma relação jurídica. O ordenamento jurídico português admite hipóteses de conexidade jurídica ao direito de retenção. Sobre o assunto, ver: FONSECA, Ana Taveira da. *Da recusa de cumprimento da obrigação para a tutela do direito de crédito: em especial na excepção de não cumprimento, no direito de retenção e na compensação.* Coimbra, Almedina, 2015, p. 311.

105 PONTES DE MIRANDA, Francisco Cavalcanti. *Tratado de direito privado: parte especial. Direito das obrigações: Obrigações e suas espécies. Fontes e espécies de obrigações.* t.22, Rio de Janeiro, Borsoi, 1958, p. 262.

106 CASSIN, René. *De l'exception tirée de l'inexécution dans les rapports synallagmatiques (exception non adimpleti contractus): et de ses relations avec le droit de rétention, la compensation et la résolution.* Paris: Sirey, 1914, pp. 178/179. Sobre a evolução do tratamento da exceção de contrato não cumprido no direito francês, ver item 3.3.1. supra.

o excipiente da exceção de contrato não cumprido como o do *ius retentionis* estão respondendo ao incumprimento do devedor, pressionando-o a cumprir a prestação que lhe compete[107].

Os dois institutos, entretanto, não podem ser unificados, já que importantes diferenças entre eles se evidenciam a partir de um estudo mais pormenorizado. Em apreço às breves considerações que fizemos neste ponto sobre o direito de retenção, pode-se dizer que este tem fundamentos, função e âmbito de operação diferentes da exceção de contrato não cumprido[108].

No que se refere aos fundamentos, a exceção de contrato não cumprido decorre fundamentalmente da própria unidade do contrato e da equidade inserida no contexto do sinalagma funcional da relação jurídica contratual[109]. O mesmo fundamento não pode ser aplicado ao direito de retenção, já que em nenhuma hipótese a relação existente entre a obrigação de entrega e o crédito pode ser qualificada de sinalagmática. Ora, há não há unidade, reciprocidade e dependência entre a coisa retida e os valores das benfeitorias úteis e necessárias feitas pelo possuidor de boa-fé do artigo 1.219 do Código Civil de 2002.

No direito de retenção, a conexidade entre a posse e o crédito existe, mas é menor que na relação sinalagmática. Esta conexidade encontra fundamento jurídico último no princípio da boa-fé[110], entendido como o comportamento honesto, correto e legal que qualquer das partes deve adotar no cumprimento de suas cartilhas contratuais – o que naturalmente permite àquele possuidor, por exemplo, postergar a posse da coisa caso a exigência de resti-

107 KHOURI, Paulo Roque. *A exceção de contrato não cumprido e a sua relação com a garantia das obrigações no direito brasileiro.* In: Revista da Associação dos Juízes do Rio Grande do Sul, v. 31, n. 94, Porto Alegre, AJURIS, 2004, p. 311.

108 ABRANTES, José João. *A excepção de não cumprimento do contrato.* 2ª ed., Coimbra, Almedina, 2014, p. 135.

109 Sobre os fundamentos da exceção de contrato não cumprido, ver item 5. supra.

110 BUTERA, Antonio. *Del diritto di ritenzione,* Roma, Foro Italiano, 1937, p. 67.

tuição parta de sujeito que deixou de realizar ou oferecer crédito conexo a ela[111].

O fundamento do direito de retenção é, portanto, semelhante ao encontrado na figura do *tu quoque*, sendo preferível o uso da garantia legal do *ius retentionis* nos casos em que a figura conta com referência específica em lei, como no contrato de depósito ou no de locação de coisas.

No que se refere à função, é importante destacar que a exceção de contrato não cumprido não visa a pressionar o excepto a fornecer garantia de que irá cumprir o pactuado. A pressão exercida pela *exceptio non adimpleti contractus* vai direto à satisfação do crédito do excipiente, e não à sua garantia. Sem o adimplemento da prestação correlata e correspectiva, não é possível romper com a paralisação da eficácia da pretensão contratual do excepto.

O direito de retenção tem proposta distinta: visa a ser uma garantia legal em favor do possuidor excipiente. É justamente por sua função de garantia que o devedor do retentor pode, para extinguir o direito de retenção, adimplir o crédito ou prestar caução referente a ele[112]. A possibilidade de prestar caução para extinguir a eficácia da exceção de contrato não cumprido não existe, sendo inclusive afastada expressamente em alguns ordenamentos jurídicos[113].

Por fim, os dois institutos têm âmbitos operativos bastante distintos. A exceção de contrato não cumprido se dedica exclusivamente às pretensões sinalagmáticas que se inserem em relação contratual. Não há espaço no instituto, portanto, às relações

111 FONSECA, Ana Taveira da. *Da recusa de cumprimento da obrigação para a tutela do direito de crédito: em especial na excepção de não cumprimento, no direito de retenção e na compensação.* Coimbra, Almedina, 2015, p. 392.

112 Sobre a possibilidade de se extinguir o direito de retenção por meio da prestação de caução: FONSECA, Arnoldo Medeiros da. *Direito de retenção*, 3ª ed., Rio de Janeiro, Revista Forense, 1957, p. 315. O Superior Tribunal de Justiça já teve a oportunidade de se manifestar sobre a possibilidade, firmando entendimento neste sentido (STJ, Agr. Reg. no Agr. 1.379.240-PR, Quarta Turma, relator Min. Raul Araújo, j. 13.12.2011).

113 É o caso, por exemplo, do Art. 428º, 2 do Código Civil Português: "Artigo 428.º[...] 2. A excepção não pode ser afastada mediante a prestação de garantias"

sinalagmáticas não contratuais ou relações conexas mas não sinalagmáticas[114].

Já o direito de retenção tem âmbito de operação dedicado às obrigações de restituição de bens. Nota-se que o critério não é se a conexão é fruto de relação contratual ou não. É possível que a conexão entre a obrigação de restituição do bem e o crédito encontre gênese contratual, mas não necessariamente isso acontecerá. É o caso, por exemplo, do direito de retenção garantido ao gestor de negócios que teve sua gestão ratificada pelo dono do negócio[115]. Outro exemplo é o direito de retenção garantido àquele que paga indevidamente[116].

Todas essas diferenças evidenciam que o direito de retenção é garantia legal de reter coisa alheia que não guarda intimidade com o sinalagma funcional das relações contratuais, como é o caso da *exceptio non adimpleti contractus* – destinada não a reter coisa alheia, mas sustar a exigibilidade de pretensão. Fica-se, portanto, com a síntese de Pontes de Miranda sobre o assunto, afirmando que no direito de retenção "retém-se o que se tem de outrem, não o que se há de prestar"[117].

6.2.4. Compensação

A compensação se apresenta como uma forma especial de extinção de duas obrigações, sendo o credor de uma delas deve-

114 ALMEIDA COSTA, Mário Júlio. *Direito das obrigações*, 12ª ed., Coimbra, Almedina, 2016, p. 978

115 O artigo 873 do Código Civil de 2002 dá os mesmos efeitos do mandato à gestão de negócios ratificada, de tal sorte que o direito de retenção encontrado no artigo 681 do mesmo código também acolhe o gestor de negócios neste caso.

116 O artigo 878 do Código Civil de 2002 dá abertura ao regime jurídico do pagamento indevido à aplicação do direito de retenção ao possuidor de boa-fé, este último positivado no já mencionado artigo 1.219 do Código.

117 PONTES DE MIRANDA, Francisco Cavalcanti. *Tratado de direito privado: parte especial. Direito das obrigações. Consequências do inadimplemento. Exceções de contrato não adimplido, ou adimplido insatisfatoriamente, e de inseguridade. Enriquecimento injustificado. Estipulação a favor de terceiro. Eficácia protectiva de terceiro. Mudanças de circunstâncias. Compromisso*, t. 26, Rio de Janeiro, Borsoi, 1959, p. 95.

dor na outra, e o credor desta última devedor da primeira[118]. Na definição de Modestino, encontrada no Digesto, a compensação é "a contribuição de uma dívida e de um crédito entre si"[119]. Robert Pothier dá um exemplo preciso à figura:

> "Se eu lhe devo por um empréstimo 500 libras, e ao mesmo tempo você me deve igualmente outras 500 libras por aluguéis vencidos, a dívida que eu lhe devo pode ser extinta por direito de compensação, pelo crédito de igual valor que eu tenho contra você e, vice-versa, a dívida que você me deve"[120]

O próprio termo compensação já sugere que o instituto tem por finalidade balancear e compreender uma dívida em relação a outra, de modo a promover a extinção entre elas de maneira equidistante[121]. O fundamento da compensação se encontra na conveniência de simplificar as operações de cumprimento, substituindo dois ou mais pagamentos por somente uma simples aproximação aritmética[122]. Não é outra a fundamentação dada por Sexto Pompônio[123] no Digesto[124]. Em síntese, a compensação

---

118 ALMEIDA COSTA, Mário Júlio. *Direito das obrigações*, 12ª ed., Coimbra, Almedina, 2016, p. 1099.

119 Tradução de D.16.2.1: "Compensatio est debiti et crediti inter se contributio" (Disponível em: GARCÍA DEL CORRAL, Ildefonso. *Cuerpo del Derecho Civil Romano*, t. 1, Barcelona, Jaime Molinas, 1889, p. 828).

120 POTHIER, Robert Joseph. *Tratado das obrigações*, tradução de Adrian Sotero De Witt Batista e Douglas Dias Ferreiras, Campinas, Servanda, 2001, p. 549.

121 CAZEAUX, Pedro N.; REPRESAS, Félix A. Trigo. *Derecho de las obligaciones*, v. 3, 3ª ed., La Plata, Platense, 1991, p. 417.

122 DÍEZ-PICAZO, Luis. *Fundamentos del derecho civil* patrimonial, v.1, 2ª ed., Madrid, Tecnos, 1983, p. 652.

123 É o quarto jurista romano com maior número de fragmentos de suas obras no Digesto. Viveu na primeira metade do século II d.C. e seus trabalhos já se encontram fora do contexto da disputa entre sabinianos e proculianos. É também um dos dezenove juristas mencionados nas Institutas de Justiniano. (MORAES, Bernardo B. Queiroz de. *Manual de Introdução ao Digesto*, São Paulo, YK Editora, 2017, pp. 209/210)

124 D.16.2.3: "La compensación es necessária por esto, porque nos importa más no pagar, que repetir lo pagado" (GARCÍA DEL CORRAL, Ildefonso. *Cuerpo del Derecho Civil Romano*, t. 1, Barcelona, Jaime Molinas, 1889, p. 828)

é uma das manifestações da suprema lei econômica do esforço mínimo[125]

A compensação assume natureza jurídica de direito potestativo destinado a extinguir o vínculo obrigacional do devedor[126]. Se este tem a dívida compensada, seu dever jurídico – bem como a pretensão correspondente do seu credor – são extintas da relação jurídica obrigacional.

Para o manejo do direito à compensação, é preciso haver (i) a existência e contraposição de dois créditos; (ii) a bilateralidade de créditos e dívidas; (iii) créditos e dívidas exigíveis; (iv) créditos e dívidas compensáveis, de acordo com as regras estabelecidas nos artigos 360, 370 e 373 do Código Civil de 2002; e (v) inexistência de acordo para a exclusão da compensação ou sua renúncia por uma das partes[127].

O instituto tem por eficácia típica a solução às dívidas cruzadas entre dois sujeitos de direito[128], não por outro motivo que seu regime jurídico brasileiro se encontra inserido em conjunto com outras espécies de pagamento, nos artigos 368 e seguintes do Código Civil de 2002. Outros países de inspiração romanística também estruturaram o regime jurídico da compensação desta maneira[129].

---

125 CARVALHO SANTOS, João Manoel de. *Código Civil Brasileiro Interpretado: direito das obrigações (arts. 972-1036)*, v. 13, 7ª ed., Rio de Janeiro, Freitas Bastos, 1958, p. 217.

126 PONTES DE MIRANDA, Francisco Cavalcanti. *Tratado de direito privado: parte especial. Direito das obrigações: Efeitos das dívidas e das obrigações. Juros. Extinção das dívidas e obrigações. Adimplemento. Arras. Liquidação. Depósito em consignação para adimplemento. Alienação para liberação. Adimplemento com sub-rogação. Imputação. Compensação.* t.24, Rio de Janeiro, Borsoi, 1959, p. 329.

127 MARTINS-COSTA, Judith. *Comentários ao novo Código Civil: do direito das obrigações. Do adimplemento e da extinção das obrigações.* v. 5, t. 1, Rio de Janeiro, Forense, 2003, p. 574.

128 MARTINS-COSTA, Judith. *Comentários ao novo Código Civil: do direito das obrigações. Do adimplemento e da extinção das obrigações.* v. 5, t. 1, Rio de Janeiro, Forense, 2003, p. 565.

129 Cita-se como exemplo o parágrafo 387 do Código Civil alemão; o artigo 1195 do Código Civil espanhol; o artigo 1241 do Código Civil italiano e o artigo 847º do Código Civil português.

Entretanto, no que se refere ao modo de funcionamento da compensação, os sistemas jurídicos de origem romanística dividiram-se. Sem dúvida a divergência encontra gênese na forma confusa de como as fontes do *Corpus Iuris Civilis* tratam a *compensatio*[130]. Nas Institutas do Imperador Justiniano[131] e em algumas passagens do *Codex*[132] enfatiza-se que o instituto opera *ipso iure*, de modo que não seria necessário qualquer intervenção das partes para sua operação. A linguagem utilizada em outras passagens do *Codex*, entretanto, dá a entender a necessidade de uma manifestação da parte interessada para dar eficácia à compensação[133].

---

130 ZIMMERMANN, Reinhard. *The law of obligations: roman foundations of the civilian tradition.* Oxford, Oxford University Press, 1996, p. 767.

131 Tradução de I. 4.6.30: "Nas ações de boa-fé, o juiz tem plenos poderes para calcular, de acordo com a equidade, as restituições devidas ao autor. Se o autor dever alguma coisa ao réu, o juiz deve compensar a dívida, condenando o réu apenas pelo saldo. Mesmo nas ações de direito estrito, em virtude de um rescrito do divino Marco, tendo havido exceção de dolo mau, ocorria a compensação, mas a nossa constituição deu maior amplitude às compensações que se baseam em direito claro, para que diminuam, de pleno direito, as ações reais ou pessoais, ou outras, com exceção, tão-só, da ação de depósito, na qual julgamos odioso opor qualquer coisa a título de compensação para, sob esse pretexto, tolher-se ao depositante o depósito" (Em: *Institutas do Imperador Justiniano: manual didático para uso dos estudantes de direito de Constantinopla – elaborado por ordem do Imperador Justiniano no ano de 533 d. C.*, tradução de J. Cretella Jr. E Agnes Cretella, São Paulo, Revista dos Tribunais, 2000, p. 308).

132 C.4.31.14: "*Compensationes ex omnibus actionibus ipso iure fieri sancimus, nulla differentia in rem vel personalibus actionibus inter se observanda*" (Em: GARCÍA DEL CORRAL, Ildefonso. *Cuerpo del Derecho Civil Romano,* t. 4, Barcelona, Jaime Molinas, 1889, p. 482). Tradução: "Pelos mesmo direito que ocorrem compensações em todas as ações, sem que haja diferença alguna entre elas, real ou pessoal".

133 C.4.31.14.1 "Ita tamen compensationes obiici iubemus [...] opponi compensationem iam certo et indubitato debito [...]" (Em: GARCÍA DEL CORRAL, Ildefonso. *Cuerpo del Derecho Civil Romano,* t. 4, Barcelona, Jaime Molinas, 1889, p. 482) Tradução: "Entretanto mandamos que se oponham assim as compensações [...] então se opõe pela outra parte, convicta, a compensação de uma dívida já certa e inquestionável".

Os romanistas não têm opinião pacífica sobre como operava a compensação no direito justinianeu[134].

No direito atual, a divisão persistiu. O antigo Código de Seabra, por exemplo, aceitava que a compensação se produzia *ipso iure*[135]. Na outra ponta, o Código Civil alemão exige, para que a compensação se dê, a declaração de uma das partes nesse sentido[136]. O atual Código Civil português[137] e o Código Civil italiano[138] optaram por redação semelhante ao do BGB. Na França, o *Code Civil* de 1804 optou pela operatividade *ipso iure*[139], mas a modificação do direito das obrigações francês, promovida pela *Ordonnance nº2016-131,*

134 Defendendo a operação *ipso iure* da compensação pós-clássica: BURDESE, Alberto. *Manuale di Diritto Privato Romano,* 4ª ed, Torino, UTET Giuridica, 2000, p. 588. Já em defesa de sua operação por meio de interpelação: MOREIRA ALVES, José Carlos. *Direito Romano,* 16ª ed., Rio de Janeiro, Gen/Forense, 2014, p.460

135 Art. 768º do Código de Seabra: "A compensação opéra de direito os seus effeitos, e extingue ambas as dívidas com todas as obrigações correlativas, desde o momento em que se realisar".

136 §388 do Código Civil alemão: " Die Aufrechnung erfolgt durch Erklärung gegenüber dem anderen Teil. Die Erklärung ist unwirksam, wenn sie unter einer Bedingung oder einer Zeitbestimmung abgegeben wird." Tradução: "A compensação tem lugar por declação ante a outra parte. A declaração é ineficaz se for enunciada sob uma condição ou uma estipulação de tempo".

137 Art. 848º do Código Civil português: "A compensação torna-se efectiva mediante declaração de uma das partes à outra."

138 Art. 1243 do Código Civil italiano: "La compensazione estingue i due debiti dal giorno della loro coesistenza. Il giudice non può rilevarla d'ufficio." Tradução: "A compensação extingue dois débitos no dia da sua coexistência. O juiz não pode relevá-la de ofício".

139 Art. 1290 do *Code Civil* de 1804: "La compensation s'opère de plein droit par la seule force de la loi, même à l'insu des débiteurs ; les deux dettes s'éteignent réciproquement, à l'instant où elles se trouvent exister à la fois, jusqu'à concurrence de leurs quotités respectives." Tradução: "A compensação opera de pleno direito e por força de lei, mesmo sem o conhecimento dos devedores; as duas dívidas se extinguem reciprocamente, no momento em que elas existem ao mesmo tempo, na medida de suas respectivas cotas."

tornou necessária a manifestação da parte para a operação do instituto[140].

No direito brasileiro, o artigo 368 do Código Civil de 2002[141], não diferente do art. 1.009 do Código Civil de 1916, não menciona a necessidade de uma alegação por uma das partes, mas tampouco fala-se de eficácia de pleno direito. Em referência às fontes anteriores, as Ordenações Filipinas apontavam a necessidade de uma alegação para dar efeito à compensação, mas essa terminologia não foi repetida nas legislações supervenientes[142]. A incerteza do texto normativo deu espaço a posicionamentos diversos na doutrina pátria[143].

---

140 CHANTEPIE, Gaël; LATINA, Mathias. *La réforme du droit des obligations: commentaire théorique et pratique dans l'ordre du Code civil,* Paris, Dalloz, pp. 865/866. O comentário é feito sobre o novo texto do art. 1347 do Código Civil francês: "La compensation est l'extinction simultanée d'obligations réciproques entre deux personnes. Elle s'opère, sous réserve d'être invoquée, à due concurrence, à la date où ses conditions se trouvent réunies." Tradução: "A compensação é a extinção simultânea de obrigações recíprocas entre duas pessoas. Ela deve ter lugar, sob condição de ser invocada, na data em que as suas condições estiverem preenchidas".

141 Art. 368. Se duas pessoas forem ao mesmo tempo credor e devedor uma da outra, as duas obrigações extinguem-se, até onde se compensarem.

142 Ord. Fil. 4.78. A redação das ordenações fez com que Teixeira de Freitas, no artigo 841 da Consolidação das Leis Civis, apontasse que o sistema jurídico brasileiro refutava a operação *ipso iure* da compensação (Ver: TEIXEIRA DE FREITAS, Augusto. *Consolidação das leis civis,* v. 1, ed. fac-sim., Brasilia, Senado Federal, 2003, p. 506). Embora o texto das ordenações aponte a necessidade de alegação, Cândido Mendes de Almeida defendia que tal preceito não modificava a operação *ipso iure* do instituto: "Ora, sem que a parte opponha compensação, o Juiz certamente não pode advinhar qual seja o seu credito, mas quando se diz que a compensação opera os seus efeitos ipso iure, he no sentido de que ella obra retroativamente, e de tal sorte que se reputa ter ficado extinta a divida desde o momento em que a outra divida começou a exigir" (ALMEIDA, Cândido Mendes de. *Código filipino ou Ordenações e leis do reino de Portugal: recopiladas por mandado d'el-Rey D. Filipe,* v. 4, t. 3, ed. fac-sim, Brasília, Senado Federal, 2012, p. 893).

143 Dentre os que defendem o reconhecimento da compensação *ipso iure* no direito brasileiro, cita-se a título meramente ilustrativo: CARVALHO SANTOS, João Manoel de. *Código Civil Brasileiro Interpretado: direito das obrigações (arts. 972-1036),* v. 13, 7ª ed., Rio de Janeiro, Freitas Bastos, 1958, p. 220;

São vários os outros aspectos de relevo em torno do instituto da compensação, que certamente encontrariam espaço de desenvolvimento em estudo próprio. O nosso objetivo, entretanto, é mais modesto: diferenciar compensação de exceção de contrato não cumprido.

A compensação, assim como a *exceptio non adimpleti contractus,* guarda fundamento genético na equidade, mas enquanto a exceção de contrato não cumprido se envereda para salvaguardar o sinalagma funcional nas relações contratuais bilaterais, a compensação se destina especificamente a dar facilidade e economia na satisfação de débitos semelhantes, ilustrando a noção geral de que o adimplemento e satisfação do credor é a finalidade última da obrigação como um processo. Há, portanto, diferenciação quanto à função ocupada por cada instituto.

Também são diferentes quanto aos efeitos a que visam produzir. A compensação, como já mencionado anteriormente, visa a extinguir a obrigação. É espécie de pagamento e, neste sentido, se destina à liberação do devedor que tem sua dívida compensada. A exceção de contrato não cumprido, por outro lado, não visa a dar fim à relação obrigacional ou a liberar o devedor excipiente. O que ocorre com a *exceptio non adimpleti contractus* é somente o encobrimento da eficácia da pretensão. Esse encobrimento é ainda temporário, de modo que o excepto poderá voltar a exercer

---

MENDONÇA, Manoel Ignacio Carvalho de. *Doutrina e pratica das obrigações,* v. 1, 2ª ed., Rio de Janeiro, Francisco Alves, 1911, p. 627; ROCHA, José de Moura. *Compensação.* In: FRANÇA, Rubens Limongi, *Enciclopédia Saraiva do Direito,* v. 16, São Paulo, Saraiva, 1977, p. 310. Já dentre os que entendem pela necessidade de alegação da parte interessada: MARTINS-COSTA, Judith. *Comentários ao novo Código Civil: do direito das obrigações. Do adimplemento e da extinção das obrigações.* v. 5, t. 1, Rio de Janeiro, Forense, 2003, pp. 568/569; PONTES DE MIRANDA, Francisco Cavalcanti. *Tratado de direito privado: parte especial. Direito das obrigações: Efeitos das dívidas e das obrigações. Juros. Extinção das dívidas e obrigações. Adimplemento. Arras. Liquidação. Depósito em consignação para adimplemento. Alienação para liberação. Adimplemento com sub-rogação. Imputação. Compensação.* t.24, Rio de Janeiro, Borsoi, 1959, p. 328.

plenamente sua pretensão contratual se prestar a sua obrigação correspondente[144].

Parte substancial da doutrina aponta que a compensação é exercida por meio de exceção substancial[145]. Partindo de tal natureza jurídica, diferenciou-se a compensação da exceção de contrato não cumprido pela afirmação de que a exceção de compensação seria exceção substancial peremptória, enquanto a *exceptio non adimpleti contractus* é exceção substancial dilatória[146].

Ocorre, todavia, que aproximar a compensação do conceito técnico de exceção não nos parece preciso. Ora, todas as exceções – peremptórias ou dilatórias – partem da mesma concepção de encobrimento da eficácia. O que diferencia uma da outra é a possibilidade ou não de superar este encobrimento[147]. A exceção de contrato não cumprido encobre a eficácia da pretensão do excepto até que este cumpra ou proponha cumprimento de sua prestação. A exceção de prescrição encobre peremptoriamente a eficácia da pretensão, mas não a extingue[148].

A compensação não encobre peremptoriamente a eficácia da pretensão do credor de direito de crédito compensado, mas sim o resolve[149]. Há espécie de pagamento que dá satisfação ao crédito, extinguindo o vínculo obrigacional e liberando o devedor. Dessa forma, qualquer manifestação do devedor em referência ao ins-

---

144 MENEZES CORDEIRO, António Manuel da Rocha e. *Tratado de direito civil*, t. 9, 2ª ed., Coimbra, Almedina, 2016, p. 290.

145 A título exemplificativo: ROCHA, José de Moura. *Compensação.* In: FRANÇA, Rubens Limongi, *Enciclopédia Saraiva do Direito*, v. 16, São Paulo, Saraiva, 1977, pp. 316/317; SIQUEIRA, Cleanto Guimarães. *A defesa no processo civil: exceções substanciais no processo de conhecimento.* 3ª ed., São Paulo, Saraiva, 2008, p. 408.

146 GAGLIARDI, Rafael Villar. *Exceção de contrato não cumprido*, São Paulo, Saraiva, 2010, p. 49; SERPA LOPES, Miguel Maria de. *Exceções Substanciais: Exceção de contrato não cumprido (Exceptio non adimpleti contractus)*, Rio de Janeiro, Freitas Bastos, 1959, p. 202.

147 Sobre classificação das exceções, ver item 2 supra.

148 SIMÃO, José Fernando. *Prescrição e decadência: início dos prazos*, São Paulo, Atlas, 2013, p. 193

149 ESPÍN CÁNOVAS, Diego. *La excepción de cumplimiento contractual.* In: Anuario de Derecho Civil, Madrid, 07-09, 1964, p. 554.

tituto é defesa em sentido amplo, e não propriamente uma exceção[150]. Nos dizeres de Pontes de Miranda:

> "Não há exceção de compensação: houve-a, nas origens romanas da *compnesatio*, porque se tratava de recobrimento processual de eficácia. Falar-se, hoje, de tal exceção é como chamar-se 'desenho' à tela a óleo"[151]

Sendo assim, compensação e exceção de contrato não cumprido são ainda mais diferentes, já que nem sequer compartilham a concepção de exceção substancial.

6.2.5. Exceção de inseguridade

Determinar a ordem de cumprimento das obrigações é assunto de máxima importância no contrato. Não por outro motivo que o Código Civil não economizou em regras dispositivas que estabelecem ordem nas prestações em contratos típicos – como no caso da compra e venda[152] e na prestação de serviço[153][154]. Se há ordem nas prestações, não pode o credor exigir pagamento antes do decurso do tempo[155], salvo as hipóteses de vencimento antecipado

---

150 BIANCA, Cesare Massimo. *Diritto civile: l'obbligazione,* v. 4, ristampa, Milano, Giuffrè, 1991, p. 496.

151 PONTES DE MIRANDA, Francisco Cavalcanti. *Tratado de direito privado: parte especial. Direito das obrigações: Efeitos das dívidas e das obrigações. Juros. Extinção das dívidas e obrigações. Adimplemento. Arras. Liquidação. Depósito em consignação para adimplemento. Alienação para liberação. Adimplemento com sub-rogação. Imputação. Compensação.* t.24, Rio de Janeiro, Borsoi, 1959, p. 329.

152 Art. 491. Não sendo a venda a crédito, o vendedor não é obrigado a entregar a coisa antes de receber o preço.

153 Art. 597. A retribuição pagar-se-á depois de prestado o serviço, se, por convenção, ou costume, não houver de ser adiantada, ou paga em prestações.

154 ZANETTI, Cristiano de Sousa. *Inadimplemento antecipado da obrigação contratual.* In: CELLI JÚNIOR, Umberto; BASSO, Maristela; AMARAL JÚNIOR, Alberto do (coord.). *Arbitragem e Comércio Internacional. Estudos em Homenagem a Luiz Olavo Baptista,* São Paulo, Quartier Latin, 2013, p. 317.

155 ZIMMERMANN, Reinhard. *The law of obligations: roman foundations of the civilian tradition.* Oxford, Oxford University Press, 1996, p. 751.

da dívida encontradas, por exemplo, no artigo 333 do Código Civil de 2002[156].

A interpretação rigorosa dessa lógica gera de maneira invariável situação desconfortável àquele que deve prestar primeiro. Afinal, ele deverá adimplir sua prestação antes mesmo de poder exigir seu crédito frente à outra parte contratante. Mesmo assim, é de se notar que esta atribuição dinâmica de risco entre as partes contratantes já era conhecida e assumida por ambos no momento em que o contrato foi celebrado.

Entretanto, é possível que, no espaço de tempo entre a celebração do contrato e a exigência da primeira prestação, o credor da primeira prestação tenha sofrido uma modificação circunstancial no seu patrimônio que, embora não leve ao vencimento antecipado da dívida, suscite dúvida fundada sobre sua capacidade de cumprir a segunda parte do pactuado[157]. É nessa circunstância excepcional que se permite ao devedor da primeira prestação tutelar seu crédito - existente, mas ainda inexigível - por meio da exceção de inseguridade, também conhecida como *exceptio timoris*[158].

A exceção de inseguridade é, portanto, um remédio para as relações contratuais sinalagmáticas que estabelecem ordens específicas de cumprimento para cada prestação[159]. Por meio dela, é possível suspender a execução de uma prestação devida se as condições patrimoniais da outra parte sofreram, depois da celebração

---

156 Art. 333. Ao credor assistirá o direito de cobrar a dívida antes de vencido o prazo estipulado no contrato ou marcado neste Código: I - no caso de falência do devedor, ou de concurso de credores; II - se os bens, hipotecados ou empenhados, forem penhorados em execução por outro credor; III - se cessarem, ou se se tornarem insuficientes, as garantias do débito, fidejussórias, ou reais, e o devedor, intimado, se negar a reforçá-las. Parágrafo único. Nos casos deste artigo, se houver, no débito, solidariedade passiva, não se reputará vencido quanto aos outros devedores solventes.

157 AGUIAR JR., Ruy Rosado de. *Comentário ao Novo Código Civil: dos contratos em geral*, v. 6, t. 2, Rio de Janeiro, Forense, 2011, p. 831.

158 CHANTEPIE, Gaël; LATINA, Mathias. *La réforme du droit des obligations: commentaire théorique et pratique dans l'ordre du Code civil*, Paris, Dalloz, 544.

159 VAZ SERRA, Adriano Paes da Silva. *Excepção de Contrato não Cumprido*. In: Boletim do Ministério da Justiça, 67, 1957p. 53.

do contrato, diminuição substancial a ponto de pôr em dúvida o cumprimento da contraprestação[160].

A exceção de inseguridade não é figura desconhecida para o direito pátrio ou estrangeiro. Como já analisamos previamente, sua presença no direito posto brasileiro remete aos textos correspondentes no Livro IV Ordenações Filipinas e no Código Comercial de 1850[161]. O Código Civil de 1916 consagrou a regra na segunda parte do artigo 1.092. Atualmente a exceção de inseguridade está disciplinada no artigo 477 do Código Civil de 1916, com redação idêntica ao diploma precedente. A figura também é conhecida e positivada em diplomas estrangeiros[162], bem como marca presença nos esforços de unificação do direito dos contratos e das obrigações[163]

De acordo com a redação do art. 477, os requisitos de aplicação da exceção de inseguridade são: (i) existência de contrato bilateral que estabelece ordem sucessiva nas prestações; (ii) não vencimento da obrigação do excepto; (iii) diminuição no patrimônio do devedor após a celebração do contrato, capaz de gerar dúvida quando à sua capacidade de prestar[164].

É importante dar destaque que o remédio em referência é aplicável à situação de risco de descumprimento, não sendo necessária a constatação de insolvência do credor excepto[165]. A distinção faz sentido, afinal a exceção de inseguridade não se ocupa da resolução do contrato, mas tão somente do encobrimento

160 ROPPO, Vincenzo. *Il Contratto*, 2ª ed., Milano, Giuffrè, 2011, p. 924.

161 Ver item 4.1. supra.

162 Para citar poucos exemplos, aponta-se o artigo 1.461 do Código Civil Italiano; o parágrafo 321 do Código Civil Alemão e o artigo 429º do Código Civil Português

163 Cita-se como exemplo o artigo 7.3.4 dos Principios Unidroit e o artigo III-3:401 do *Draft Common Frame of Reference.*

164 AGUIAR JR., Ruy Rosado de. *Comentário ao Novo Código Civil: dos contratos em geral,* v. 6, t. 2, Rio de Janeiro, Forense, 2011, p. 833.

165 BIANCA, Cesare Massimo. *Diritto civile: la responsabilità,* v. 5, ristampa, Milano, Giuffrè, 1999, p. 355.

dilatório da eficácia da pretensão do primeiro credor[166], razão pela qual não se vale dos requisitos mais sérios exigidos pela figura do inadimplemento antecipado[167]. Para o chamamento da figura do inadimplemento antecipado, exige-se a verificação de três pressupostos cumulativos e de obrigatória presença: (i) a iminência de descumprimento grave do contrato, de modo a ser caracterizado como inadimplemento definitivo; (ii) a certeza de que o cumprimento não se dará até o vencimento; e (iii) a presença de um agir culposo do devedor, que declara que não irá cumprir ou que se mantem-se inerte de modo que nada, em seu comportamento, revele a disposição para a execução do avençado[168].

Também é imperioso à aplicação da exceção de inseguridade que a diminuição patrimonial se verifique em um momento posterior à celebração do contrato. A justificativa de tal requisito se encontra no fato de que o sistema de regras do direito das obrigações não pode atenuar a vinculação jurídica do direito de crédito para favorecer àquele que não soube ser suficientemente cuidadoso ao informar-se da realidade sobre a qual contratava[169]. É evidente que não se afasta aqui a possibilidade do devedor anular o contrato nas hipóteses de erro ou dolo, desde que sejam satisfeitos seus respectivos requisitos de aplicação[170]

Outro aspecto digno de nota diz respeito à extensão do seu âmbito operativo. Normalmente, a exceção de inseguridade cuida

---

166 PONTES DE MIRANDA, Francisco Cavalcanti. *Tratado de direito privado: parte especial. Direito das obrigações. Consequências do inadimplemento. Exceções de contrato não adimplido, ou adimplido insatisfatoriamente, e de inseguridade. Enriquecimento injustificado. Estipulação a favor de terceiro. Eficácia protectiva de terceiro. Mudanças de circunstâncias. Compromisso,* t. 26, Rio de Janeiro, Borsoi, 1959, pp. 109/110.

167 CARDOSO, Luiz Philipe Tavares de Azevedo. *Inadimplemento antecipado do contrato no direito civil brasileiro,* São Paulo, Malheiros, 2015, p. 146

168 MARTINS-COSTA, Judith. *A recepção do incumprimento antecipado no direito brasileiro: configuração e limites.* In: Revista dos Tribunais, v. 885, ano 98, 2009, p. 41.

169 AGUIAR JR., Ruy Rosado de. *Comentário ao Novo Código Civil: dos contratos em geral,* v. 6, t. 2, Rio de Janeiro, Forense, 2011, p. 835.

170 VAZ SERRA, Adriano Paes da Silva. *Excepção de Contrato não Cumprido.* In: Boletim do Ministério da Justiça, 67, 1957, p. 55.

das relações contratuais sinalagmáticas e de prestações de cumprimento sucessivo nas quais há receio de descumprimento contratual, por diminuição de patrimônio, por parte do contratante que irá prestar por último. Ocorre que parte da doutrina defende a ampliação da aplicabilidade do instituto para os casos de inadimplemento antecipado[171]. A possibilidade é também defendida no contexto do enunciado 438 da V Jornada de Direito Civil, realizada em Brasília em 2011[172].

A ampliação, ao nosso ver acertada, guarda relação com a coerência do sistema jurídico do direito das obrigações. Ora, se a exceção de inseguridade é possível em caso de receio de descumprimento contratual, não seria coerente negá-la no caso em que o inadimplemento já foi configurado[173]. Afinal, se a defesa é possível na probabilidade de inadimplemento, por consequência também deve ser na sua certeza.

Na hipótese de aplicação da exceção de inseguridade, as obrigações deixam de ser exigíveis sucessivamente, podendo a parte que estava obrigada a cumprir em primeiro lugar recusar o cumprimento de sua prestação enquanto a outra parte não cumprir com o que se obrigou ou oferecer garantia de seu cumprimento *a posteriori*[174]. Em outras palavras, a exceção de inseguridade encobre a eficácia da pretensão do excepto até o momento em que este cumpre com a sua parte do avençado ou preste garantia para poder fazê-lo no futuro[175].

---

171 ZANETTI, Cristiano de Sousa. *Inadimplemento antecipado da obrigação contratual*. In: CELLI JÚNIOR, Umberto; BASSO, Maristela; AMARAL JÚNIOR, Alberto do (coord.). *Arbitragem e Comércio Internacional. Estudos em Homenagem a Luiz Olavo Baptista*, São Paulo, Quartier Latin, 2013, p. 319.

172 Enunciado 438 da V Jornada de Direito Civil: "Art. 477. A exceção de inseguridade, prevista no art. 477, também pode ser oposta à parte cuja conduta põe manifestamente em risco a execução do programa contratual"

173 PÉRSICO, Giovanni, *L'Eccezione d'Inadempimento*, Milano, Giuffrè, 1955, p. 112

174 PINNA, Andrea. *L'excepción pour risque d'inexécution*, In: Revista Trimestral de Direito Civil, v.13, 2003, pp.36/37.

175 PONTES DE MIRANDA, Francisco Cavalcanti. *Tratado de direito privado: parte especial. Direito das obrigações. Consequências do inadimplemento. Exceções de contrato não adimplido, ou adimplido insatisfatoriamente, e de inseguridade. Enriquecimento injustificado. Estipulação a favor de terceiro. Eficácia protectiva de terceiro. Mudanças de circunstâncias. Compromisso*, t. 26, Rio de Janeiro, Borsoi, 1959, p. 109.

Para afastar o encobrimento da eficácia, portanto, duas são as possibilidades dadas pela lei ao excepto. Ou ele antecipa sua prestação ou fornece garantia de que irá prestar no futuro. O excipiente, entretanto, não poderá forçar o excepto a cumprir antes do prazo pelo excipiente ou prestar garantia, já que pela exceção de inseguridade somente se defende de cumprir a sua obrigação. Em outras palavras, o cumprimento antecipado ou a prestação de garantia é opção dada ao excepto se ele quiser levantar o encobrimento da eficácia de sua pretensão contratual[176].

A exposição que fizemos até agora sobre a exceção de inseguridade, somada às considerações já feitas sobre a *exceptio non adimpleti contractus,* já deve evidenciar como ambas as figuras são parecidas. As duas são exceções substanciais dilatórias e têm fundamento no mesmo sinalagma contratual. Pela estrutura do Código Civil de 2002, o texto normativo da exceção de inseguridade é exatamente o artigo seguinte ao 476, que se ocupa da *exceptio non adimpleti contractus.* Como se não bastasse, ambos os textos normativos ocupam a mesma Seção no Código, intitulada "Da exceção de contrato não cumprido". Não por outros motivos que há trabalhos acadêmicos que usam a terminologia "exceção de contrato não cumprido" para fazer referência à exceção de inseguridade[177].

A diferença entre ambas as figuras, entretanto, é notada por parte significativa da doutrina especializada[178], bem como já foi apontada e explorada em oportunidade de Recurso Especial no Superior Tribunal de Justiça[179]. De fato, duas características distinguem a exceção de contrato não cumprido da exceção de inseguridade.

176 GAGLIARDI, Rafael Villar. Exceção de contrato não cumprido, São Paulo, Saraiva, 2010, p. 125.

177 KIRSCHBAUM, Deborah. *Cláusula resolutiva expressa por insolvência nos contratos empresariais: uma análise econômico-jurídica,* In: Revista Direito GV, v. 2, n. 1, 2006, p. 43.

178 A título exemplificativo, no Brasil e no exterior: GAGLIARDI, Rafael Villar. Exceção de contrato não cumprido, São Paulo, Saraiva, 2010, p. 123; GASTALDI, José María; CENTANARO, Esteban. *Excepcion de incumplimiento contractual,* Buenos Aires, Abeledo-Perrot, 1995, p.41; PÉRSICO, Giovanni, *L'Eccezione d'Inadempimento,* Milano, Giuffrè, 1955, p. 110.

179 STJ, Resp. 1.279.188-SP, Quarta Turma, relator Min. Luis Felipe Salomão, j. 18.06.2015

A primeira diz respeito à função ocupada por cada instituto. Ambas, como já foi dito, se apresentam como reflexo do sinalagma contratual. Ocorre que a exceção de contrato não cumprido, por um lado, preocupa-se em sustentar o sinalagma funcional durante a execução do contrato de prestação simultânea. Já a exceção de inseguridade visa a proteger a configuração do pactuado, protegendo o contratante que se dispôs a prestar em primeiro lugar de um risco sério e objetivo de a contraprestação não vir a ser realizada no momento em que se tornar exigível[180]. As diferentes funções, por ato continuo, justificam os diferentes requisitos de aplicação e meios de extinção das duas exceções substanciais.

A segunda se refere ao âmbito de operação das duas figuras. A exceção de inseguridade cuida das relações contratuais sinalagmáticas em que, no momento de seu manejo, apresentam créditos exigíveis (por parte do excepto) de um lado, e inexigíveis (por parte do excipiente) do outro. Ela não se ocupa, portanto, das relações contratuais sinalagmáticas que apresentam ambas as prestações exigíveis, âmbito de operação próprio da *exceptio non adimpleti contractus.*

Vejamos um exemplo: Roberto vende a Bruno um livro por R$200,00. Foi pactuado que Roberto deverá entregar o livro no dia 10 de junho e Bruno deverá pagar o preço no dia 20 do mesmo mês. Mesmo podendo cobrar a partir do dia 10, Bruno só vem a cobrar Roberto no dia 25 de junho. Nesse momento, tanto a prestação de Roberto como a de Bruno são exigíveis desde logo, de modo que Roberto, para se defender, não se valerá da exceção de inseguridade, mas sim da exceção de contrato não cumprido.

Tendo em vista as diferenças fundamentais entre exceção de contrato não cumprido e exceção de inseguridade, é de se acertar que o presente trabalho seguirá com as preocupações que mais interessam à *exceptio non adimpleti contractus,* embora as considerações feitas neste tópico sejam de grande valia à construção de um modelo hermenêutico para o artigo 477 do Código Civil de 2002.

180 FONSECA, Ana Taveira da. *Da recusa de cumprimento da obrigação para a tutela do direito de crédito: em especial na excepção de não cumprimento, no direito de retenção e na compensação.* Coimbra, Almedina, 2015, p.194.

Capitulo IV

PESSUPOSTOS DE APLICAÇÃO DA EXCEÇÃO DE CONTRATO NÃO CUMPRIDO

"É por meio da doutrina que o Direito progride sem inseguros saltos nem demasiados sobressaltos, pois o seu papel é construtivo e progressivo. Não constrói do nada a doutrina, antes reaproveita, recombina, reexamina o material que recava no sistema e no experienciar da realidade"
(MARTINS-COSTA, Judith. Autoridade e utilidade da doutrina: a construção dos modelos doutrinários. In.: MARTINS-COSTA, Judith (org.). Modelos de direito privado. São Paulo, Marcial Pons, 2014, p. 26).

7. Mapeamento dos pressupostos de aplicação

Conhecido o contorno dogmático da exceção de contrato não cumprido, seus fundamentos e sua natureza jurídica, é importante sistematizar agora quais são os pressupostos exigidos pelo artigo 476 do Código Civil para a sua aplicação.

Os pressupostos de aplicação da *exceptio non adimpleti contractus* encontram, em certa medida, uniformidade na doutrina brasileira. A título exemplificativo, apontam-se trabalhos que elencam desde quatro[1] até nove[2] pressupostos. A forma como tais requisitos são expostos, entretanto, diverge substancialmente. Em outras palavras, o tratamento da doutrina nacional ao assunto é, portanto, similar em sua essência, mas diferente na forma expositiva.

A percepção da exceção de contrato não cumprido nos tribunais também ilustra a instabilidade em torno de uma formulação mais clara dos pressupostos de aplicação. No Superior Tribunal de

---

1 GAGLIARDI, Rafael Villar. *Exceção de contrato não cumprido*, São Paulo, Saraiva, 2010, pp. 60/63; SERPA LOPES, Miguel Maria de. *Exceções Substanciais: Exceção de contrato não cumprido (Exceptio non adimpleti contractus)*, Rio de Janeiro, Freitas Bastos, 1959, p. 227.

2 AGUIAR JR., Ruy Rosado de. *Comentário ao Novo Código Civil: dos contratos em geral*, v. 6, t. 2, Rio de Janeiro, Forense, 2011, p. 724; MARTINS-COSTA, Judith. *A boa-fé no direito privado: critérios para a sua aplicação.* São Paulo, Marcial Pons, 2015, pp. 644/645.

Justiça, são raros os casos em que o tribunal superior encontra espaço de análise da *exceptio non adimpleti contractus*[3]. Nas poucas oportunidades, o tribunal superior não deixou de elencar requisitos de aplicação à figura. Em julgamento de Recurso Especial, que contou com a relatoria da Ministra Nancy Andrighi, dois requisitos de aplicação para a *exceptio non adimpleti contractus* foram apontados: as prestações precisam ser (i) equivalentes e recíprocas; e (ii) exigíveis simultaneamente[4]. Em outro Recurso Especial, também de relatoria da Ministra Andrighi, vislumbrou-se a necessidade de adicionar outro requisito: a prestação do excepto em favor do excipiente não pode ter sido satisfeita[5].

Nos Tribunais de Justiça, a *exceptio non adimpleti contractus* encontra farta referência. Os julgados, entretanto, tampouco convergem para a configuração precisa de quais seriam os requisitos de aplicação da figura, sendo muitas das vezes analisado e evidenciado somente uma característica da exceção de contrato não cumprido – seja para afastá-la ou aplicá-la ao caso concreto[6].

---

3 A razão para o aparecimento escasso da figura nos tribunais superiores se deve à aplicação das súmulas 5 e 7/STJ, que impedem reexame de prova e reinterpretação de cláusula contratual em sede de Recurso Especial. Para exemplificar decisão que se valeu dos textos das sumulas para não analisar questão envolvendo a exceção de contrato não cumprido: STJ, Agr. Int. Resp. 958.321/SP, Terceira Turma, relator Min. Ricardo Villas Bôas Cueva, j. 07.03.2017.

4 STJ, REsp. 764.901/RJ, Terceira Turma, relatora Min. Nancy Andrighi, j. 10.10.2006.

5 STJ, REsp. 1.331.115/RJ, Terceira Turma, relatora Min. Nancy Andrighi, j. 19.11.2013.

6 São inúmeros os casos em que se analisa uma característica da exceção para verificar sua aplicabilidade. Notadamente, os tribunais se preocupam mais em verificar se há ou não simultaneidade na execução das obrigações. Nesse sentido: TJSP, Apel. 1003003-10.2014.8.26.0016, 28ª Câmara de Direito Privado, relator Des. Enio Zuliani, j. 07.06.17; TJSP, Apel. 1039089-35.2014.8.26.0224, 25ª Câmara de Direito Privado, relator Des. Claudio Hamilton, j. 22.06.17; TJRS, Apel. 0155476-31.2017.8.21.7000, 20ª Câmara Cível, relator Des. Dilso Domingos Pereira, j. 14.06.2017; TJRS, Apel. 0055642-55.2017.8.21.7000, 19ª Câmara Cível, relator Des. Voltaire de Lima Moraes, j. 08.06.2017. Há decisões, por outro lado, que dão evidencia à necessidade de inadimplemento por parte do excepto: TJMG, Apel. 1.0024.01.085076-6/001, 17ª Câmara Cível, relator Des. Eduardo Mariné da Cunha, j. 07.05.2009.

A ausência de uma padronização em torno dos critérios de aplicação da exceção de contrato não cumprido prejudica sua acepção e operatividade no judiciário. Há, por exemplo, decisão em que se discute a aplicação da *exceptio non adimpleti contractus* em exercício de direito de redibição ou abatimento de preço nas situações envolvendo vícios redibitórios[7]. Como já discutido anteriormente, a exceção de contrato não cumprido não se ocupa de quaisquer direitos potestativos, como o direito de redibição ou abatimento, mas sim das pretensões contratuais inseridas em relação jurídica obrigacional sinalagmática[8].

Essa oscilação de preocupações em torno da aplicabilidade da exceção de contrato não cumprido que se vê nos tribunais evidencia a necessidade, ainda contemporânea, de se apontar dogmaticamente os requisitos de aplicação da figura. É este o objetivo que será perseguido agora.

A própria eleição dos requisitos de aplicação impõe declaração precedente. Já restou claro – seja pelas considerações feitas em torno da natureza jurídica do instituto, seja pela sua própria positivação na parte geral dos contratos – que a exceção de contrato não cumprido não escapa de um exercício controlado pelos preceitos comuns a todas as instituições jurídicas de direito privado – notadamente a boa-fé objetiva.

Deste modo, o exercício da exceção de contrato não cumprido conforme a boa-fé não será estudado neste trabalho como um pressuposto de aplicação próprio para a figura, mas sim como um instrumento de regulação da sua abrangência[9]. Afinal, o que se procurará neste item é identificar os pressupostos de aplicação próprios da exceção de contrato não cumprido. A conformidade com a boa-fé não é fardo exclusivo da exceção de contrato não

7 TJMG, Apel. 1.0145.13.062885-5/001, 14ª Câmara Cível, relatora Des. Cláudia Maia, j. 27.04.2017

8 Sobre a natureza jurídica da exceção, ver item 6.1 supra.

9 "Servindo a boa-fé, primariamente, para direcionar condutas no tráfego social, a sua mais prestante função será a corretora das condutas no momento do exercício de direitos, faculdades, pretensões, ações, exceções e ônus." (MARTINS-COSTA, Judith. *A boa-fé no direito privado: critérios para a sua aplicação.* São Paulo, Marcial Pons, 2015, p. 571).

cumprido, de modo que a sua função corretora não se destina a introduzir pressuposto de aplicação de qualquer figura, mas sim controlar a irradiação de efeitos e os meios de exercício das situações jurídicas.

Tendo em consideração a natureza jurídica da exceção de contrato não cumprido – exceção substancial dilatória que incide sobre pretensão contratual sinalagmática –, os requisitos de aplicação da exceção de contrato não cumprido são:

> (i) os deveres de prestar do excipiente e do excepto precisam ser sinalagmáticos;
> (ii) os deveres de prestar do excipiente e do excepto precisam ser contemporaneamente exigíveis no momento do exercício da exceção; e
> (iii) o excepto não poderá ter cumprido ou oferecido cumprimento à sua prestação – tal descumprimento deve ser imputável ao excepto e não pode ser imputável ao excipiente.

Esses são os requisitos de aplicação da exceção de contrato não cumprido no direito brasileiro. Vale novamente reforçar que o preenchimento desses requisitos não remove do seu exercício o necessário escrutínio para averiguar-se se sua eficácia deve ou não ser apaziguada pelos instrumentos controladores de direito subjetivo, assunto que será abordado em momento mais oportuno.

Com a atenção concentrada nos requisitos de aplicação, vamos analisar cada um deles em apartado.

8. Os deveres de prestar do excipiente e do excepto precisam ser sinalagmáticos

O primeiro requisito de aplicação da exceção de contrato não cumprido já é apontado no início do texto normativo encontrado no artigo 476 do Código Civil de 2002. Afinal, diz o artigo que a regra da exceção de contrato não cumprido se destina aos "contratos bilaterais"[10]. A expressão encontra referência já nos trabalhos que

10 Art. 476. Nos contratos bilaterais, nenhum dos contratantes, antes de cumprida a sua obrigação, pode exigir o implemento da do outro.

antecederam à elaboração do *Code Civil* na França[11]. No Brasil, a doutrina sempre empregou de modo indistinto as expressões contrato bilateral e contrato sinalagmático[12].

Os contratos bilaterais representam a exemplificação paradigmática da relação contratual sinalagmática. Enquanto os contratos unilaterais apenas uma das partes assume deveres jurídicos, os bilaterais geram deveres jurídicos recíprocos, correspectivos e interdependentes entre os contratantes[13]. Essa característica é resumida na expressão alemã "*Zug um Zug*"[14] ou, na expressão brasileira, "*toma-lá-dá-cá*"[15]

Embora a expressão tenha se mantido intocada ao longo dos séculos, sua noção etimológica evoluiu. Ao invés de indicar a bilateralidade de prestações em um contrato, hoje a expressão é invocada no sentido de demonstrar interdependência e correspectividade entre duas prestações inseridas em relação jurídica contratual[16].

A nova etimologia foi sentida até mesmo em alguns textos normativos de sistemas jurídicos romanísticos. O Código Civil ita-

---

11 "Os sinalagmáticos ou bilaterais são aqueles [contratos] pelos quais cada uma das partes contratantes se compromete para com a outra. Tais são os contratos de venda, de aluguel, etc." POTHIER, Robert Joseph. *Tratado das obrigações,* tradução de Adrian Sotero De Witt Batista e Douglas Dias Ferreiras, Campinas, Servanda, 2001, p. 38.

12 Por todos: ANDRADE, Darcy Bessone de Oliveira. *Do Contrato,* Rio de Janeiro, Forense, 1960, p. 97.

13 MARINO, Francisco Paulo de Crescenzo. *Classificação dos contratos.* In: JABUR, Gilberto Haddad; JUNIOR, Antonio Jorge Pereira. (coord.) *Direito dos contratos,* São Paulo, Quartier Latin, 2006, p. 36.

14 LARENZ, Karl. *Derecho de Obligaciones,* t. 1, Tradução de Jaime Santos Briz, Madrid, EDERSA, 1958, p. 272

15 PONTES DE MIRANDA, Francisco Cavalcanti. *Tratado de direito privado: parte especial. Direito das obrigações. Consequências do inadimplemento. Exceções de contrato não adimplido, ou adimplido insatisfatoriamente, e de inseguridade. Enriquecimento injustificado. Estipulação a favor de terceiro. Eficácia protectiva de terceiro. Mudanças de circunstâncias. Compromisso,* t. 26, Rio de Janeiro, Borsoi, 1959, p.89.

16 ALMEIDA COSTA, Mário Júlio. *Direito das obrigações,* 12ª ed., Coimbra, Almedina, 2016, p. 361.

liano de 1942 recebeu elogios da doutrina ao substituir a expressão contrato bilateral, contida no Código de 1865, por contrato com prestações correspectivas[17]. Na América Latina, a reciprocidade das prestações também foi apontada como sentido substancial da bilateralidade contratual nos Código Civil e Comercial da Argentina[18].

A correspectividade das prestações se tornou, nesse sentido, essência do significado contemporâneo de bilateralidade[19]. Nessa sequência, a expressão indica ao intérprete que uma das partes contratantes só aceitou se comprometer a um sacrifício obrigacional em prol da outra parte porque ela também se submeteu, por seu turno, a um sacrifício próprio e igualmente significativo[20].

Por esta nova acepção, a expressão se desprega dos contratos que, embora apresentem duplicidade no fluxo de deveres jurídicos, não sustentam prestações correlatas e correspectivas umas com as outras. Nesses contratos, as obrigações existentes não se encontram ligadas por qualquer sinalagma, e, portanto, fogem do sentido etimológico da categoria de contratos bilaterais ou sinalagmáticos[21]. Este tipo de contrato é escapa da essência da bilateralidade, entendendo-se como unilateral[22]. É o caso, por exemplo

---

17 ROPPO, Vincenzo. *Contratto.* In: Digesto delle Discipline Privatistiche, t. 3, Torino, UTET, 1989, p. 101. A nova expressão aparece, por exemplo, no artigo 1453, que cuida do direito legal de resolução por inadimplemento, e no artigo 1460, que refere-se à *exceptio non adimpleti contractus.*

18 A definição é proposta pelo artigo 966 do referido diploma: "Articulo 966. [...] Son bilaterales cuando las partes se obligan recíprocamente la una hacia la otra. Las normas de los contratos bilaterales se aplican supletoriamente a los contratos plurilaterales."

19 ASSIS, Araken de. *Resolução do contrato por inadimplemento,* 2ª ed., São Paulo, Revista dos Tribunais, 1994, pp. 24/25

20 NOVA, Giorgio De; SACCO, Rodolfo. *Il contrato.* In.: SACCO, Rodolfo (org.) *Trattato di Diritto Civile Italiano,* t. 2, Torino, Editrice Torinese, 1993, p. 454.

21 ROPPO, Vincenzo. *Il Contratto,* 2ª ed., Milano, Giuffrè, 2011, p. 418.

22 GOMES, Orlando. *Contratos,* 2ª ed., Rio de Janeiro, Forense, 1966, p. 71. Álvaro Villaça Azevedo, fazendo uso do sentido etimológico anterior de contrato bilateral, classifica tais contratos como bilaterais – e não unilaterais. Em consequência, o autor defende a aplicação de remédios sinalagmáticos, como exceção de contrato não cumprido, a essas hipóteses (AZEVEDO, Álvaro Villaça. *Contrato bilateral.* In: FRANÇA, Rubens Limongi, *Enciclopédia*

da obrigação do comodatário de conservar a coisa emprestada pelo comodante[23].

O conceito de bilateralidade também extrapola os limites da singularidade contratual, de modo que sua acepção deve ser consagrada dentro da relação jurídica contratual, e não somente pela perspectiva de um único contrato.

Tal conclusão é relevante para incidência de remédios sinalagmáticos em relações jurídicas contratuais compostas por contratos coligados. Nesses casos, embora cada contrato apresente um sinalagma próprio, com prestação e contraprestação correlatas e correspectivas, pode perfeitamente ocorrer que a importância de uma ou de todas as prestações previstas dependa do conjunto contratual. Haverá, portanto, sinalagma entre prestações de contratos distintos[24].

Em outras palavras, mais importante que dizer que o contrato é sinalagmático é dizer se as prestações assumidas pelas partes são sinalagmáticas em relação umas às outras.

Aproximando a exceção de contrato não cumprido dos contratos bilaterais – e tomando em consideração que por contratos bilaterais entende-se relação jurídica contratual de prestações sinalagmáticas, constrói-se o primeiro requisito de aplicação da *exceptio non adimpleti contractus:* as prestações contratuais de excepto e excipiente precisam ser, entre si, recíprocas, interdependentes, correlatas e correspectivas. Em outras palavras, os deveres contratuais de prestar precisam ser sinalagmáticos: as

---

Saraiva do Direito, v. 19, São Paulo, Saraiva, 1977, pp. 201/202). Como se tentará demonstrar neste item do trabalho, entendemos que estes contratos fogem da concepção hodierna de bilateralidade, de modo que não seria possível encontrar espaço para a aplicação dos remédios sinalagmáticos nesses contratos.

---

23 Art. 582. O comodatário é obrigado a conservar, como se sua própria fora, a coisa emprestada, não podendo usá-la senão de acordo com o contrato ou a natureza dela, sob pena de responder por perdas e danos. O comodatário constituído em mora, além de por ela responder, pagará, até restituí-la, o aluguel da coisa que for arbitrado pelo comodante.

24 MARINO, Francisco Paulo de Crescenzo. *Contratos coligados no direito brasileiro.* São Paulo, Saraiva, 2010, p. 200.

prestações contratuais precisam ser recíprocas e correspectivas, tendo em vista que a recusa de adimplir a própria obrigação pelo excipiente é subordinada à correlação e interdependência desta com a obrigação do excepto[25].

O primeiro desafio dado ao intérprete do artigo 476 do Código Civil é, portanto, identificar se as prestações contratuais são ou não sinalagmáticas.

A íntima ligação que deve existir entre as prestações contratuais não é adjetivo comum a todos os deveres de prestação oriundos de uma relação jurídica contratual[26]. De forma mais simples, pode-se afirmar que não são sinalagmáticas todas as obrigações que irradiam de um contrato sinalagmático[27].

Em referência ao que foi abordado sobre o sinalagma como fundamento da exceção de contrato não cumprido[28], destaca-se que o sinalagma é construído unicamente pela vontade das partes[29]. Não será a lei que determinará se uma prestação contratual é sinalagmática em relação a outra, mas sim as próprias partes durante a confecção do pactuado[30].

É importante dar destaque que não se requer manifestação expressa das partes a respeito da correspectividade das prestações para a configuração do sinalagma. Na maioria dos casos, inclusive, a vontade das partes em configurar tal relação entre as presta-

---

25 PÉRSICO, Giovanni, *L'Eccezione d'Inadempimento*, Milano, Giuffrè, 1955, p. 43.

26 ANTUNES VARELA, João de Matos. *Das obrigações em geral*, vol. 1, 10ª edição, Coimbra, Almedina, 2000, p. 406

27 PONTES DE MIRANDA, Francisco Cavalcanti. *Tratado de direito privado: parte especial. Direito das obrigações. Consequências do inadimplemento. Exceções de contrato não adimplido, ou adimplido insatisfatoriamente, e de inseguridade. Enriquecimento injustificado. Estipulação a favor de terceiro. Eficácia protectiva de terceiro. Mudanças de circunstâncias. Compromisso,* t. 26, Rio de Janeiro, Borsoi, 1959, p. 97.

28 Ver item 5 supra.

29 SERPA LOPES, Miguel Maria de. *Exceções Substanciais: Exceção de contrato não cumprido (Exceptio non adimpleti contractus)*, Rio de Janeiro, Freitas Bastos, 1959, pp. 252

30 FONSECA, Ana Taveira da. *Da recusa de cumprimento da obrigação para a tutela do direito de crédito: em especial na excepção de não cumprimento, no direito de retenção e na compensação.* Coimbra, Almedina, 2015, p. 134.

ções pode ser percebida no tipo contratual escolhido ou ainda na forma como as prestações foram confeccionadas no instrumento contratual. José João Abrantes dá exemplo interessante sobre este particular:

> "É assim que se, por exemplo, A adquire a propriedade X de B mediante um preço, estabelecer-se-á uma relação de correspectividade entre a obrigação principal de A (de pagar o preço) e a de B (de entregar X), quer a finalidade de A seja efetivamente vir a servir-se da coisa, que tem para ele alguma utilidade prática, quer seja apenas a de ajudar B no seu negócio" [31]

Tendo em consideração que o processo de interpretação dos negócios jurídicos tem por escopo revelar o regramento de interesses estabelecidos pelas partes negociantes[32], será por meio da interpretação do pactuado que se descobrirá se as prestações contratuais são verdadeiramente sinalagmáticas.

O ponto de partida hermenêutico, entretanto, não é indefinido e tampouco é deixado à deriva pela doutrina. Para conduzir o processo hermenêutico destinado à percepção do sinalagma, é conveniente identificar na forma representativa[33] como as partes estruturaram as posições jurídicas – notadamente os deveres de prestação – da relação jurídica contratual.

O recurso à análise da relação jurídica contratual se justifica porque ela se destina a desenvolver processo que visa à plena satisfação dos seus figurantes[34]. O interesse das partes que determina a relação sinalagmática é o mesmo que dá contorno e justifica

31 ABRANTES, José João. *A excepção de não cumprimento do contrato.* 2ª ed., Coimbra, Almedina, 2014, p. 37

32 MARINO, Francisco Paulo de Crescenzo. *Interpretação do Negócio Jurídico.* São Paulo, Saraiva, 2011, p. 97.

33 Forma representativa é expressão designada a identificar o objeto do esforço interpretativo. Trata-se do meio pelo qual a manifestação de vontade de um sujeito pode alcançar inteligências alheias – notadamente a do intérprete. O documento no qual é escrito um contrato, por exemplo, é o suporte da forma representativa. Sobre o assunto: MARINO, Francisco Paulo de Crescenzo. *Interpretação do Negócio Jurídico.* São Paulo, Saraiva, 2011, pp. 51/53.

34 LARENZ, Karl. *Derecho de Obligaciones*, t. 1, Tradução de Jaime Santos Briz, Madrid, EDERSA, 1958, p. 39.

a obrigação estabelecida em contrato[35], de modo que a estrutura escolhida para a relação jurídica contratual deverá refletir a interdependência desejada entre as diversas posições jurídicas.

Sendo assim, ao compreender como os interesses de prestação são alocados na relação jurídica, o intérprete terá cognição precisa do sinalagma imposto pelas partes a dever e pretensão[36]. Com isso, saber-se-á se as prestações sob análise são ou não sinalagmáticas entre si.

Em referência à satisfação do interesses das partes integrantes da relação jurídica contratual, os deveres de prestar se classificam como (i) deveres primários; (ii) deveres secundários e (iii) deveres anexos[37]. Tendo em vista a importância da classificação para compreender o preenchimento dos pressupostos de aplicação da exceção de contrato não cumprido, importa analisar cada uma das situações em apartado.

8.1. A invocação da exceção de contrato não cumprido fundada na correspectividade envolvendo deveres primários de prestação

Toda relação jurídica obrigacional surge polarizada em torno de uma ou mais prestações que definem a sua configuração típica. Os deveres de prestar que estão atrelados a estas prestações são compreendidos como deveres principais ou primários de prestação. São "a alma da relação obrigacional"[38]. Se a relação obrigacional for contratual, são os deveres primários que definem o tipo contratual que foi posto em uso[39]. O dever do comprador de pagar

---

35 ALMEIDA COSTA, Mário Júlio. *Direito das obrigações*, 12ª ed., Coimbra, Almedina, 2016, p. 109

36 HAICAL, Gustavo. *O inadimplemento pelo descumprimento exclusivo do dever lateral.* In: Revista dos Tribunais, 900/45, 2010, p. 47.

37 MARTINS-COSTA, Judith. *A boa-fé no direito privado: critérios para a sua aplicação.* São Paulo, Marcial Pons, 2015, pp. 221/222.

38 ALMEIDA COSTA, Mário Júlio. *Direito das obrigações*, 12ª ed., Coimbra, Almedina, 2016, p. 76.

39 MARTINS-COSTA, Judith. *Comentários ao novo Código Civil: do direito das obrigações. Do adimplemento e da extinção das obrigações.* v. 5, t. 1, Rio de Janeiro, Forense, 2003, p. 34.

o preço e o dever do vendedor de pagar a coisa são os deveres primários de prestação que identificam o tipo contratual da compra e venda.

Entre dois deveres principais de prestação integrantes da relação jurídica contratual, a identificação de sinalagma é cognoscível de maneira mais direta e não oferece maiores dificuldades ao intérprete. Há sinalagma entre os deveres de entregar a coisa e pagar o preço na compra e venda. Também há sinalagma entre os deveres de pagar o aluguel e ceder a posse da coisa na locação. Nestes casos, está presente o primeiro requisito de se analisa neste trabalho para a aplicação da exceção de contrato não cumprido.

É importante levar em conta, entretanto, que não são todos os deveres primários de todas as relações jurídicas obrigacionais que permitem a satisfação do requisito de correspectividade da *exceptio non adimpleti contractus*. Também é compreendido como dever primário o dever de indenizar oriundo de ato ilícito absoluto[40]. Neste caso, a relação obrigacional, que nasce diretamente do ato ilícito promotor de responsabilidade civil extracontratual, não é compreendida como contratual. Por ato contínuo, tampouco o dever de indenizar é visto como de natureza contratual, extrapolando os limites de operação da exceção de contrato não cumprido.

8.2. A invocação da exceção de contrato não cumprido fundada na correspectividade envolvendo deveres secundários de prestação

Ao lado dos deveres primários de prestação, podem surgir na vida da relação jurídica obrigacional outros deveres que se destinam a preparar o cumprimento da prestação principal ou ainda a servir como um substituto, parcial ou total, da obrigação principal: são os deveres secundários de prestação[41]. Dependendo de qual função exercem, os deveres secundários podem se dividir en-

40 ANTUNES VARELA, João de Matos. *Das obrigações em geral*, vol. 1, 10ª edição, Coimbra, Almedina, 2000, p. 122.

41 ALMEIDA COSTA, Mário Júlio. *Direito das obrigações*, 12ª ed., Coimbra, Almedina, 2016, p. 77.

tre (i) deveres secundários acessórios da prestação principal; ou (ii) deveres secundários com prestação autônoma[42].

Os primeiros se destinam a assegurar a plena satisfação dos interesses postos em defesa na relação obrigacional. São deveres que mantêm uma relação de acessoriedade com os deveres primários de prestação[43]. Trata-se do dever de conservar a coisa até a sua entrega no contrato de compra e venda, por exemplo.

Já os deveres secundários com prestação autônoma se apresentam como um sucedâneo da obrigação principal ou como maneira autônoma mas coexistente com o dever principal[44]. Aqui cabe, portanto, nova subdivisão.

Os deveres secundários de prestação autônoma sucedâneos de dever primário cuidam da hipótese de mudança objetiva da prestação principal que gera sua substituição, como o dever de indenizar por perdas e danos e do cumprimento pelo equivalente em virtude de inadimplemento absoluto.

Os deveres secundários de prestação autônoma coexistentes com a prestação principal também cuidam de hipótese de mudança objetiva da prestação principal, mas tal mudança não é capaz de promover a sua substituição completa. O exemplo que de perto nos interessa mais é o dever de indenizar em virtude de mora[45].

Parte da doutrina nacional mais recente vem dando apoio à aplicação da exceção de contrato não cumprido em deveres secundários[46]. Também há precedente no Superior Tribunal de Justiça acolhendo essa possibilidade. No caso em referência, decidiu-se

42 MARTINS-COSTA, Judith. *Comentários ao novo Código Civil: do direito das obrigações. Do adimplemento e da extinção das obrigações.* v. 5, t. 1, Rio de Janeiro, Forense, 2003, p. 35.

43 PONTES DE MIRANDA, Francisco Cavalcanti. *Tratado de direito privado: parte especial. Direito das obrigações. Obrigações e suas espécies. Fontes e espécies de obrigações.* t. 22, Rio de Janeiro, Borsoi, 1958, p. 37.

44 MARTINS-COSTA, Judith. *A boa-fé no direito privado: critérios para a sua aplicação.* São Paulo, Marcial Pons, 2015, p. 222.

45 HAICAL, Gustavo. *O inadimplemento pelo descumprimento exclusivo do dever lateral.* In: Revista dos Tribunais, 900/45, 2010, p. 49.

46 A título exemplificativo: OLIVEIRA, Rafael Alexandria de. *Aspectos processuais da exceção de contrato não cumprido*, Bahia, Podivm, 2012, p. 125.

pela possibilidade de um lojista opor exceção de contrato não cumprido e deixar de efetuar o pagamento total do preço do contrato de promessa de compra e venda de loja situada em *shopping center* , uma vez que o incorporador-administrador descumpriu dever secundário inserido em cláusula de exclusividade de venda de determinado produto pelo lojista[47].

É bem verdade que a presença de deveres principais de prestação correlatos em relação jurídica contratual é suficiente para evidenciar a existência entre sinalagma entre as prestações. O mesmo, entretanto, não sucede com os deveres secundários. Os deveres secundários, considerados em apartado, não parecem ser indícios suficientes de que as partes o consideraram interdependentes e correlatos entre si de maneira tão substancial capaz de configurar vínculo sinalagmático. Em interessante parecer, Miguel Reale dá evidencia a este rigor que o intérprete deve ter ao se tentar aplicar a *exceptio non adimpleti contractus*:

> "Quanto ao 4º Quesito, sobre se a exceptio em apreço pode envolver obrigações secundárias, é pacífico que só é admissível a exceção quando o excepto deixa de atender ao objetivo fundamental previsto no contrato, devendo-se considerar insuficientes, para emprego de tão excepcional remédio jurídico, as falhas ou vícios que não constituam impedimento ao resultado principal que se tinha em vista atingir."[48]

Ocorre que a relação de sinalagmaticidade é determinada pelas próprias partes contratantes, de tal sorte que cabe aos figurantes da relação contratual determinar se os deveres de prestação – primários, secundários ou anexos – constituem correspectiva-

47 STJ, REsp. 764.901/RJ, Terceira Turma, relatora Min. Nancy Andrighi, j. 10.10.2006.

48 REALE, Miguel. *Boa-fé na execução dos contratos. Questão previa: a juntada de memorial e documentos por linha na tradição do direito pátrio – sua licitude – delimitação do* ius iudicandi *nos embargos infringentes – requisito essencial da boa-fé para a* exceptio non adimpleti contractus *– a jurisprudência no supremo tribunal federal – necessidade de examinar-se a* exceptio *mediante cuidadoso alanceamento dos valores e fins visados pelo contrato – contradição entre a arguição de vício total do bem de cuja exploração o excipiente aufere lucros – limites do direito de retenção e sua inaplicabilidade na espécie.* In: REALE, Miguel. *Questões de direito privado,* São Paulo, Saraiva, 1997, p. 28.

mente a razão de ser uns dos outros[49]. O essencial, para saber se a prestação integra ou não o sinalagma, é que as partes tenham posto essa importância de forma clara na forma representativa, permitindo que tal informação possa vir ao intérprete por força do procedimento hermenêutico.

Por este critério, as partes podem dar caráter sinalagmático aos deveres secundários acessórios da prestação principal, o que permitiria cogitar o manejo da *exceptio non adimpleti contractus*. Essa situação, por ser excepcional, demanda clareza das partes contratantes.

Pensemos em um contrato de compra e venda em que as partes estabelecem o surgimento simultâneo dos deveres de prestar. Nessa oportunidade, as partes contratantes apontam no instrumento contratual que a obrigação de embalar a coisa vendida será tomada em contrapartida com o pagamento do preço. Assumindo a presença dos demais pressupostos de aplicação, a exceção de contrato não cumprido poderá ser invocada pelo comprador se o vendedor se esquecer de embalar a coisa e, depois de entregue, demandar o preço do comprador. A eficácia da *exceptio non adimpleti contractus* ficaria, todavia, limitada ao valor correspondente ao dever de prestar secundário não cumprido, não servindo para escusar o cumprimento de todo o preço a ser pago pela coisa vendida[50].

Ainda no exemplo, sem o apontamento das próprias partes de que há correspectividade entre o dever de embalar a coisa e o pagamento do preço, o manejo da exceção de contrato não cumprido ficaria prejudicado. Mesmo sem poder se escusar do pagamento do preço, todavia, o comprador ainda poderia buscar as consequências do inadimplemento do dever secundário do vendedor.

Situação diferente é a que se verifica a respeito da possibilidade de invocação da exceção de contrato não cumprido em face

49 FONSECA, Ana Taveira da. *Da recusa de cumprimento da obrigação para a tutela do direito de crédito: em especial na excepção de não cumprimento, no direito de retenção e na compensação.* Coimbra, Almedina, 2015, p. 117.

50 A doutrina costuma chamar de *exceptio non rite adimpleti contractus* a circunstância na qual a exceção de contrato não cumprido não encobre por completo a eficácia da pretensão contratual do excepto. Sobre o assunto, ver item 10.3.2. infra.

de deveres secundários oriundos de inadimplemento do contrato, notadamente os deveres secundários autônomos. Cumpre-nos analisar em apartado tanto a situação de correspectividade dos deveres secundários autônomos coexistentes com a prestação principal como os sucedâneos de dever primário.

No que se refere à purgação da mora, não nos parece difícil perceber a aplicabilidade da exceção de contrato não cumprido no caso do excepto ter cumprido com seu dever primário sem todavia ter pago a indenização moratória[51]. Isso porque, mesmo sendo dever secundário, o conteúdo da obrigação de prestar principal integra o dever de adimplemento no tempo, modo e local pactuados[52].

Imaginemos um exemplo: A contratou B para pintar a sua casa. A contraprestação do serviço de pintura é a entrega de uma mesa. A pintura seria feita no dia 10 do mês corrente, sob pena de multa moratória prefixada em cláusula penal. Já a mesa seria entregue no dia 20 do mesmo mês. B deixa de pintar no dia 10 e, no dia 20, oferece realizar o serviço de pintura, bem como exige que, na mesma data, A efetue a entrega da mesa – sem, entretanto, oferecer pagamento da multa moratória. Dentre as possibilidades que A tem frente à não purgação da mora, está a *exceptio non adimpleti contractus.*

No que se refere à situação dos deveres secundários autônomos sucedâneos de dever primário, fala-se da indenização resultante do inadimplemento definitivo que substituiu a prestação principal. Diante de inadimplemento definitivo – em que não é possível ou preferível pelo credor exigir a execução específica do dever principal – o contratante inocente terá duas opções: resolver o contrato ou exigir execução pelo equivalente[53]. O dever secundário autônomo sucedâneo de dever primário surge na

---

51 Também nesse sentido: PÉRSICO, Giovanni, *L'Eccezione d'Inadempimento*, Milano, Giuffrè, 1955, p. 128.

52 FONSECA, Ana Taveira da. *Da recusa de cumprimento da obrigação para a tutela do direito de crédito: em especial na excepção de não cumprimento, no direito de retenção e na compensação.* Coimbra, Almedina, 2015, p. 119.

53 ANDRADE, Darcy Bessone de Oliveira. *Do Contrato,* Rio de Janeiro, Forense, 1960, p. 255

segunda hipótese[54], sendo compreendido como um equivalente econômico-jurídico à prestação principal. Nos casos de sua incidência, o credor não visa mais à realização do dever principal de prestação, mas antes, no lugar dela, a obtenção de vantagem ou atribuição patrimonial equivalente[55].

Diferentemente da resolução, a execução pelo equivalente não promove a extinção do contrato e tampouco exonera o contratante inocente do dever de adimplir a sua prestação principal, isso porque o dever de indenizar, neste caso, se apoia sobre interesse positivo; tenta-se criar situação hipotética patrimonial em que o contratante lesado estaria se o contrato houvesse sido integral e adequadamente cumprido[56].

A sobrevivência do contrato na execução pelo equivalente, aliada à sua perseguição indenizatória de interesse positivo, evidencia a manutenção da identidade desse dever específico de indenizar com os deveres de prestar – tanto o dever de prestar substituído como o dever de prestar do contratante inocente[57]. Sem a extinção, sobrevive na relação jurídica contratual a correspectividade e interdependência sinalagmática entre o dever de prestar da parte inocente com o dever de indenizar equivalente da parte inadimplente. Em consequência, se a indenização substitutiva da indenização não for paga, a parte inocente continua a ter o contradireito correspondente à *exceptio non adimpleti contractus,* uma vez que a relação de sinalagmaticidade que unia as

54 Sobre a discussão da aplicabilidade da exceção de contrato não cumprido nos casos de correspectividade envolvendo resolução do contrato, ver item 8.2.1.6. infra.

55 ANTUNES VARELA, João de Matos. *Das obrigações em geral,* vol. 2, 7ª edição, Coimbra, Almedina, 1997, pp. 151/152.

56 Sobre a distinção entre indenização do interesse positivo e negativo: STEINER, Renata Campos. *Interesse positivo e interesse negativo: a reparação de danos no direito privado brasileiro,* Tese de Doutorado, São Paulo, Universidade de São Paulo, 2016, p. 45.

57 MOTA PINTO, Paulo. *Interesse contratual negativo e interesse contratual positivo,* v. II, Coimbra, Editora Coimbra, 2008, pp. 1499/1500.

duas prestações originariamente devidas sobrevive à execução pelo equivalente[58].

Vejamos um exemplo desta situação: a empresa A fez contrato de permuta com a empresa B. Pelo avençado, a empresa A entregará lingotes de alumínio para a empresa B que, em contrapartida, entregará lingotes de cobre. Ambas as prestações são exigíveis simultaneamente. A empresa A, por motivo a ela imputável, não cumpre com o pactuado e fica sem lingotes de alumínio para entregar à empresa B. Diante do inadimplemento, e mesmo sem ter entregue os lingotes de cobre, a empresa B exige da empresa A a execução pelo equivalente pecuniário. A empresa A de fato deverá promover a satisfação equivalente, mas poderá se valer da *exceptio non adimpleti contractus* para encobrir a eficácia da pretensão da empresa B até que esta cumpra a sua parte do pactuado e entregue – ou ofereça a entrega – dos lingotes de cobre.

Nota-se que a identidade entre a prestação principal e a indenização pelo equivalente não elimina as diferenças de conteúdo de ambos os deveres, mas permite compreender que o direito à execução pelo equivalente consubstancia uma continuação do direito de crédito original, o que por sua vez justifica a sinalagmaticidade e a consequente aplicação da exceção de contrato não cumprido[59].

8.3. A invocação da exceção de contrato não cumprido fundada na correspectividade envolvendo deveres anexos

Além dos deveres primários e secundários de prestar, também guardam relação com os interesses de prestação os deveres anexos ou instrumentais. Como a nomenclatura sugere, são deveres que se apresentam de forma anexa ao dever principal, otimizando o adimplemento satisfatório e mais atrelados ao "como"

58 FONSECA, Ana Taveira da. *Da recusa de cumprimento da obrigação para a tutela do direito de crédito: em especial na excepção de não cumprimento, no direito de retenção e na compensação.* Coimbra, Almedina, 2015, p. 120.

59 FONSECA, Ana Taveira da. *Da recusa de cumprimento da obrigação para a tutela do direito de crédito: em especial na excepção de não cumprimento, no direito de retenção e na compensação.* Coimbra, Almedina, 2015, p. 120/121.

prestar que ao "que" prestar[60]. Sua peculiaridade está no fato de que tais deveres são sempre gerados pela boa-fé, de modo que sua fonte não reside na vontade das partes, mas sim no modelo prescritivo da boa-fé, quando chamado a integrar o conteúdo contratual[61].

Sob a ótica dos deveres anexos ou instrumentais, a aplicação da exceção de contrato não cumprido se torna possível porque são insertos no interesse de prestação com grau de vinculação imediata, de modo a refletir no adimplemento satisfatório dos deveres de prestação primários e secundários[62]. Em outras palavras, se o descumprimento de dever anexo gera inadimplemento de dever inserido em relação sinalagmática, há campo de operação para a *exceptio non adimpleti contractus.*

Novamente, tenta-se elaborar um exemplo. A empresa A celebra contrato de compra e venda de ativos financeiros com a empresa B. As partes pactuam que as prestações serão exigidas simultaneamente. A empresa B deixa de cumprir dever anexo de informar característica relevante sobre a taxa de administração do ativo financeiro levado à venda. A falta desta informação causa situação de inadimplemento capaz de prejudicar a correspectividade entre os deveres primários, mas mesmo assim a empresa B exige o pagamento do preço avençado. A empresa A poderá se valer da *excepto non adimpleti contractus* para paralisar a pretensão da empresa B.

Nota-se que o âmbito de operação da exceção de contrato não cumprido para os deveres anexos está atrelado ao sinalagma contratual entre as prestações primárias ou secundárias. Isso ocorre porque os deveres anexos são "avoluntarísticos"[63] e reportam à

---

60 MARTINS-COSTA, Judith. *A boa-fé no direito privado: critérios para a sua aplicação.* São Paulo, Marcial Pons, 2015, p. 222.

61 ALMEIDA COSTA, Mário Júlio. *Direito das obrigações,* 12ª ed., Coimbra, Almedina, 2016, p. 77; MARTINS-COSTA, Judith. *A boa-fé no direito privado: critérios para a sua aplicação.* São Paulo, Marcial Pons, 2015, pp. 221/222.

62 HAICAL, Gustavo. *O inadimplemento pelo descumprimento exclusivo do dever lateral.* In: Revista dos Tribunais, 900/45, 2010, pp. 62/63.

63 MARTINS-COSTA, Judith. *A boa-fé no direito privado: critérios para a sua aplicação.* São Paulo, Marcial Pons, 2015, p. 222.

atividade integrativa da boa-fé objetiva. Tal gênese impossibilita que as partes contratantes tenham estabelecido correlação e correspectividade entre deveres anexos, mas não significa que eles não possam causar abalo na relação sinalagmática ocupada por outros deveres de prestar[64].

Diferente dos deveres anexos são os deveres de proteção. Os deveres anexos encontram correlação com os interesses de prestação, já os deveres de proteção se preocupam com os interesses de proteção[65]. Os deveres de proteção tutelam não o prestar, mas o interesse de que a relação jurídica obrigacional não resulte em danos injustos para os seus figurantes[66]. Se, por exemplo, um técnico de informática - contratado para consertar computador pessoal - aproveita a oportunidade e invade a privacidade do seu cliente, há a violação de um dever de proteção à privacidade. Mesmo que o técnico tenha realizado o conserto de forma impecável, há violação contratual por conta de descumprimento de dever existente lateralmente aos deveres ligados ao prestar[67].

A doutrina brasileira normalmente aproxima os deveres anexos dos deveres de proteção e, com isso, justifica a aplicação da exceção de contrato não cumprido na percepção de que o desres-

---

64 GABRIELLI, Enrico. *I contratti in generale*, t. 2, 2ª ed., Torino, UTET, 2006, p. 1781.

65 MENEZES CORDEIRO, António Manuel da Rocha e. *Tratado de direito civil português*, t. 6, 2ª ed., Coimbra, Almedina, 2012, p.511.

66 MARTINS-COSTA, Judith. *A boa-fé no direito privado: critérios para a sua aplicação.* São Paulo, Marcial Pons, 2015, pp. 223/224.

67 Tendo em vista que o conteúdo do prestar foi satisfeito, a violação contratual aqui não decorre da não realização da prestação. O inadimplemento é consequência de um agir positivo do figurante inadimplente, que mesmo satisfazendo o interesse da prestação violou a esfera mínima de proteção do contratante inocente. A doutrina classifica esta situação de descumprimento como violação positiva do contrato - terminologia inspirada na escola alemã do começo do século XX. Sobre o assunto: FERREIRA DA SILVA, Jorge Cesa. *A boa-fé e a violação positiva do contrato*, Rio de Janeiro, Renovar, 2002, p. 228; MENEZES CORDEIRO, António Manuel da Rocha e. *Tratado de direito civil português*, t. 6, 2ª ed., Coimbra, Almedina, 2012, p.595.

peito destes deveres torna insatisfatório o cumprimento do dever de prestar[68].

Essa justificativa dialoga bem com a teleologia ocupada pelos deveres anexos, atrelados ao interesse da prestação, mas não com os deveres de proteção, mais preocupados com a guarita das esferas pessoais de cada contratante.

Sobre a aplicação da exceção de contrato não cumprido em casos envolvendo violação de dever de proteção, é de se notar certa instabilidade na doutrina estrangeira[69]. Dentre os defensores da aplicação da exceção em casos de descumprimento de dever de proteção, regista-se o argumento de que não haveria sentido permitir a resolução do contrato por força de violação de dever de proteção mas impedir a oposição de exceção de contrato não cumprido[70].

Este argumento também nos parece insuficiente, uma vez que o direito de resolução nestes casos tem gênese na violação de dever *a latere* do dever de prestação[71]. Nesse sentido, fala-se de outro aspecto da relação obrigacional complexa, e não dos deveres inseridos ao interesse de prestar. Em outras palavras, o direito de resolução atualmente guarda relação com a violação contratual em sua completude: o que importa para o direito de resolução é saber se a violação do dever em referência – seja ele primário, secundário, anexo ou de proteção – prejudica ou não o interes-

---

68 A título exemplificativo: GAGLIARDI, Rafael Villar. Exceção de contrato não cumprido, São Paulo, Saraiva, 2010, pp. 110/111; OLIVEIRA, Rafael Alexandria de. *Aspectos processuais da exceção de contrato não cumprido*, Bahia, Podivm, 2012, p. 125.

69 Na Itália, por exemplo, há trabalhos que defendem ambas as posições. Dentre os que defendem a aplicação da *exceptio non adimpleti contractus* em casos de violação de dever de proteção, cita-se: REALMONTE, Francesco. *Eccezione di inadempimento,* In: Encilopedia del Diritto, v. 15, Giuffrè, Milano, 1965, p. 223. Dentre os que não acolhem tal possibilidade, permitindo somente aos deveres anexos: BIANCA, Cesare Massimo. *Diritto civile: la responsabilità,* v. 5, ristampa, Milano, Giuffrè, 1999 p. 330.

70 REALMONTE, Francesco. *Eccezione di inadempimento,* In: Encilopedia del Diritto, v. 15, Giuffrè, Milano, 1965, p. 224

71 MARTINS-COSTA, Judith. *A boa-fé no direito privado: critérios para a sua aplicação.* São Paulo, Marcial Pons, 2015, p. 226.

se útil do credor[72]. A exceção de contrato não cumprido não tem tanta liberdade quanto ao seu âmbito de operação: ela se destina expressamente à manutenção saudável do sinalagma contratual. Haveria incoerência se permitíssemos resolução por violação de dever involucrado em relação contratual sinalagmática sem permitir oposição de exceção de contrato não cumprido. Não parece ser este o caso da resolução por violação de dever de proteção.

É justamente pelo fato dos deveres de proteção não se correlacionarem com os interesses de prestação que entendemos não ser possível vislumbrar hipótese de abalo na relação sinalagmática causado por violação de dever de proteção.

É necessário, todavia, levantar nota importante. A não aplicação da exceção de contrato não cumprido, instituto específico das relações contratuais sinalagmáticas, não importa conclusão de que o ordenamento jurídico permite exercício abusivo de posição jurídica por parte contratante que viola dever de proteção. Nestes casos, o controle do exercício de direito será feito com requisitos de aplicação da figura do abuso de direito.

O seguinte exemplo se mostra conveniente: a empresa X contrata a empresa Z para limpar sua fábrica de produtos químicos. A empresa X paga pelo serviço, mas seu maquinário pouco conservado produz radiação no complexo, criando ambiente de risco para os representantes da empresa Z realizarem o serviço de limpeza. Mesmo diante dessa situação, a empresa X exige que a empresa Z promova a limpeza de imediato. A empresa X não precisará cumprir o pactuado porque o exercício da pretensão da empresa Z é ilícito por ser manifestamente desproporcional ao contexto da relação jurídica obrigacional – uma vez que expõe os representantes da empresa Z a risco de vida[73]. Não há necessidade de se verificar requisitos de correspectividade entre a prestação de limpar a fá-

---

72 HAICAL, Gustavo. *O inadimplemento pelo descumprimento exclusivo do dever lateral.* In: Revista dos Tribunais, 900/45, 2010, p. 60.

73 Caso parecido foi decidido na Alemanha, como é noticiado por Ana Taveira da Fonseca (FONSECA, Ana Taveira da. *Da recusa de cumprimento da obrigação para a tutela do direito de crédito: em especial na excepção de não cumprimento, no direito de retenção e na compensação.* Coimbra, Almedina, 2015, p. 123).

brica e o dever de proteção da empresa X, pois a situação impõe a aplicação dos pressupostos do abuso de direito, disciplinada no art. 187 do Código Civil Brasileiro, e não da exceção de contrato não cumprido.

Por tudo que foi brevemente exposto, é de se considerar que a exceção de contrato não cumprido não se afasta das relações contratuais sinalagmáticas, de modo que é imperioso para o intérprete identificar se as pretensões contrapostas são compreendidas dentro deste contexto específico. Levando isso em conta, os deveres de prestar correlatos aos interesses de prestação admitem hipóteses de configuração de sinalagma.

O mesmo não se pode dizer dos deveres atrelados aos interesses de proteção. Por mais que estejam inseridos em contrato, eles escapam da relação sinalagmática – necessariamente concebida na manifestação das partes em torno da preocupação com o prestar. De qualquer forma, situações de descompasso envolvendo violação de dever de proteção não ficam sem tutela legislativa – que adotará pressupostos próprios e distintos daqueles verificados na *exceptio non adimpleti contractus*.

8.4. A impossibilidade de invocação da exceção de contrato não cumprido apoiada em contratos unilaterais

Um assunto sensível sobre o sinalagma na aplicação da *exceptio non adimpleti contractus* envolve situações nas quais há certo nível de correspectividade e correspondência entre deveres jurídicos, mas eles não poderiam ser rigorosamente classificados como parte de um contrato sinalagmático, mantendo-se como contratos unilaterais.

O tema ganha relevância porque tais tipos de contratos apresentam fluxo patrimonial de ambos os figurantes do contrato. Esse trânsito de riquezas, entretanto, não se traduz em obrigações sinalagmáticas[74]. Já exemplificamos a figura quando nos referimos brevemente sobre o dever jurídico do comodatário de conservar

---

74 LARENZ, Karl. *Derecho de Obligaciones*, t. 1, Tradução de Jaime Santos Briz, Madrid, EDERSA, 1958, p. 267.

a coisa emprestada pelo comodante[75]. Por mais que exista um dispêndio por parte do comodatário, não existe qualquer relação de sinalagma com a obrigação do comodante em entregar a coisa.

Mesmo em face da inexistência de sinalagma, parte substancial da doutrina nacional tende a considerar que a exceção de contrato não cumprido pode ser aplicável a estes contratos[76]. A linha de raciocínio encontrada nos trabalhos em referência tem inspiração no trabalho paradigmático sobre o tema feito pelo francês René Cassin no início do século XX, que inclusive encontrou bastante acolhimento por parte da doutrina e da jurisprudência francesas[77].

Para Cassin, a exceção de contrato não cumprido pode ser invocada sempre que existe uma conexão jurídica entre deveres jurídicos. Como essa matéria é dominada pelo princípio da autonomia privada, conclui o autor que as partes podem eventualmente estabelecer conexão jurídica nestes contratos unilaterais, não sendo razoável a doutrina excluir imperativamente tais contratos

---

75 Art. 582. O comodatário é obrigado a conservar, como se sua própria fora, a coisa emprestada, não podendo usá-la senão de acordo com o contrato ou a natureza dela, sob pena de responder por perdas e danos. O comodatário constituído em mora, além de por ela responder, pagará, até restituí-la, o aluguel da coisa que for arbitrado pelo comodante.

76 AZEVEDO, Alvaro Villaça. *Contrato bilateral.* In: FRANÇA, Rubens Limongi, *Enciclopédia Saraiva do Direito,* v. 19, São Paulo, Saraiva, 1977, pp. 201/202; OLIVEIRA, Rafael Alexandria de. *Aspectos processuais da exceção de contrato não cumprido*, Bahia, Podivm, 2012, pp. 144/145; SERPA LOPES, Miguel Maria de. *Exceções Substanciais: Exceção de contrato não cumprido (Exceptio non adimpleti contractus),* Rio de Janeiro, Freitas Bastos, 1959, p. 255. Em sentido oposto, entendendo inaplicável a exceção de contrato não cumprido aos contratos bilaterais imperfeitos: GAGLIARDI, Rafael Villar. *Exceção de contrato não cumprido*, São Paulo, Saraiva, 2010, p. 89. PONTES DE MIRANDA, Francisco Cavalcanti. *Tratado de direito privado: parte especial. Direito das obrigações. Consequências do inadimplemento. Exceções de contrato não adimplido, ou adimplido insatisfatoriamente, e de inseguridade. Enriquecimento injustificado. Estipulação a favor de terceiro. Eficácia protectiva de terceiro. Mudanças de circunstâncias. Compromisso,* t. 26, Rio de Janeiro, Borsoi, 1959, pp. 96/97.

77 Sobre a importância e reverberação da tese de Cassin na França, ver item 3.3.1. supra.

do âmbito de aplicação da *exceptio non adimpleti contractus* [78]. Há trabalhos mais recentes na Franca e também na Espanha que seguem o entendimento de Cassin e também defendem a aplicação da exceção de contrato não cumprido para estas hipóteses[79]

O sistema jurídico francês abordado nas obras francesas, antigo em relação à *Ordonnance nº2016-131*, e o sistema jurídico espanhol são bastante distintos do adotado pelo Brasil desde o Código Civil de 1916. Diferentemente do *Code Civil* e do Código Civil espanhol, o direito brasileiro desde cedo optou por positivar a exceção de contrato não cumprido e especificar seu campo de atuação aos contratos bilaterais, visando a dar fim à discussão que se tinha na França sobre o alargamento do âmbito de operação da *excepto non adimpleti contractus*[80].

Neste particular, é conveniente observar a experiência italiana, uma vez que o art. 1.460 do Código Civil italiano de 1942 também se ocupa da exceção de contrato não cumprido. Sob a ótica do sistema italiano, a generalidade da doutrina entende ser impossível a aplicação do instituto para qualquer espécie de contrato unilateral[81]. Em sentido reconhecidamente minoritário, Cesare Massimo Bianca entende ser possível a aplicação, retomando os

---

78 CASSIN, René. *De l'exception tirée de l'inexécution dans les rapports synallagmatiques (exception non adimpleti contractus): et de ses relations avec le droit de rétention, la compensation et la résolution.* Paris: Sirey, 1914, pp. 467/469.

79 MALECKI, Catherine. *L'exception d'inexécution,* Paris, LGDJ, 1999, pp. 248/250; MORENO, María Cruz. *La* "exceptio non adimpleti contractus". Valencia, Tirant lo Blanch, 2004, p. 44/46.

80 PONTES DE MIRANDA, Francisco Cavalcanti. *Tratado de direito privado: parte especial. Direito das obrigações. Consequências do inadimplemento. Exceções de contrato não adimplido, ou adimplido insatisfatoriamente, e de inseguridade. Enriquecimento injustificado. Estipulação a favor de terceiro. Eficácia protectiva de terceiro. Mudanças de circunstâncias. Compromisso,* t. 26, Rio de Janeiro, Borsoi, 1959, pp. 99.

81 PÉRSICO, Giovanni, *L'Eccezione d'Inadempimento,* Milano, Giuffrè, 1955, pp. 55/57; REALMONTE, Francesco. *Eccezione di inadempimento,* In: Encilopedia del Diritto, v. 15, Giuffrè, Milano, 1965, pp. 225/226; NOVA, Giorgio De; SACCO, Rodolfo. *Il contrato.* In.: SACCO, Rodolfo (org.) *Trattato di Diritto Civile Italiano,* t. 2, Torino, Editrice Torinese, 1993, p. 645

argumentos utilizados por Cassin para ampliar o escopo da exceção de contrato não cumprido para além do sinalagma[82].

A leitura dos trabalhos que se debruçaram sobre o artigo 1.460 do Código Civil italiano nos dá perspectiva para a abordagem do texto normativo encontrado no nosso art. 476. Assim como os italianos, que circunscreveram a aplicação da exceção de contrato não cumprido às "prestações correspectivas", nós reservamos o instituto para os "contratos bilaterais".

É bem verdade que, conforme alertava a doutrina francesa desde o início do século XX, há situações em que contratos unilaterais apontam fluxo de patrimônio duplo. É o caso, por exemplo, do valor gasto pelo depositário para a manutenção da coisa confiada em depósito. Ocorre, entretanto, que a relevância econômica destes gastos não atinge a configuração da categoria jurídica prestação, de tal forma que também não se configura uma relação sinalagmática. Isso porque a relação sinalagmática é estabelecida sob a ótica da conveniência das partes, e não necessariamente sob uma perspectiva econômica[83].

Se seguíssemos este raciocínio e aproximássemos o sentido de sinalagma a um critério singular de equivalência econômica, daríamos fim à distinção entre contratos sinalagmáticos e contratos onerosos, categorias que o Código Civil entendeu por bem dar enfática distinção[84]. Quando se fala em onerosidade, fala-se de vantagens e sacrifícios patrimoniais ou econômicos; já quando se

82 BIANCA, Cesare Massimo. *Diritto civile: la responsabilità,* v. 5, ristampa, Milano, Giuffrè, 1999, p. 332.

83 Sobre o assunto, ver item 5 supra.

84 A onerosidade se relaciona com o fluxo patrimonial e não se confunde com a correspectividade de prestações, de modo que há onerosidade nos contratos associativos, notadamente não correspectivos. A classificação quanto à onerosidade é de suma importância para a aplicação da fraude contra credores (art. 158 e 159), para a alienação feita por herdeiro aparente (art. 1.827) e para a formação das regras hermenêuticas (art. 114). Sobre o tema: MARINO, Francisco Paulo de Crescenzo. *Classificação dos contratos.* In: JABUR, Gilberto Haddad; JUNIOR, Antonio Jorge Pereira. (coord.) *Direito dos contratos,* São Paulo, Quartier Latin, 2006, p. 40.

fala em sinalagma, é feita referência à estrutura e ao funcionamento jurídico das obrigações[85]

Não por outro motivo que em Portugal - outro país que, assim como o Brasil, conta com texto normativo próprio para a exceção de contrato não cumprido - a generalidade dos trabalhos acadêmicos defende a impossibilidade de aplicar a *exceptio non adimpleti contractus* aos contratos unilaterais[86].

Mesmo assim, o Código Civil se preocupa em dar amparo a certas situações de relevo econômico inserida nestes contratos. A tutela, entretanto, não segue pela eficácia da exceção de contrato não cumprido, mas sim pelo direito de retenção. É justamente o que acontece no caso do depositário, que poderá se valer da retenção para tutelar seu crédito que escapa do sinalagma[87].

Por estes motivos, não há espaço de aplicação para a exceção de contrato não cumprido nos contratos unilaterais, já que estes contratos, essencialmente, não constituem verdadeiramente contratos sinalagmáticos e por consequência não constroem, entre os figurantes, relação contratual sinalagmática. A depender da espécie de relação contratual que se configura, o figurante poderá se valer de direito de retenção previamente disposto no regime jurídico aplicável, mas não da disposição encontrada no art. 476 do Código Civil de 2002.

---

85 DÍEZ-PICAZO, Luis. *Fundamentos del derecho civil* patrimonial, v.1, 2ª ed., Madrid, Tecnos, 1983, p. 557

86 Cita-se a título exemplificativo: ABRANTES, José João. *A excepção de não cumprimento do contrato.* 2ª ed., Coimbra, Almedina, 2014, p. 44; FONSECA, Ana Taveira da. *Da recusa de cumprimento da obrigação para a tutela do direito de crédito: em especial na excepção de não cumprimento, no direito de retenção e na compensação.* Coimbra, Almedina, 2015, p.149; VAZ SERRA, Adriano Paes da Silva. *Excepção de Contrato não Cumprido.* In: Boletim do Ministério da Justiça, 67, 1957, pp.74/75

87 Art. 644. O depositário poderá reter o depósito até que se lhe pague a retribuição devida, o líquido valor das despesas, ou dos prejuízos a que se refere o artigo anterior, provando imediatamente esses prejuízos ou essas despesas.

8.5. A invocação da exceção de contrato não cumprido apoiada em contratos plurilaterais

Dentro da temática da correspectividade dos deveres de prestar, discute-se a possibilidade de aplicar a exceção de contrato não cumprido a contratos plurilaterais. Classificam-se como plurilaterais os contratos nos quais duas ou mais partes se comprometem a realizar prestações voltadas ao estabelecimento e obtenção de finalidade comum[88].

A finalidade comum entre os contratantes, característica importante dos contratos plurilaterais[89], já era anunciada nas fontes antigas reservadas ao contrato de sociedade - exemplo mais ilustre de contrato plurilateral[90]. A cooperação ativa entre os sócios, exprimindo a intenção de reunir esforços para a realização de finalidade compartilhada, também encontra referência nas fontes de direito romano clássico[91].

Pela importância prática deste contrato, a aplicação da exceção de contrato não cumprido em contratos plurilaterais é discutida sob a hipótese do contrato de sociedade. Nesta roupagem, a questão enfrentada é a seguinte: pode um sócio, por meio da *exceptio non adimpleti contractus*, recusar o cumprimento da sua obrigação de participar da formação do capital social até que os demais sócios também efetuem as suas próprias obrigações de entrada?

Embora parte da doutrina entenda pela possibilidade de aplicação da exceção de contrato não cumprido nesses casos[92], não

---

88 ASCARELLI, Tullio. *O contrato plurilateral.* In: *Problemas das sociedades anônimas e direito comparado,* São Paulo, Saraiva, 1945, pp. 312/313

89 CARVALHO DE MENDONÇA, José Xavier. *Tratado de Direito Comercial Brasileiro,* v. 3, 5ª ed., Rio de Janeiro, Freitas Bastos, 1955, p. 16

90 Neste particular, Ord. Fil., 4.44. Disponível em: ALMEIDA, Cândido Mendes de. *Código filipino ou Ordenações e leis do reino de Portugal: recopiladas por mandado d'el-Rey D. Filipe,* v. 4, t. 3, ed. fac-sim, Brasília, Senado Federal, 2012, p. 827

91 D.17.2.31-32 (Disponível em: GARCÍA DEL CORRAL, Ildefonso. *Cuerpo del Derecho Civil Romano,* t. 1, Barcelona, Jaime Molinas, 1889, p. 878)

92 ABRANTES, José João. *A excepção de não cumprimento do contrato.* 2ª ed., Coimbra, Almedina, 2014, p. 56, AGUIAR JR., Ruy Rosado de. *Comentário ao Novo Código Civil: dos contratos em geral,* v. 6, t. 2, Rio de Janeiro, Forense, 2011, pp.739/740.

nos parece ser possível vislumbrar correspectividade ou sinalagmaticidade entre deveres de prestar oriundos de contrato que visa à obtenção de finalidade comum[93].

Em contratos de intercâmbio, como a compra e venda, a troca e a locação, por exemplo, os deveres de prestar de cada contratante são antagônicos. Nos contratos plurilaterais, como o contrato de sociedade, há convergência entre os deveres dos sócios de compor o capital social, no sentido que "todos miram para um fim comum"[94].

Se as partes de um contrato de intercâmbio são ilustradas geometricamente em posições diametralmente opostas de uma linha, nos contratos plurilaterais as partes são dispostas em círculo, com o fim comum posto no centro[95].

Mesmo na situação em que há somente dois sócios, as obrigações de integralização de cada sócio não são correspectivas entre si – pelo contrário: visam à realização de um objetivo comum[96], de tal sorte que os sócios não são sequer reciprocamente credores e devedores. O crédito das obrigações de integralização é da sociedade, formada em contrato, contra os sócios remissos[97].

93 Nesse sentido: ASCARELLI, Tullio. *O contrato plurilateral.* In: *Problemas das sociedades anônimas e direito comparado,* São Paulo, Saraiva, 1945, p 308; PONTES DE MIRANDA, Francisco Cavalcanti. *Tratado de direito privado: parte especial. Direito das obrigações. Consequências do inadimplemento. Exceções de contrato não adimplido, ou adimplido insatisfatoriamente, e de inseguridade. Enriquecimento injustificado. Estipulação a favor de terceiro. Eficácia protectiva de terceiro. Mudanças de circunstâncias. Compromisso,* t. 26, Rio de Janeiro, Borsoi, 1959, p. 205.

94 PONTES DE MIRANDA, Francisco Cavalcanti. *Tratado de direito privado: parte especial. Contrato de sociedades. Sociedade de Pessoas,* t. 49, Rio de Janeiro, Borsoi, 1959, p. 73.

95 ASCARELLI, Tullio. *O contrato plurilateral.* In: *Problemas das sociedades anônimas e direito comparado,* São Paulo, Saraiva, 1945, p. 287. Tal ilustração foi posta em prática por Pontes de Miranda (PONTES DE MIRANDA, Francisco Cavalcanti. *Tratado de direito privado: parte especial. Contrato de sociedades. Sociedade de Pessoas,* t. 49, Rio de Janeiro, Borsoi, 1959, p. 73).

96 FONSECA, Ana Taveira da. *Da recusa de cumprimento da obrigação para a tutela do direito de crédito: em especial na excepção de não cumprimento, no direito de retenção e na compensação.* Coimbra, Almedina, 2015, p. 158.

97 VASCONCELOS, Pedro Pais de. *A participação social nas sociedades comerciais,* 2ª ed., Coimbra, Almedina, 2014, p. 272.

Não por outro motivo, o artigo 1.004 do Código Civil determina que o sócio remisso deve responder, pelas consequências de seu inadimplemento, perante a sociedade – e não perante os sócios[98]. Dentro desta perspectiva, a impossibilidade de se vislumbrar correspectividade nas obrigações de entrada faz com que a exceção de contrato não cumprido deixe de encontrar campo de atuação nestes contratos.

8.6. A invocação da exceção de contrato não cumprido apoiada em contratos sinalagmáticos coligados

Outro aspecto que ganha discussão na doutrina diz respeito à possibilidade de se vislumbrar situação em que se aplica a exceção de contrato não cumprido em contratos sinalagmáticos coligados.

A doutrina especializada conceitua contrato coligado como "contratos que, por foça de disposição legal, da natureza acessória de um deles ou do conteúdo contratual (expresso ou implícito), encontram-se em relação de dependência unilateral ou recíproca"[99]. Deste conceito, nota-se que, para haver coligação, basta termos (i) dois ou mais contratos com (ii) relação de dependência unilateral ou recíproca entre si.

No que interessa mais à exceção de contrato não cumprido, quando se aborda a questão dos contratos coligados, discute-se a oportunidade de aplicar o instituto para encobrir a eficácia de uma pretensão que se encontra em contrato diverso da pretensão do excipiente.

É bem verdade que a redação do art. 476 do Código Civil não foi criada sob outra perspectiva senão a da relação contratual sinalagmática instituída por um contrato singular. De qualquer forma, a existência do sinalagma contratual não pressupõe que a relação contratual deva se instrumentalizar por um único contrato.

98 Art. 1.004. Os sócios são obrigados, na forma e prazo previstos, às contribuições estabelecidas no contrato social, e aquele que deixar de fazê-lo, nos trinta dias seguintes ao da notificação pela sociedade, responderá perante esta pelo dano emergente da mora.

99 MARINO, Francisco Paulo de Crescenzo. *Contratos coligados no direito brasileiro*. São Paulo, Saraiva, 2010, p. 99.

Como já tivemos a oportunidade de defender, para a relação contratual sinalagmática é mais importante verificar se as prestações assumidas pelas partes são sinalagmáticas em relação umas às outras, ao invés de simplesmente dizer que o contrato é sinalagmático[100]. Afinal, em um contrato sinalagmático é possível existir deveres de prestar que não são correlatos e interdependentes uns com os outros.

Essa constatação fez com que praticamente a unanimidade da doutrina, nacional e estrangeira, admitisse a hipótese de aplicação da exceção de contrato não cumprido entre deveres de prestar sinalagmáticos entre si e presentes em contratos distintos, mas coligados[101]. Em resposta à doutrina, o Decreto Lei nº133/2009 de Portugal aponta a possibilidade do uso da *exceptio non adimpleti contractus* em contratos de compra e venda ou de prestação de serviços coligado com contrato de crédito[102]. Solução idêntica se encontra no atual §359 do BGB[103].

---

100 Ver item 5 supra.

101 Em Portugal, cita-se, já com suas próprias referências a trabalhos da Alemanha e da Itália: FONSECA, Ana Taveira da. *Da recusa de cumprimento da obrigação para a tutela do direito de crédito: em especial na excepção de não cumprimento, no direito de retenção e na compensação.* Coimbra, Almedina, 2015, p. 176. No Brasil: GAGLIARDI, Rafael Villar. Exceção de contrato não cumprido, São Paulo, Saraiva, 2010, p. 164; MARINO, Francisco Paulo de Crescenzo. *Contratos coligados no direito brasileiro.* São Paulo, Saraiva, 2010, p. 200; PONTES DE MIRANDA, Francisco Cavalcanti. *Tratado de direito privado: parte especial. Direito das obrigações. Consequências do inadimplemento. Exceções de contrato não adimplido, ou adimplido insatisfatoriamente, e de inseguridade. Enriquecimento injustificado. Estipulação a favor de terceiro. Eficácia protectiva de terceiro. Mudanças de circunstâncias. Compromisso,* t. 26, Rio de Janeiro, Borsoi, 1959, p. 95.

102 Artigo 18.ºContrato de crédito coligado [...] 3 – No caso de incumprimento ou de desconformidade no cumprimento de contrato de compra e venda ou de prestação de serviços coligado com contrato de crédito, o consumidor que, após interpelação do vendedor, não tenha obtido deste a satisfação do seu direito ao exato cumprimento do contrato, pode interpelar o credor para exercer qualquer uma das seguintes pretensões: a) A exceção de não cumprimento do contrato; [...].

103 § 359 do Código Civil Alemão: "*Einwendungen bei verbundenen Verträgen (1) Der Verbraucher kann die Rückzahlung des Darlehens verweigern, soweit Ein-*

Sendo assim, a questão que recai sobre a aplicação da exceção de contrato não cumprido nos contratos coligados é a mesma em qualquer tipo de relação contratual: os deveres de prestar do excipiente e excepto são sinalagmáticos?

Não é difícil imaginar contratos sinalagmáticos que são coligados – basta pensar em um contrato de fornecimento para consumo e outro de financiamento, por exemplo. Outro esforço criativo, agora bem mais peculiar, é imaginar situação em que há sinalagma entre deveres de prestar dispostos cada um em seu próprio contrato. São sensivelmente mais raras, mas não impossíveis.

O judiciário brasileiro já inclusive teve a oportunidade de lidar com alguns casos que aludem a esta situação[104]. Dentre eles, salta aos olhos pela quantidade de informação disponível no voto

wendungen aus dem verbundenen Vertrag ihn gegenüber dem Unternehmer, mit dem er den verbundenen Vertrag geschlossen hat, zur Verweigerung seiner Leistung berechtigen würden. Dies gilt nicht bei Einwendungen, die auf einer Vertragsänderung beruhen, welche zwischen diesem Unternehmer und dem Verbraucher nach Abschluss des Darlehensvertrags vereinbart wurde. Kann der Verbraucher Nacherfüllung verlangen, so kann er die Rückzahlung des Darlehens erst verweigern, wenn die Nacherfüllung fehlgeschlagen ist. (2) Absatz 1 ist nicht anzuwenden auf Darlehensverträge, die der Finanzierung des Erwerbs von Finanzinstrumenten dienen, oder wenn das finanzierte Entgelt weniger als 200 Euro beträgt.". Tradução: "(1) O consumidor pode recusar o reembolso do empréstimo, na medida em que as objecções do contrato vinculado lhe confeririam o direito de recusar a sua prestação ao comerciante com o qual tenha celebrado o contrato vinculado. Tal não se aplica no caso de objecções baseadas numa alteração contratual acordada entre este comerciante e o consumidor após a celebração do contrato de crédito ao consumo. Se o consumidor pode exigir uma cura, ele não pode se recusar a pagar o empréstimo até que a cura falhe. (2) A subsecção (1) não deve ser aplicada a contratos de crédito que sirvam para financiar a aquisição de instrumentos financeiros, ou se a remuneração financiada for inferior a 200 euros.".

104 STJ, Resp. 419.362-MS, Quarta Turma, relator Min. Cesar Asfor Rocha, relator para acórdão Min. Ruy Rosado de Aguiar Junior, j. 17.06.2003; STJ, Resp. 985531-SP, Terceira Turma, relator Des. Convocado Vasco Della Giustina, j. 01.09.2009; TJSP Apel. 0002492-52.2011.8.26.0010, 21ª Câmara de Direito Privado, relator Des. Itamar Gaino, j. 28.01.13

um julgado do Tribunal de Justiça do Estado de São Paulo envolvendo distribuidor e revendedor de combustíveis[105].

São celebrados três contratos entre as partes: um contrato de comodato dos equipamentos do posto de gasolina; um contrato de distribuição de combustível; e um contrato de financiamento. O contrato de financiamento previa que o auxílio financeiro deveria obrigatoriamente ser revertido em favor da comercialização dos produtos da distribuidora. A distribuidora enviou a quantia emprestada ao revendedor, que, por sua vez, tinha que restituir o empréstimo em 48 parcelas mensais.

Após 24 meses, entretanto, a distribuidora interrompeu injustificadamente a remessa de combustível e, por ato contínuo, a revendedora também resolveu interromper os pagamentos das parcelas do financiamento. A distribuidora resolveu então executar a revendedora para obter os pagamentos restantes, mas foi reconhecida a relação sinalagmática entre o dever de pagar as parcelas do revendedor (contrato de financiamento) e o dever de entregar combustíveis da distribuidora (contrato de distribuição) e, consequentemente, reconhecido o pedido da revendedora pela aplicação da exceção de contrato não cumprido.

Solução diversa deveria ser dada ao caso se não fosse comprovada a coligação entre o contrato de distribuição e o contrato de financiamento, pois é da constatação da coligação contratual que se vislumbra a relação contratual em sua completude e se identifica as relações de interdependência e correspectividade entre as posições jurídicas. Diante da satisfação destes requisitos, restou adequada a aplicação da exceção de contrato não cumprido[106].

---

105 TJSP, Embargos Infringentes. 1.068.527-7/02, 13ª Câmara de Direito Privado, relator Des. Heraldo de Oliveira Silva, j. 30.08.06

106 Para uma análise mais pormenorizada dos aspectos processuais do caso em referência, ver: MARINO, Francisco Paulo de Crescenzo. *Contratos coligados no direito brasileiro*. São Paulo, Saraiva, 2010, pp. 200/202.

8.7. A invocação da exceção de contrato não cumprido apoiada em pretensões restitutórias correlatas oriundas de declaração de nulidade, anulação ou resolução de contrato

Um aspecto bastante controvertido diz respeito à aplicação da exceção de contrato não cumprido para situações em que a correspectividade envolvendo deveres jurídicos oriundos de nulidade, anulabilidade ou resolução contratual – situação normalmente referida pela doutrina como "sinalagma invertido"[107]. A questão ganha importância porque dessas situações surgem pretensões restitutórias que são exigíveis imediatamente entre as partes[108].

Vamos imaginar um contrato de permuta entre a empresa A e a empresa B. A empresa A entregou processadores para a empresa B, que por seu turno entregou lingotes de silício para a empresa A. Depois de poucos meses após a celebração e execução do contrato, o Ministério Público propõe ação declaratória de nulidade do referido negócio jurídico, por entender que o avençado tem objetivo fraudar certa lei imperativa (art. 166, VI do Código Civil). A ação é julgada procedente e surge para ambos os figurantes pretensões restitutórias: a empresa A deverá devolver os lingotes de silício e a empresa B os processadores (art. 182 do Código Civil). Se a empresa A demandar a entrega dos processadores, poderá a empresa B se valer da *exceptio non adimpleti contractus* para encobrir a eficácia da pretensão restitutória da empresa A até que ela devolva os lingotes de silício?

A resposta não é dada com clareza pelo ordenamento jurídico brasileiro, o que não ocorreu em alguns sistemas jurídicos europeus.

---

107 BARGELLI, Elena. *Il sinallagma rovesciato,* Milano, Giuffrè, 2010, p. 271; MENEZES CORDEIRO, António Manuel da Rocha e. Tratado de direito civil, t.9, 2ª ed., Coimbra, Almedina, 2016, p. 283.

108 Sobre a pretensão restitutória oriunda de invalidade: BUNAZAR, Maurício Baptistella. *Análise dogmática da categoria jurídica da invalidade no código civil brasileiro,* Tese de Doutorado, São Paulo, Universidade de São Paulo, 2017, p. 164.

Embora o âmbito operativo da exceção de contrato não cumprido na Alemanha seja, assim como no Brasil, primordialmente os contratos bilaterais, o próprio BGB permite a aplicação do instituto em relações jurídicas que estabelecem deveres jurídicos recíprocos de restituição derivados de resolução. Essa extensão é feita pelo §348 do BGB[109].

Os portugueses foram além dos alemães e adicionaram ao seu Código Civil dispositivo legal capaz de alargar a *exceptio non adimpleti contractus* para deveres jurídicos relacionados não somente com a resolução contratual, mas também com a nulidade e anulabilidade[110]. São os artigos 290º[111] e 433º[112] do atual Código Português que cuidam do assunto. O BGB, por sua vez, não trata da situação dos deveres jurídicos relacionados com invalidade negocial.

Comentando este alargamento do âmbito de operação da exceção de contrato não cumprido, a doutrina portuguesa exalta a opção tomada pelo legislador, já que a ausência dos artigos supracitados dificultaria a aplicação da *exceptio non adimpleti contractus* nestes casos[113].

---

109 Parágrafo 348 do BGB: *"Die sich aus dem Rücktritt ergebenden Verpflichtungen der Parteien sind Zug um Zug zu erfüllen. Die Vorschriften der §§ 320, 322 finden entsprechende Anwendung."*

110 ABRANTES, José João. *A excepção de não cumprimento do contrato.* 2ª ed., Coimbra, Almedina, 2014, p. 59, nota 47; FONSECA, Ana Taveira da. *Da recusa de cumprimento da obrigação para a tutela do direito de crédito: em especial na excepção de não cumprimento, no direito de retenção e na compensação.* Coimbra, Almedina, 2015, p. 164.

111 Artigo 290º do Código Civil português: *"Artigo 290.º (Momento da restituição) As obrigações recíprocas de restituição que incumbem às partes por força da nulidade ou anulação do negócio devem ser cumpridas simultâneamente, sendo extensivas ao caso, na parte aplicável, as normas relativas à excepção de não cumprimento do contrato."*

112 Artigo 433º do Código Civil português: *"Artigo 433º (Efeitos entre as partes) Na falta de disposição especial, a resolução é equiparada, quanto aos seus efeitos, à nulidade ou anulabilidade do negócio jurídico, com ressalva do disposto nos artigos seguintes."*

113 FONSECA, Ana Taveira da. *Da recusa de cumprimento da obrigação para a tutela do direito de crédito: em especial na excepção de não cumprimento, no direito de retenção e na compensação.* Coimbra, Almedina, 2015, p. 165.

Durante a vigência do Código Seabra, o sistema jurídico português não contava com artigos equivalentes aos 290º e 433º. De qualquer forma, a ausência de suporte no direito positivo não impediu a doutrina portuguesa da época de reconhecer a expansão da exceção de contrato não cumprido às hipóteses de sinalagma invertido, sob o argumento de que o alargamento da *exceptio non adimpleti contractus* a tais situações era solução razoável resultante de analogia que não contraria os preceitos legais vigentes à época[114]. Adriano Vaz Serra chegou inclusive a sugerir que a nova legislação civil portuguesa contasse com artigos como os atuais 290º e 433º - justamente para "evitar dúvidas" sobre a aplicação da exceção de contrato não cumprido nestes casos[115]

Na Alemanha, os casos envolvendo pretensões restitutórias de resolução contratual seguem a cartilha do §348 do BGB. Já as situações das pretensões restitutórias de nulidade e anulabilidade, justamente por não encontrarem no código alemão artigo semelhante ao art. 290º português, são resolvidas por outros institutos jurídicos mais genéricos, como pela figura do enriquecimento sem causa ou pela teoria do saldo[116].

O sistema italiano, neste particular, é mais parecido com o brasileiro. Percebe-se no *Codice Civile* a ausência de um artigo semelhante ao parágrafo §348 do BGB. Isso levantou na doutrina italiana dúvidas se a exceção de contrato não cumprido poderia

114 VAZ SERRA, Adriano Paes da Silva. *Excepção de Contrato não Cumprido.* In: Boletim do Ministério da Justiça, 67, 1957, p. 84, nota 109.

115 "Para evitar dúvidas, talvez conviesse, na reforma da lei civil, declarar expressamente que, resolvido ou anulado o contrato, os deveres de restituição daí resultantes devem ser cumpridos simultâneamente, quando isso não contrariar a convenção ou a lei; e que são extensivas a estas hipóteses, na parte aplicável, as disposições relativas à *exceptio non adimpleti contractus.* Tornar-se-ia, com esta última declaração, manifesto, por exemplo, que a recusa não seria legítima quando ofendesse a boa-fé" (VAZ SERRA, Adriano Paes da Silva. *Excepção de Contrato não Cumprido.* In: Boletim do Ministério da Justiça, 67, 1957, p. 84, nota 109).

116 MENEZES LEITAO, Luís Manuel Teles de. *O enriquecimento sem causa no direito civil,* Coimbra, Almedina, 2005, pp. 448/449.

se ocupar dos deveres jurídicos correspectivos oriundos de resolução contratual, bem como também de nulidade ou anulação[117].

A jurisprudência italiana também indica instabilidade. A Corte de Cassação, em abril de 1980, lançou julgado dando amparo ao uso da exceção nas relações de restituição por resolução, anulabilidade ou nulidade[118]. Julgado mais recente, entretanto, dá notícia de que o entendimento foi superado, de forma que não seria cabível a oposição da exceção nestes casos[119].

O direito francês, modificado pela *Ordonnance nº2016-131,* também não apresenta artigos específicos que levam a exceção de contrato não cumprido para as situações de sinalagma invertido. A doutrina francesa, entretanto, não encontra resistência em prosseguir com a ampliação do âmbito de operação do atual artigo 1.219[120] às situações de correspectividade entre pretensões restitutórias por meio de analogia *legis*[121].

---

117 Dentre os defensores da possibilidade da exceção de contrato não cumprido aos casos de nulidade, anulação e resolução, cita-se a título exemplificativo: REALMONTE, Francesco. *Eccezione di inadempimento,* In: Encilopedia del Diritto, v. 15, Giuffrè, Milano, 1965, p. 227; SCADUTO, Gioachino, L'exceptio non adimpleti contractus *nel Diritto Civile italiano*" In: Annali del Seminario Giuridico dell'Università di Palermo, 6, 1921, p. 119. Já como representante da impossibilidade da extensão, cita-se: BIANCA, Cesare Massimo. *Diritto civile: la responsabilità, ristampa,* v.5, Milano, Giuffrè, 1999, p. 330, nota 3; PÉRSICO, Giovanni, *L'Eccezione d'Inadempimento,* Milano, Giuffrè, 1955, p.65.

118 Corte di Cassazione, nº 2678/1980, 23 abrile 1980. Acessado em < http://www.italgiure.giustizia.it/sncass/> em 23.01.17

119 "*Si osserva che ,contrariamente a quanto ritenuto dalla Corte di appello che ha applicato sul punto i principi espressi da una risalente sentenza di questa Corte- Cass. 2678 / 1980 – ,la concorde giurisprudenza successiva ha ritenuto che una volta risolto il contratto ,le due obbligazioni che sorgono da tale risoluzione perdono il requisito della corrispettività e pertanto non opera a loro riguardo la possibilità di proporre l'eccezione di inadempimento ex art.1460 c.c.*" (Corte di Cassazione, nº 4442/2014, 25 febbraio 2014. Acessado em < http://www.italgiure.giustizia.it/sncass/> em 23.01.17)

120 Art. 1219 do atual Código Civil Francês: "*Une partie peut refuser d'exécuter son obligation, alors même que celle-ci est exigible, si l'autre n'exécute pas la sienne et si cette inexécution est suffisamment grave.*"

121 Por todos: FAGES, Bernard. *Droit des obligations,* 7ª ed., Paris, LGDJ, 2017, p. 283.

A experiência estrangeira nos presta muito auxílio na busca de uma solução brasileira para o problema do sinalagma invertido.

A ideia de equilíbrio entre prestação e contraprestação aparece em fontes legais específicas no nosso sistema jurídico. O Código Civil Brasileiro, por exemplo, permite anular negócios jurídicos acometidos por lesão contratual (art. 157); reduzir da cláusula penal quando desproporcional ou inequitativa (art. 413); e também resolver contratos quando caracterizada a excessiva onerosidade superveniente (art. 478). Todos esses exemplos, junto com a exceção de contrato não cumprido, encontram fundamentação no equilíbrio entre as prestações. Entretanto, embora o ordenamento acolha todas essas hipóteses legais concretizadoras do equilíbrio contratual, não há confeccionado uma regra geral tutelando o equilíbrio[122].

O Código Civil de 2002 não conta com artigos semelhantes aos 290º e 433º do Código Civil português ou § 348 do BGB. Mesmo assim, a eficácia retroativa oriunda da resolução de contrato – ou da invalidade de negócio jurídico – impõe cumprimento simultâneo das pretensões restitutórias. Identifica-se, à semelhança da doutrina italiana e portuguesa, a necessidade de se questionar se é possível recorrer à analogia para a aplicação da exceção de contrato não cumprido em tais circunstâncias.

A analogia é instrumento frequentemente utilizado em países com sistemas jurídicos que seguem tradição jurídica romanística. O instituto está fundamentado na necessidade que o sistema jurídico tem de fornecer decisões próximas para circunstâncias fáticas semelhantes[123]. Na feliz expressão das Ordenações Filipinas, trata-se de garantir o proceder de semelhante a semelhante[124].

122 MARTINS-COSTA, Judith. *A boa-fé no direito privado: critérios para a sua aplicação.* São Paulo, Marcial Pons, 2015, pp.593/594.

123 D.1.3.12-13 (Disponível em: GARCÍA DEL CORRAL, Ildefonso. *Cuerpo del Derecho Civil Romano*, t. 1, Barcelona, Jaime Molinas, 1889, p. 210).

124 "E asi será recebida a appellação da sentença interlocutória em todos os outros casos semelhantes, porque não podem todos ser declarados em esta Lei, mas procederão os Julgadores de semelhante à semelhante" (Ord. Fil., 3.69. Disponível em: ALMEIDA, Cândido Mendes de. *Código filipino ou Ordenações e leis do reino de Portugal: recopiladas por mandado d'el-Rey D. Filipe, v. 3*, t. 2, ed. fac-sim, Brasília, Senado Federal, 2012, p. 674).

O silêncio do legislador, muitas vezes, conduz o raciocínio de que a situação omitida deve ser solucionada de forma diversa daquela situação semelhante que recebeu a tutela. No entanto, este argumento *a contrario* só é possível se o legislador deixou claro que a norma posta se refere exclusivamente à situação jurídica originalmente pensada, sob pena de prejudicar a capacidade do sistema jurídico de fornecer tratamento igual de casos semelhantes[125].

No prisma da concepção contemporânea de analogia, encontra-se a necessidade de se verificar os seguintes pressupostos de aplicação da ferramenta: (i) ausência de previsão legal destinada à situação fática que se pretende preencher com a analogia; (ii) existência de ao menos um elemento de identidade entre o caso previsto em lei e o não previsto; e (iii) que a solução legal do caso previsto deve suportar a mesma finalidade ao ser transportada ao caso não previsto[126]. Vejamos cada um destes pressupostos em apartado.

Quanto ao primeiro pressuposto, diferentemente dos Códigos Civis português e alemão, o Código Civil de 2002 não apresenta previsão legal destinada a defender o equilíbrio entre as pretensões restitutórias oriundas da situação de sinalagma invertido. Em outras palavras, há no nosso Código Civil uma lacuna de regulação[127], uma vez que a lei brasileira, embora preocupada de maneira geral com o equilíbrio das pretensões, não apresenta hipótese legal concretizadora para tutelar a situação de desequilíbrio funcional no sinalagma invertido.

Quanto ao segundo pressuposto, tanto a correspectividade entre as pretensões como a simultaneidade são elementos de identidade entre o sinalagma contratual e o sinalagma invertido. O sinalagma contratual pressupõe correspectividade entre as prestações contratuais e tem a simultaneidade como regra geral (arts. 134 e 331 do Código Civil de 2002). No "sinalagma invertido", há o

---

125 ASCENSÃO, José de Oliveira. *O direito: introdução e teoria geral*, 13ª ed, Coimbra, Almedina, 2017, p. 472

126 TRABUCCHI, Alberto. *Instituzioni di diritto civile*, 48ª ed., Padova, Cedam, 2017, p. 64.

127 LARENZ, Karl. Metodologia da Ciência do Direito, tradução de José Lamego, 3ª ed., Lisboa, Calouste Gulbenkian, 1997, p. 528.

mesmo pressuposto de correspectividade entre as pretensões restitutórias e elas também devem ser cumpridas simultaneamente (art. 182 do Código Civil de 2002).

Quanto ao terceiro e último pressuposto, a solução legal da exceção de contrato não cumprido não teria sua *ratio* modificada se fosse transportada para a dilação de eficácia das pretensões - correlatas e exigíveis simultaneamente - oriundas de declaração de nulidade, de anulação ou de resolução de contrato. Afinal, tanto na situação do sinalagma das pretensões contratuais como no sinalagma invertido verifica-se a finalidade de tutelar o exercício correlato das posições jurídicas. Esta é, aliás, a expressão máxima da *ratio* da exceção de contrato não cumprido: garantir que, durante o percurso da relação jurídica, o exercício das posições de ambas as partes se mantenha sempre equidistante[128].

Diante do preenchimento dos pressupostos de aplicação do recurso da analogia *legis*, evidencia-se que a situação das pretensões restitutórias correlatas oriundas de nulidade, anulação ou resolução de contrato guarda notável semelhança à situação das pretensões contratuais sinalagmáticas, o que justifica a adoção de uma tutela jurídica idêntica para ambos os casos[129].

Se retomarmos o exemplo que introduziu este tópico, compreende-se que a empresa B pode, por analogia, se valer da *exceptio non adimpleti contractus* para emcobrir a eficácia da pretensão restitutória da empresa A – até que esta última devolva os lingotes de silício.

Em síntese, a solução pela analogia *legis* neste caso reflete preceito máximo dos sistemas jurídicos de gênese romanística que situações semelhantes devem ser reguladas por normas semelhantes. Trata-se de expressão viva do brocardo jurídico "*ubi*

---

128 PONTES DE MIRANDA, Francisco Cavalcanti. *Tratado de direito privado: parte especial. Direito das obrigações. Extinção das dívidas e obrigações. Dação em soluto. Confusão. Remissão de dívidas. Novação. Transação. Outros modos de extinção*, t. 25, Rio de Janeiro, Borsoi, 1959, p. 374 ; MASNATTA, Hector. *Excepción de incumplimiento contractual*, Buenos Aires, Abeledo Perrot, 1967, p. 30.

129 ROSSETTI, Marco. *L'eccezione d'inadempimento*, In: CENDON, Paolo (a cura di). *I contratti in generale: risoluzione, inadempimento, impossibilità sopravvenuta, eccessiva onerosità*, v. 13, Torino, UTET, 2000, p. 328.

eadem legis ratio, ibi eadem legis dispositio". O direito brasileiro não foge à essa tradição.

Sendo assim, para evitar situações semelhantes com tutelas jurídicas totalmente distintas, é imprescindível que se reconheça a aplicação, por analogia, do art. 476 do Código Civil de 2002 à situação das pretensões restitutórias correlatas e correspectivas entre si.

9. Os deveres de prestar do excipiente e do excepto precisam ser contemporaneamente exigíveis no momento do exercício da exceção

A presença de deveres de prestar sinalagmáticos entre excipiente e excepto não constitui pressuposto suficiente para a aplicação da exceção de contrato não cumprido. Também se faz necessário que estes deveres de prestar sejam contemporaneamente exigíveis no momento em que a exceção for posta em exercício.

Este pressuposto é consequência lógica da natureza de exceção substancial dilatória da *exceptio non adimpleti contractus.*

O art. 189 do Código Civil esclarece que a pretensão de direito material, compreendida como a força coercitiva pela qual o titular do direito compele o devedor ao cumprimento, só surge quando o direito de crédito correspondente é exigível[130].

Se os deveres de prestar não são exigíveis contemporaneamente, verifica-se que as partes ou a lei atribuíram desde a concepção do negócio um exercício desigual das posições jurídicas, de modo que as pretensões não surgirão no mesmo momento para ambas as partes.

Nesse tipo de cenário, se o que deve prestar primeiro não o faz e, mesmo assim, postula cumprimento daquele que deve prestar depois, a demanda nem sequer é fundada em pretensão de direito material. Por consequência, o demandado, tecnicamente, não precisaria opor exceção de contrato não cumprido, pois o demandante não tem pretensão que precisa ser "encoberta". Na

130 FARATH, George Ibrahim. *Um ensaio sobre a ação de direito material.* Tese de Doutorado, Universidade de São Paulo, 2014, p. 35/36.

realidade, basta o demandado buscar a declaração de inexistência de pretensão por parte do demandante. Postula-se, nesse sentido, não pelo cumprimento simultâneo das prestações, mas pelo respeito à ordem legal ou contratualmente estabelecida para a sua realização[131]. Aqui, o demandado nega a existência de pretensão do demandante, e não a reconhece para pedir que sua eficácia seja prejudicada por exceção. Por não ser exercício de exceção substancial, a declaração de inexistência pode até mesmo ser feita de ofício pelo juiz.

Mesmo não sendo tecnicamente um caso de exceção de contrato não cumprido, muitos trabalhos defendem a aplicação do instituto para indicar que o demandado não é verdadeiramente obrigado a cumprir se o demandante é quem deve cumprir primeiro[132]. Ocorre que, embora se reconheça a impropriedade do pedido do demandante - que deve prestar primeiro - pela obrigação daquele que deve prestar depois, é de suma importância reforçar que o indeferimento deste pedido deve ser feito por conta da inexistência da pretensão, e não pelo seu encobrimento pela *exceptio non adimpleti contractus*[133].

Situação diferente seria se os deveres de prestar fossem exigíveis contemporaneamente. Neste caso, ambas as partes possuem pretensão, sendo necessária a convocação da exceção de contrato não cumprido para "encobrir" a eficácia da pretensão daquele que

131 FONSECA, Ana Taveira da. *Da recusa de cumprimento da obrigação para a tutela do direito de crédito: em especial na excepção de não cumprimento, no direito de retenção e na compensação.* Coimbra, Almedina, 2015, p. 185.

132 Nesse sentido, e somente a título exemplificativo: GAGLIARDI, Rafael Villar. Exceção de contrato não cumprido, São Paulo, Saraiva, 2010, p. 92; OLIVEIRA, Rafael Alexandria de. *Aspectos processuais da exceção de contrato não cumprido*, Bahia, Podivm, 2012, p. 150; PÉRSICO, Giovanni, L'Eccezione d'Inadempimento, Milano, Giuffrè, 1955, p.81.

133 GRASSO, Biagio. *Eccezione d'inadempimento e risoluzione del contrato (profili generali)*, Camerino, Jovene, 1973, pp. 89/90. No Brasil, dando notícia da impossibilidade de manejo da exceção de contrato não cumprido nestes casos: SERPA LOPES, Miguel Maria de. *Exceções Substanciais: Exceção de contrato não cumprido (*Exceptio non adimpleti contractus*)*, Rio de Janeiro, Freitas Bastos, 1959, p. 271

exige o cumprimento sem, por sua vez, ter cumprido anteriormente o seu próprio dever de prestar.

Para que a exceção do contrato não cumprido seja aplicável, e assim se explica o pressuposto da contemporaneidade, é preciso existir no mesmo momento tanto a pretensão do excipiente como a pretensão do excepto. Isso só acontecerá se os deveres de prestar de ambos forem exigíveis.

Nota-se, em síntese, que o pressuposto da contemporaneidade se comporta menos como uma exigência para a oponibilidade da exceção de contrato não cumprido e mais como um pressuposto lógico da existência da pretensão detida pelo excipiente frente ao dever de prestar do excepto[134].

Em uma análise *prima facie,* exigir a presença de contemporaneidade das pretensões contratuais de excipiente e excepto parece não ser pressuposto caro à aplicação da exceção de contrato não cumprido. Isso porque o Código Civil de 2002 estabelece que, se as partes ou a legislação não estabelecerem regra diversa, o cumprimento dos deveres de prestar deve ser feito imediatamente e simultaneamente. É a inteligência dos artigos 134 e 331 do Código Civil de 2002, já mencionados diversas vezes em momentos anteriores deste trabalho[135].

Chama-se a relação jurídica obrigacional sujeita à regra geral de simultaneidade de "obrigação pura"[136]. Esta regra não é peculiaridade do Código Civil de 2002. O direito romano clássico já a conhecia, como dá notícia o Digesto em passagens dos juristas

---

134 GERI, Lina Bigliazzi. *Della risoluzione per inadempimento (art. 1460-1462),* t. 2, In: GALGANO, Francesco. *Commentario del codice civile: libro quarto – delle obbligazione,* Piacenza, Tribuna, 1988, p. 26.

135 Art. 134. Os negócios jurídicos entre vivos, sem prazo, são exeqüíveis desde logo, salvo se a execução tiver de ser feita em lugar diverso ou depender de tempo. [...] Art. 331. Salvo disposição legal em contrário, não tendo sido ajustada época para o pagamento, pode o credor exigi-lo imediatamente.

136 ANTUNES VARELA, João de Matos; LIMA, Pires de. *Código civil anotado,* 4ª ed., v. 2, Coimbra, Editora Coimbra, 1997, p. 24.

Ulpiano[137] e Sexto Pompônio[138]. Disposição semelhante à brasileira também é encontrada em outros sistemas jurídicos de tradição romanística[139], bem como em projetos destinados à harmonização do direito dos contratos[140].

Sendo a regra geral a da simultaneidade das prestações, basta a lei, os usos ou as partes não afastarem a regra geral dos artigos 134 e 331 do Código Civil que o pressuposto de contemporaneidade estará preenchido. Ocorre, entretanto, que não são raras as vezes em que o afastamento da regra geral da exigência simultânea ocorre, seja por lei ou pela vontade das partes.

As reservas legais aparecem em contratos típicos importantes do nosso ordenamento. É o caso, por exemplo, da compra e venda à vista, que estabelece ordem nas prestações em caso de silêncio das partes: o comprador deve primeiro pagar o preço para depois ser exigível a entrega da coisa pelo vendedor (art. 491 do Código Civil)[141]. A regra da simultaneidade também se encontra afastada no contrato de prestação de serviços (art. 597 do Código Civil)[142] e na locação de bens imóveis (art. 23, I da Lei

---

137 D. 45.1.41.1. Quoties autem in obligationibus dies non ponitur, praesenti die pecunia debetur [...] (Disponível em: GARCÍA DEL CORRAL, Ildefonso. *Cuerpo del Derecho Civil Romano,* t. 3, Barcelona, Jaime Molinas, 1889, p. 530). Tradução: "Mas quando as obrigações não se põem dia, se deve o dinheiro no dia presente [...]".

138 D. 50.17.14. In omnibus obligationibus, in quibus dies non ponitur, praesenti die debitur. (Disponível em: GARCÍA DEL CORRAL, Ildefonso. *Cuerpo del Derecho Civil Romano,* t. 3, Barcelona, Jaime Molinas, 1889, p. 945). Tradução: "Em todas as obrigações, em que não se põe dia, se deve no dia presente".

139 Cita-se como exemplo o art.777º do Código Civil português e o art. 1183 do Código Civil italiano.

140 Cita-se como exemplo o artigo 6.1.4 (1) dos Princípios *Unidroit* 2016 e o artigo III.2:104 do *Draft Common Frame of Reference* (Disponível em: VON BAR, Christian et alii. *Principles, definitions and model rules of European private law. Draft Common Frame of Reference (DCFR). Full edition.* v. III. Munich, Sellier, 2009, p. 234).

141 Art. 491. Não sendo a venda a crédito, o vendedor não é obrigado a entregar a coisa antes de receber o preço.

142 Art. 597. A retribuição pagar-se-á depois de prestado o serviço, se, por convenção, ou costume, não houver de ser adiantada, ou paga em prestações.

8.245/1991)[143]. Também escapa da regra geral da simultaneidade os contratos com execução de dever de prestar que depende naturalmente de tempo ou que é feita em lugar diverso daquele em que se celebrou o negócio jurídico (segunda parte do art. 134 do Código Civil).

Naturalmente, os exemplos supracitados, bem como os demais casos em que a legislação aponta certa ordem nas prestações, são compreendidos como elementos categoriais derrogáveis dos seus respectivos negócios jurídicos, de modo que as partes podem, por declaração de vontade específica, afastar essa eficácia típica e propor outra diferentes, sem desconfigurar o tipo negocial utilizado[144].

Se, em um contrato de compra e venda, nada é dito pelas partes sobre a ordem da entrega da coisa e do pagamento do preço, a regra do art. 491 integra o contrato em questão e a exceção de contrato não cumprido não encontra espaço de aplicação.

Embora isso não seja conveniente, nada impede que as partes neste caso estipulem no contrato de compra e venda a aplicação da regra da exigibilidade simultânea do cumprimento dos deveres de prestar, abrindo campo para a eventual aplicação da *exceptio non adimpleti contractus*.

Se a reserva à regra geral de simultaneidade não é feita por lei, não são poucas as vezes que as partes empregam esforços para estabelecer convenções particulares que dão ordem às prestações. Como exemplo, citam-se os modelos negociais elaborados pela *Fédération Internationale des Ingénieurs-Conseils* (FIDIC) para contratos de construção. Em todos os modelos sugeridos pela FIDIC, uma extensa cláusula é dedicada a apontar o momento de cumprimento de cada dever de prestar[145]. No mesmo sentido en-

143 Art. 23. O locatário é obrigado a: I. pagar pontualmente o aluguel e os encargos da locação, legal ou contratualmente exigíveis, no prazo estipulado ou, em sua falta, até o sexto dia útil do mês seguinte ao vencido, no imóvel locado, quando outro local não tiver sido indicado no contrato.

144 AZEVEDO, Antônio Junqueira de. Negócio jurídico: existência, validade e eficácia, 4ª ed, São Paulo, Saraiva, 2013, p. 35.

145 INTERNATIONAL FEDERATION OF CONSULTING ENGINEERS, *Conditions of Contract for Construction.* Switzerland, FIDIC, 1999, pp. 40/47.

contra-se o modelo genérico de contrato de compra e venda de gás natural fornecido pela *European Federation of Energy Traders*[146].

Os próprios usos e costumes também colaboram por integrar contratos em que se verifica a prática reiterada de ordem nas prestações. É o que se verifica, por exemplo, nos restaurantes *a la carte*, que costumeiramente atendem os pedidos dos clientes antes de exigir o pagamento da conta.

A explicação para a existência de tantas reservas à regra geral – impostas por lei, usos ou vontade das partes – é tanto histórica como pragmática.

Do ponto de vista histórico, algumas regras específicas que encontramos nos tipos contratuais que estabelecem ordem nas prestações seguem tradição encontrada nas fontes romanas[147]. Neste particular, cita-se por exemplo a passagem de Juliano no Digesto, em que se identifica o estabelecimento de ordem das prestações para a compra e venda[148]. Soluções como essa são resultados de elaboração jurídica mais antiga que a própria *exceptio non adimpleti contractus* e refletem um modo mais direto de solucionar o problema da simultaneidade de cumprimento de prestações.

Já do ponto de vista pragmático, pela regra geral das "obrigações puras", em qualquer momento o credor pode reclamar o cumprimento da prestação do devedor, de modo que ambas as partes do contrato sinalagmático precisam estar desde o início do vínculo contratual preparadas para oferecer cumprimento[149]. A inconveniência prática deste tipo de estruturação contratual faz

146 EUROPEAN FEDERATION OF ENERGY TRADERS, *General Agreement concerning the delivery and acceptance of natural gas*, version 2.0, Amsterdam, EFET, 2007.

147 Ver item 3.1. supra, dedicado à experiência romana.

148 D.19.1.25. Offerri pretium ab mtore debet, quum exemto agitur, et ideo et si pretii partem offerat, nondum est ex emto acto; venditor enim quasi pignus retinere potest eam rem, quam vendidit (Disponível em: GARCÍA DEL CORRAL, Ildefonso. *Cuerpo del Derecho Civil Romano*, t. 1, Barcelona, Jaime Molinas, 1889, p. 942).

149 ALMEIDA COSTA, Mário Júlio. *Direito das obrigações*, 12ª ed., Coimbra, Almedina, 2016, p. 1008.

com que as partes se sintam mais estimuladas a negociar previamente uma ordem no cumprimento das prestações.

Tomando em conta essas considerações, verifica-se que o pressuposto da simultaneidade não é facilmente preenchido no cotidiano. Na realidade, o que se verifica é exatamente o contrário: este é o pressuposto que oferece o maior desafio para a aplicação prática da exceção de contrato não cumprido, uma vez que são poucos os contratos praticados que deixam de estabelecer, inclusive de maneira pormenorizada, uma ordem de exigibilidade para os deveres de prestar de cada contratante.

Vejamos um exemplo: a empresa A, incorporadora imobiliária, celebra contrato de parceria para edificação de prédio com a empresa B, construtora. No contrato, fica avençado que a empresa A deverá obter as licenças de início de construção junto às autoridades públicas até o dia 10 de maio. Por seu turno, a empresa B deverá terminar a fase inicial de construção do edifício até o dia 10 de julho.

Neste caso, se a empresa A deixar de cumprir sua prestação e, no dia 11 de julho, for cobrada pela empresa B, a empresa A deverá cumprir, não podendo se valer da exceção de contrato não cumprido para "encobrir" a eficácia da pretensão da construtora. Isso porque a prestação da empresa B ainda não é exigível – só será depois do cumprimento da prestação da empresa A.

O exemplo demonstra que, mesmo que as partes se encontrem em relação contratual sinalagmática, se, por força de lei ou do contrato, um dos contratantes estiver obrigado a cumprir em primeiro lugar, este não pode recusar o cumprimento da sua prestação, mesmo se o outro não tiver ainda cumprido[150]. A concessão do benefício do cumprimento *a posteriori* à outra parte é, em outras palavras, uma renúncia tácita à *exceptio non adimpleti contractus* pela parte que deve cumprir primeiro[151].

---

150 FONSECA, Ana Taveira da. *Da recusa de cumprimento da obrigação para a tutela do direito de crédito: em especial na excepção de não cumprimento, no direito de retenção e na compensação.* Coimbra, Almedina, 2015, p. 184.

151 PÉRSICO, Giovanni, *L'Eccezione d'Inadempimento*, Milano, Giuffrè, 1955, p. 215.

Em força conclusiva, pode-se anotar que o pressuposto da exigibilidade contemporânea dos deveres de prestar se preocupa sobremaneira com a existência coetânea das pretensões de excipiente e excepto. É essa característica fundamental que deve ser perseguida pelo intérprete para averiguar a satisfação, ou não, deste pressuposto de aplicação da *exceptio non adimpleti contractus*.

10. O excepto não poderá ter cumprido ou oferecido cumprimento à sua prestação – tal descumprimento deve ser imputável ao excepto e não pode ser imputável ao excipiente

O terceiro e último pressuposto para a aplicação da exceção de contrato não cumprido é extraído da própria terminologia utilizada para identificar o instituto. É preciso que haja contrato não cumprido. De maneira mais precisa, é necessário o inadimplemento do excepto.

A explicação do pressuposto não escapa de certo tom de obviedade. Com a oposição de exceção de contrato não cumprido, pretende-se assegurar que o excipiente não seja obrigado a efetuar uma prestação sem que a contraprestação correspondente seja cumprida ou, ao menos, oferecida pelo excepto. Por consequência, se o credor já tiver adimplido ou oferecido cumprimento, a *exceptio non adimpleti contractus* não poderá ser invocada[152].

Naturalmente o excipiente também não terá cumprido sua obrigação nas hipóteses de aplicação da exceção de contrato não cumprido. Caso contrário, não haveria pretensão do excepto a ser encoberta pelo remédio sinalagmático – o excipiente já estaria, por pagamento, liberado de seu dever de prestar. Trata-se, portanto, de situação de dupla inadimplência: ambos os devedores recíprocos ainda não cumpriram seus respectivos deveres de prestar[153]

---

152 FONSECA, Ana Taveira da. *Da recusa de cumprimento da obrigação para a tutela do direito de crédito: em especial na excepção de não cumprimento, no direito de retenção e na compensação*. Coimbra, Almedina, 2015, p. 199.

153 PONTES DE MIRANDA, Francisco Cavalcanti. *Tratado de direito privado: parte geral. Exceções. Direitos mutilados. Exercício dos direitos, pretensões, ações e exceções. Prescrição*. t. 6, Rio de Janeiro, Borsoi, 1956, pp. 55/56.

Diferentemente do direito legal de resolução, a exceção de contrato não cumprido se destina a qualquer espécie de inadimplemento – mora ou inadimplemento definitivo. Seu exercício, entretanto, sofrerá certa limitação a depender de qual espécie de inadimplemento é identificada na conduta do devedor. É imprescindível para o escorreito exercício da exceção de contrato não cumprido, portanto, a compreensão do fenômeno do inadimplemento contratual. Este é o fim perseguido neste tópico.

10.1. Noções essenciais sobre inadimplemento

A relação jurídica obrigacional é vista como um processo dinâmico destinado ao adimplemento, um conjunto de atividades que se organizam visando à satisfação dos interesses do credor[154].

Ao se compreender o adimplemento como fim ótimo da relação obrigacional, e não meramente como um modo de extinção das obrigações, o inadimplemento é visto como situação extraordinária que eventualmente pode ocorrer no transcurso da relação obrigacional. O inadimplemento é, portanto, a parte patológica do direito obrigacional[155].

Em seu sentido mais amplo, o termo inadimplemento serve para indicar uma situação objetiva de não realização da prestação devida e frustração do interesse útil do credor[156]. Este conceito abriga qualquer forma de impossibilidade, podendo ela ser tanto imputável ao devedor como não imputável. Tendo em vista que os efeitos incidentes na relação obrigacional são diferentes em cada um dos casos, é preciso identificar conceito mais estrito ao inadimplemento.

Nesse sentido, o inadimplemento é a não realização da prestação devida, com frustração do interesse útil do credor, enquanto

---

154 COUTO E SILVA, Clóvis do. *A obrigação como processo.* Rio de Janeiro, Editora FGV, 2006, p.20.

155 ALVIM, Agostinho. *Da inexecução das obrigações e suas consequências.* 3ª ed., Rio de Janeiro, Jurídica e Universitária, 1965, p. 21.

156 ANTUNES VARELA, João de Matos. *Das obrigações em geral*, vol. 2, 7ª edição, Coimbra, Almedina, 1997, p. 60.

a realização da prestação for devida[157]. Em comparação ao conceito desenvolvido no parágrafo precedente, o conceito estrito de inadimplemento é diferente na medida em que comporta somente situações de descumprimento ou impossibilidade que são imputáveis ao devedor. Este é o sentido de inadimplemento que encontramos, por exemplo, na previsão dos efeitos do não cumprimento das obrigações (art. 389 do Código Civil[158]). Em seu sentido estrito, portanto, inadimplemento envolve somente o não cumprimento imputável ao devedor.

A imputabilidade do devedor assume, portanto, aspecto central na percepção estrita do inadimplemento[159]. Quando se analisa determinado não cumprimento, é imprescindível distinguir se a prestação deixou de ser realizada em consequência de ação – ou omissão – do devedor ou se derivou de fato a ele não imputável[160].

A compreensão de imputabilidade, entretanto, não se aproxima do conceito de culpa[161]. A distinção entre culpabilidade e imputabilidade é relevante para a dogmática jurídica que se ocupa do direito das obrigações. Afinal, existem situações em que o inadimplemento se verifica, e, portanto, há imputabilidade, mesmo sem culpa[162]. Nas obrigações de resultado ou nas obrigações de garantia, o devedor

---

157 MARTINS-COSTA, Judith. *Comentários ao novo Código Civil: do inadimplemento das obrigações*. v. 5, t. 2, Rio de Janeiro, Forense, 2003, p.83.

158 Art. 389. Não cumprida a obrigação, responde o devedor por perdas e danos, mais juros e atualização monetária segundo índices oficiais regularmente estabelecidos, e honorários de advogado.

159 ALMEIDA COSTA, Mário Júlio. *Direito das obrigações*, 12ª ed., Coimbra, Almedina, 2016, p. 1034.

160 ZANETTI, Ana Carolina Devito Dearo. *O contrato de distribuição: o inadimplemento recíproco*, São Paulo, Atlas, 2015, p. 75.

161 A questão em torno da culpabilidade no conceito de inadimplemento é fonte de discussão intensa na doutrina. Para este trabalho, há importância para a dogmática jurídica a distinção entre imputabilidade e culpabilidade. Para maiores considerações sobre o assunto: MARTINS-COSTA, Judith. *Comentários ao novo Código Civil: do inadimplemento das obrigações*. v. 5, t. 2, Rio de Janeiro, Forense, 2003, pp. 84/90.

162 PONTES DE MIRANDA, Francisco Cavalcanti. *Tratado de direito privado: parte especial. Direito das obrigações. Autorregramento da vontade e lei. Alteração das relações jurídicas obrigacionais. Transferência de créditos. Assunção de dívida alheia. Transferência da posição subjetiva nos negócios jurídicos*, t. 23, Rio de Janeiro, Borsoi, 1958, p.126.

assume o risco imputação de responsabilidade por inadimplemento – e essa imputação pode ocorrer mesmo sem culpabilidade do devedor[163]. Em síntese: "imputar não é inculpar, não é atribuir culpa, é atribuir responsabilidade. Responsabilizar é imputar, não necessariamente inculpar"[164].

Também se mostra relevante apontar a importante distinção entre inadimplemento e impossibilidade. Embora seja frequente encontrar trabalhos que tratam a impossibilidade dentro do conceito de inadimplemento[165], há motivos práticos para o afastamento das duas categorias[166]. No inadimplemento, a prestação ainda é possível ser adimplida, mas não é realizado o cumprimento por ação ou omissão imputável ao devedor. Na impossibilidade, a prestação já não é mais possível – seja ou não por obra do devedor[167].

Ao cuidar do inadimplemento, a legislação atribui responsabilidade ao devedor imputável. Na estruturação normativa, a hipótese do inadimplemento faz incidir eficácia jurídica destinada a provocar e estimular o cumprimento do pactuado. É o que ocorre, por exemplo, na hipótese de incidência dos deveres moratórios, estabelecidos no art. 395 do Código Civil.

A impossibilidade, por sua vez, nem sempre encontra gênese em fato imputável ao devedor. Na impossibilidade inimputável ao devedor, afasta-se a sua responsabilidade – já que inexiste nexo de imputação entre o evento que impossibilitou o

---

163 ALMEIDA COSTA, Mário Júlio. *Direito das obrigações,* 12ª ed., Coimbra, Almedina, 2016, p. 1040

164 MARTINS-COSTA, Judith. *Comentários ao novo Código Civil: do inadimplemento das obrigações.* v. 5, t. 2, Rio de Janeiro, Forense, 2003, p.88.

165 A título exemplificativo: ALVIM, Agostinho. *Da inexecução das obrigações e suas consequências,* 3ª ed., Rio de Janeiro, Jurídica, 1965, p. 37; SILVA, Rafael Peteffi da. *Teoria do adimplemento e modalidades de inadimplemento, atualizado pelo novo código civil,* In: Revista do Advogado, ano 22, nº 68, 2002, p. 145.

166 ALMEIDA COSTA, Mário Júlio. *Direito das obrigações,* 12ª ed., Coimbra, Almedina, 2016, p. 1034.

167 MARTINS-COSTA, Judith. *Comentários ao novo Código Civil: do inadimplemento das obrigações.* v. 5, t. 2, Rio de Janeiro, Forense, 2003, p.91.

cumprimento e a sua conduta[168]. É o que ocorre, por exemplo, nas hipóteses de caso fortuito ou força maior – como determina o art. 393 do Código Civil[169].

Se a impossibilidade se deu por obra do devedor, há responsabilidade. Entretanto, a eficácia incidente já não visa a estimular o cumprimento da prestação – pois esta já não é mais possível –, mas sim a reparar a frustração do credor por conta da não realização daquilo que foi inicialmente avençado[170]. A eficácia reparatória, portanto, tem propósito distinto entre as hipóteses de inadimplemento e impossibilidade imputável ao devedor.

Compreendida a noção estrita de inadimplemento, e feitas as considerações acerca das categorias jurídicas próximas ao seu conceito, é conveniente apresentar a distinção em torno das espécies de inadimplemento. O esforço se justifica porque a legislação atribui efeitos jurídicos bastante distintos entre as modalidades, inclusive em torno do âmbito de operação da exceção de contrato não cumprido.

O critério de distinção das espécies de inadimplemento toma em consideração os efeitos que cada uma produz na cartilha da relação jurídica obrigacional. Por este critério, compreendem-se duas espécies de inadimplemento no direito brasileiro: o inadimplemento definitivo e o inadimplemento não definitivo, também conhecido como mora.

O inadimplemento definitivo ocorre na hipótese em que o não cumprimento da prestação, imputável ao devedor, torna a continuação do vínculo obrigacional objetivamente inútil e desinteressante ao credor[171]. É descumprimento irremediável, entendido

---

168 ZANETTI, Ana Carolina Devito Dearo. *O contrato de distribuição: o inadimplemento recíproco*, São Paulo, Atlas, 2015, p. 76.

169 Art. 393. O devedor não responde pelos prejuízos resultantes de caso fortuito ou força maior, se expressamente não se houver por eles responsabilizado.

170 MARTINS-COSTA, Judith. *Comentários ao novo Código Civil: do inadimplemento das obrigações*. v. 5, t. 2, Rio de Janeiro, Forense, 2003, p.223.

171 ANTUNES VARELA, João de Matos. *Das obrigações em geral*, vol. 2, 7ª edição, Coimbra, Almedina, 1997, p. 63.

como aquele que põe fim definitivo à possibilidade de satisfazer o interesse do credor materializado no contrato[172]

A mora, por sua vez, é compreendida como a não realização da prestação devida, pelo devedor, no tempo, lugar e forma convencionados na relação jurídica obrigacional ou impostos pelo regime jurídico aplicável[173]. Essa espécie de inadimplemento, diferentemente do inadimplemento definitivo, comporta emenda – "purgação", na linguagem do Código Civil[174]. Na mora, o descumprimento imputável ao devedor não prejudica fatalmente o interesse útil do credor. Em outros termos, a prestação não foi cumprida no tempo, local e forma convencionados, mas ainda resta certa conveniência, para o credor, perseguir o seu cumprimento[175].

No direito brasileiro, é o critério da manutenção do interesse útil do credor, presente no parágrafo único do art. 395 do Código Civil, o real critério de distinção entre mora e inadimplemento definitivo[176]. A distinção das duas espécies é importante para a determinação dos efeitos do inadimplemento: somente o inadimplemento definitivo pode fornecer ao credor prejudicado o direito formativo à resolução[177]. A mora, por aceitar emenda, permite ainda a satisfação do interesse útil do credor, ainda que de forma diversa daquela inicialmente pactuada, de modo que a mora não é capaz de dar razão à extinção da relação jurídica obrigacional.

---

172 ZANETTI, Cristiano de Sousa. *A transformação da mora em inadimplemento absoluto.* In: Revista dos Tribunais, 103, 942, 2014, p. 131.

173 MARTINS-COSTA, Judith. *Comentários ao novo Código Civil: do inadimplemento das obrigações.* v. 5, t. 2, Rio de Janeiro, Forense, 2003, p.91.

174 ALVIM, Agostinho. *Da inexecução das obrigações e suas consequências.* 3ª ed., Rio de Janeiro, Jurídica e Universitária, 1965, p. 44.

175 ANTUNES VARELA, João de Matos. *Das obrigações em geral*, vol. 2, 7ª edição, Coimbra, Almedina, 1997, p. 64.

176 MARTINS-COSTA, Judith. *Comentários ao novo Código Civil: do inadimplemento das obrigações.* v. 5, t. 2, Rio de Janeiro, Forense, 2003, p.250.

177 ZANETTI, Cristiano de Sousa. *A transformação da mora em inadimplemento absoluto.* In: Revista dos Tribunais, 103, 942, 2014, p. 131.

Há parte da doutrina que sugere a violação positiva do contrato como uma terceira espécie de inadimplemento[178]. A hipótese, concebida para cuidar de lacuna presente no regime jurídico alemão sobre inadimplemento[179], se ocuparia do mau cumprimento de deveres de prestação e o descumprimento dos deveres anexos[180]. Além do sistema jurídico germânico, outros sistemas de tradição jurídica romanística também reconhecem a figura como espécie própria de inadimplemento. É o caso, por exemplo, do sistema jurídico português - que compreende a figura do cumprimento defeituoso, prevista no art. 799º, nº1 do seu Código Civil[181], como execução defeituosa ou violação de deveres laterais[182].

Em que pesem as considerações dos trabalhos acadêmicos defensores dessa terceira espécie, aqui se entende que o direito brasileiro não precisa buscar amparo em uma espécie autônoma de inadimplemento para dar tutela jurídica às hipóteses de violação positiva do contrato. Isso porque o conceito brasileiro de mora, diferentemente dos contornos encontrados nos sistemas jurídicos alemão e português, se ocupa não somente do atraso no

---

178 ANTUNES VARELA, João de Matos. *Das obrigações em geral*, vol. 2, 7ª edição, Coimbra, Almedina, 1997, p. 127; STAUB, Hermann. *Le violazioni positive del contratto (Die positiven Vertragsverletzungen)*, traduzione di Giovanni Varanese, Napoli, Edizioni Scientifiche Italiane, 2011. No Brasil, encontram-se trabalhos específicos sobre o assunto: SILVA, Jorge Cesa Ferreira da. *A boa-fé e a violação positiva do contrato*, Rio de Janeiro, Renovar, 2002; STEINER, Renata. Campos. *Complexidade infra-obrigacional e descumprimento da obrigação: da violação positiva do contrato*, Dissertação de Mestrado, Curitiba, Universidade Federal do Paraná, 2009.

179 STAUB, Hermann. *Le violazioni positive del contratto (Die positiven Vertragsverletzungen)*, traduzione di Giovanni Varanese, Napoli, Edizioni Scientifiche Italiane, 2011, p. 39.

180 STEINER, Renata. Campos. *Complexidade infra-obrigacional e descumprimento da obrigação: da violação positiva do contrato*, Dissertação de Mestrado, Curitiba, Universidade Federal do Paraná, 2009, p. 175.

181 Artigo 799º (Presunção de culpa e apreciação desta) 1. Incumbe ao devedor provar que a falta de cumprimento ou o cumprimento defeituoso da obrigação não procede de culpa sua.

182 ALMEIDA COSTA, Mário Júlio. *Direito das obrigações*, 12ª ed., Coimbra, Almedina, 2016, p. 1058

cumprimento, mas também de qualquer tentativa de cumprimento não realizada na forma e local pactuados ou impostos por lei.

Dessa forma, o cumprimento defeituoso não se expressa como violação positiva do contrato. Ele será mora ou inadimplemento definitivo, a depender da aferição sobrevivência do interesse útil do credor no efetivo cumprimento[183]. Essa conclusão se aplica não somente aos deveres coligados ao interesse de prestar, como também aos deveres de proteção. Afinal, ambos estão presentes dentro dos limites da relação obrigacional complexa – objeto das duas espécies de inadimplemento[184].

Feitas as considerações essenciais à noção dogmática de inadimplemento, é conveniente observar como ela se comporta como pressuposto de aplicação da exceção de contrato não cumprido, assunto que interessa mais de perto a este estudo. Para dar mais clareza às considerações, a análise será apartada para cada espécie de inadimplemento.

10.2. Inadimplemento definitivo do excepto e exercício da exceção de contrato não cumprido

Como foi elucidado anteriormente, para que uma parte inserida em relação contratual sinalagmática possa invocar a exceção de contrato não cumprido, é necessário que a contraparte tenha, de alguma maneira, inadimplido a contraprestação.

Isso significa que, para a satisfação deste pressuposto de aplicação da *exceptio non adimpleti contractus*, qualquer espécie de inadimplemento é suficiente[185]. Algo diferente ocorre com o direi-

183 ZANETTI, Ana Carolina Devito Dearo. *O contrato de distribuição: o inadimplemento recíproco*, São Paulo, Atlas, 2015, p. 88.

184 A esquematização dos deveres presentes na relação obrigacional foi útil para este trabalho nas considerações em torno do primeiro pressuposto à aplicação da exceção de contrato não cumprido. Para maiores informações sobre a classificação dos deveres, ver itens 8.1, 8.2. e 8.3. supra.

185 SERPA LOPES, Miguel Maria de. *Exceções Substanciais: Exceção de contrato não cumprido (Exceptio non adimpleti contractus)*, Rio de Janeiro, Freitas Bastos, 1959, p. 284.

to legal de resolução, que pressupõe a ocorrência de inadimplemento definitivo[186].

No que concerne a hipótese do inadimplemento definitivo, é importante dar notícia de que, pelo direito brasileiro, a frustração objetiva do interesse útil do credor impõe perseguição tão somente de interesse contratual negativo[187]. Isso porque, na hipótese de inadimplemento definitivo, o interesse útil do credor em receber o cumprimento da prestação da contraparte já se esvaiu.

Consequentemente, a utilização de remédio sinalagmático destinado a garantir o cumprimento simultâneo das prestações contratuais pode parecer, em um primeiro momento, pouco interessante ao credor. Não por outro motivo que a literatura brasileira, embora não negue o preenchimento do pressuposto nos casos de inadimplemento definitivo, apontou que a aplicação da exceção de contrato não cumprido nas hipóteses de inadimplemento definitivo carece de efeito prático relevante[188]. Seguindo linha de raciocínio semelhante, encontra-se importante monografia em Portugal na qual se afirma que a exceção de contrato não cumprido não poderia sequer ser invocada em situações de inadimplemento definitivo, podendo apenas ser invocada perante uma situação de incumprimento não definitivo[189].

Não nos parece, entretanto, que a exceção de contrato não cumprido não possa encontrar utilidade prática para situações de inadimplemento definitivo. Como já foi dito anteriormente, ainda

---

186 ZANETTI, Cristiano de Sousa. *A transformação da mora em inadimplemento absoluto.* In: Revista dos Tribunais, 103, 942, 2014, p. 131.

187 ALMEIDA COSTA, Mário Júlio. *Direito das obrigações*, 12ª ed., Coimbra, Almedina, 2016, p. 1044/1045; ANTUNES VARELA, João de Matos. *Das obrigações em geral*, vol. 2, 7ª edição, Coimbra, Almedina, 1997, pp. 106/112. Na doutrina, entretanto, existe entendimento de que a perseguição ao interesse contratual positivo é também possível nos casos em que se exerce direito legal de resolução. Nesse sentido: STEINER, Renata Campos. *Interesse positivo e interesse negativo: a reparação de danos no direito privado brasileiro*, Tese de Doutorado, São Paulo, Universidade de São Paulo, 2016, pp. 277/279.

188 GAGLIARDI, Rafael Villar. *Exceção de contrato não cumprido*, São Paulo, Saraiva, 2010, p. 99.

189 ABRANTES, José João. *A excepção de não cumprimento do contrato.* 2ª ed., Coimbra, Almedina, 2014, p. 75.

que uma das prestações devidas já não possa ser mais realizada, por inexistência de interesse útil do credor, a relação de sinalagma mantém-se entre as pretensões restitutórias oriundas do exercício da resolução contratual[190]. É no "sinalagma invertido", portanto, que a exceção de contrato não cumprido encontra operação em situações promovidas por inadimplemento definitivo[191].

Mesmo levando em consideração o âmbito de operação da exceção de contrato não cumprido em situações de sinalagma invertido, é indiscutível que a *exceptio non adimpleti contractus* se destina primordialmente às situações de mora. Isso porque, na mora, o interesse útil na prestação descumprida persiste, de modo que a busca pelo seu cumprimento sinalagmático pela oposição de exceção de contrato não cumprido ainda é de grande apelo ao credor.

10.3. Mora do excepto e exercício da exceção de contrato não cumprido

A mora do direito brasileiro é explicada pelo artigo 394 do Código Civil. Sua concepção é bastante peculiar em comparação com a que encontramos em outros sistemas jurídicos da mesma tradição que a nossa. Em países como Portugal[192], Itália[193], Alemanha[194]e Argentina[195], por exemplo, a mora é vista como atraso no cumprimento da obrigação imputável ao devedor[196].

190 Vide item 8.7. supra.

191 FONSECA, Ana Taveira da. *Da recusa de cumprimento da obrigação para a tutela do direito de crédito: em especial na excepção de não cumprimento, no direito de retenção e na compensação.* Coimbra, Almedina, 2015, p. 209.

192 Art. 804, nº2 do Código Civil português.

193 Art. 1.218 do Código Civil italiano.

194 §286 do Código Civil alemão

195 Arts. 508 e 509 do Código Civil argentino

196 ALMEIDA COSTA, Mário Júlio. *Direito das obrigações*, 12ª ed., Coimbra, Almedina, 2016, p. 1048.

O Brasil seguiu esta tradição no passado, com o apoio do que era disposto nas Ordenações Filipinas[197] e no Código Comercial de 1850[198]. O mesmo era lido no Esboço de Teixeira de Freitas[199]. Durante o trâmite legislativo do projeto de Clóvis Bevilaqua, o texto normativo que indicava que a mora cuidava apenas de retardo no cumprimento sofreu sensível alteração. Em 1916, o primeiro Código Civil Brasileiro tinha, no seu art. 955, o seguinte texto: "Considera-se em mora o devedor que não efetuar o pagamento, e o credor que não quiser receber no tempo, lugar e forma convencionados". O texto sobreviveu às tentativas de reforma e substituição do Código Civil de 1916 e se mantém quase idêntico no art. 394 do atual Código Civil[200].

Nota-se, pelo disposto no Código Civil, que a mora brasileira não é simplesmente o atraso do cumprimento imputável ao devedor, mas também a ausência de cumprimento no lugar e forma convencionados. Trata-se, portanto, de conceito amplo, capaz de agrupar todas as hipóteses de imperfeição no cumprimento da obrigação[201]. É claro que, por se tratar de mora, esta imperfeição na prestação do devedor ainda comporta hipótese de cumprimento útil ao interesse do credor. Caso contrário, estaríamos diante de situação de inadimplemento definitivo.

---

197 Ord. Fil., 4.50.1. Disponível em: ALMEIDA, Cândido Mendes de. *Código filipino ou Ordenações e leis do reino de Portugal: recopiladas por mandado d'el-Rey D. Filipe,* v. 4, t. 3, ed. fac-sim, Brasília, Senado Federal, 2012, pp. 842/843

198 Arts. 202 e 204 do Código Comercial de 1850.

199 "Art. 1070 Ficará constituído em mora o devedor, que não fizer o pagamento, e o credor que não o quiser receber em tempo oportuno." (TEIXEIRA DE FREITAS, Augusto. *Esboço,* v. 1, ed. fac-sim., Brasilia, Ministério da Justiça e Fundação Universidade de Brasilia, 1983, p. 253).

200 Sobre o assunto: ZANETTI, Ana Carolina Devito Dearo. *O contrato de distribuição: o inadimplemento recíproco,* São Paulo, Atlas, 2015, pp. 78/79.

201 ALVIM, Agostinho. *Da inexecução das obrigações e suas consequências,* 3ª ed., Rio de Janeiro, Jurídica, 1965, p. 11

10.3.1. Hipótese de não cumprimento no tempo, local e forma pactuados

Partindo do pressuposto que os demais pressupostos de aplicação estão verificados, se o excepto não cumprir ou não oferecer cumprimento nos exatos termos do contrato, o excipiente, poderá opor exceção de contrato não cumprido, que se destinará a encobrir a eficácia da pretensão do seu credor até o momento que este cumprir integralmente com sua parte do pactuado.

Se, por exemplo, um contratante acumular uma semana de atraso no cumprimento do seu dever de prestar e, ainda antes de cumprir, exigir pagamento do outro contratante, poderá este último opor exceção de contrato não cumprido, conseguindo, desta forma, deixar de cumprir sua parte do avençado sem cometer nenhum ilícito.

A questão que causa maior dificuldade se encontra na identificação da necessidade do excepto reparar integralmente os danos moratórios para que seja feito o levantamento completo do encobrimento de eficácia da exceção de contrato não cumprido. Em outras palavras, é necessário saber se o excepto, para poder exigir plenamente do excipiente o cumprimento do seu dever de prestar, precisa oferecer, além do cumprimento do seu dever de prestar originalmente estipulado, reparação das consequências da mora.

Vamos imaginar um caso em que uma parte, por força da *exceptio non adimpleti contractus,* deixou de pagar o preço de uma obrigação não cumprida no tempo, forma ou local previsto pelo outro contratante. Depois de certo lapso temporal, o excepto oferece o cumprimento nos moldes inicialmente pactuados – sem, entretanto, oferecer reparação pelos prejuízos da mora.

Como já foi salientado, a indenização moratória se classifica como dever secundário autônomo que coexiste com o dever primário[202]. O dever de reparação das consequências da mora integra o conteúdo da obrigação de prestar principal[203]. Em sequ-

202 Ver item 8.2. supra.

203 FONSECA, Ana Taveira da. *Da recusa de cumprimento da obrigação para a tutela do direito de crédito: em especial na excepção de não cumprimento, no direito de retenção e na compensação.* Coimbra, Almedina, 2015, p. 119.

ência a este raciocínio, é inegável a aplicabilidade da exceção de contrato não cumprido no caso do excepto ter oferecido cumprimento de seu dever primário sem todavia ter oferecido reparação moratória[204].

Nesse sentido, em conhecido parecer, Antunes Varela defende a opinião de que a obrigação de indenizar decorrente da mora consiste em correção necessária da prestação defeituosa, razão pela qual deve-se considerar que há correspectividade entre o cumprimento escorreito do dever primário do excepto, somado à obrigação de indenizar resultantes da mora, com o dever primário do excipiente[205].

Sobre este particular, aliás, é conveniente notar a sensibilidade específica do direito das obrigações brasileiro. O Código Civil de 2002 segue orientação dos axiomas antigos e garante que o credor não será obrigado a receber nada diferente do avençado, ainda que mais valioso[206]. O credor também não estará em mora se a tentativa de pagamento do devedor divergir em tempo, modo

---

204 Também nesse sentido: PÉRSICO, Giovanni, *L'Eccezione d'Inadempimento*, Milano, Giuffrè, 1955, p. 128.

205 ANTUNES VARELA, João de Matos. *Cumprimento imperfeito do contrato de compra e venda, a excepção do contrato não cumprido*, In: Coletânea de Jurisprudência, t.4, 1987, pp.33/34. O mesmo caso contou com parecer contrário de Menezes Cordeiro, que, por sua vez, defendia que inexistia relação sinalagmática entre os deveres primários, oriundos de contrato, e os deveres de indenizar, oriundos de ilícito contratual (MENEZES CORDEIRO, António Manuel da Rocha e. *Cumprimento imperfeito do contrato de compra e venda*, In: Coletânea de Jurisprudência, t.4, 1987, p. 47). A doutrina portuguesa atual dá notícia de que a posição de Antunes Varela foi a que prevaleceu nos tribunais portugueses. Nesse sentido: FONSECA, Ana Taveira da. *Da recusa de cumprimento da obrigação para a tutela do direito de crédito: em especial na excepção de não cumprimento, no direito de retenção e na compensação.* Coimbra, Almedina, 2015, p. 215.

206 Art. 313. O credor não é obrigado a receber prestação diversa da que lhe é devida, ainda que mais valiosa.. Trata-se de expressão da regra *aliud pro alio, invito creditore, solvi non potest,* que já resguardava a impossibilidade de se exigir que o credor receba algo diferente do pactuado (TEIXEIRA DE FREITAS, Augusto. *Regras de direito: seleção clássica em quatro partes*, São Paulo, Lejus, 2000, p. 20).

ou local estabelecidos[207]. Trata-se de dispositivos que visam a fomentar e dar força ao cumprimento estrito do pactuado, elevando a cânone fundamental do direito das obrigações a regra de que as obrigações devem ser efetuadas com fidelidade ao que foi convencionado[208].

10.3.2. Hipótese de cumprimento defeituoso e aplicação da exceção de contrato não cumprido limitada pela boa-fé objetiva: a figura da exceptio non rite adimpleti contractus

No tópico anterior, procurou-se tratar das hipóteses em que o excepto não cumpriu com o avançado e, posteriormente, ofereceu cumprimento ainda defeituoso – pois estava desacompanhado da devida reparação das consequências da mora. Defendeu-se a aplicação da exceção de contrato não cumprido nestes casos, impondo o encobrimento completo da eficácia da pretensão do excepto até o oferecimento de cumprimento integral do dever de prestar – dever primário e dever de reparação das consequências da mora.

Hipótese diversa é aquela em que, sendo recebido um cumprimento parcial do dever de prestar, a *exceptio non adimpleti contractus* encobre a eficácia de toda a contraprestação do excipiente ou só parte dela – em valor proporcional ao que já foi cumprido pelo excepto.

Em outras palavras, pergunta-se: pode o excipiente fazer uso da exceção de contrato não cumprido, encobrindo a totalidade da pretensão que recai sobre seu dever de prestar, mesmo se tiver recebido – e até mesmo dado utilidade – a prestação defeituosa do excepto?[209]

---

207 Art. 394. Considera-se em mora o devedor que não efetuar o pagamento e o credor que não quiser recebê-lo no tempo, lugar e forma que a lei ou a convenção estabelecer.

208 ALVIM, Agostinho. *Da inexecução das obrigações e suas consequências,* 3ª ed., Rio de Janeiro, Jurídica, 1965, p. 23

209 ZIMMERANN, Reinhard. *The law of obligations: roman foundations of the civilian tradition.* Oxford, Oxford University Press, 1996, p. 801, nota 133.

A questão envolve a aplicação da exceção de contrato não cumprido satisfatoriamente, bastante conhecida pela expressão medieval *exceptio non rite adimpleti contractus*[210].

No Código Civil brasileiro, não se encontra qualquer dispositivo reservado à hipótese da exceção de contrato não cumprido satisfatoriamente. A ausência de dispositivo próprio, entretanto, não é impedimento para a doutrina brasileira reconhecer a aplicabilidade da *exceptio non rite adimpleti conractus* no nosso sistema[211].

A bem da verdade, é bastante pacífico na doutrina que a oposição da exceção de contrato não cumprido é possível nesse formato, pois o cumprimento defeituoso da obrigação não deixa de ser inadimplemento, não sendo a *exceptio non rite adimpleti contractus* diferente da *exceptio non adimpleti contractus* neste particular[212].

O que se questiona com mais frequência são os contornos que o encobrimento de eficácia terá nesta modalidade, tendo em vista que, nas hipóteses de *exceptio non rite adimpleti contractus*, há certo aproveitamento, pelo excipiente, do que foi oferecido como cumprimento pelo excepto.

O Superior Tribunal de Justiça já teve oportunidades para indicar que a recusa da parte em cumprir com sua obrigação, por meio da exceção de contrato não cumprido, deve guardar proporcionalidade com a inadimplência do excepto[213]. Essa posição é re-

---

210 Sobre a origem medieval do termo: MENEZES CORDEIRO, António Manuel da Rocha e. *Tratado de direito civil*, t. 9, 2ª ed., Coimbra, Almedina, 2016, p. 285.

211 SERPA LOPES, Miguel Maria de. *Exceções Substanciais: Exceção de contrato não cumprido (Exceptio non adimpleti contractus)*, Rio de Janeiro, Freitas Bastos, 1959, p. 303.

212 PONTES DE MIRANDA, Francisco Cavalcanti. *Tratado de direito privado: parte especial. Direito das obrigações. Consequências do inadimplemento. Exceções de contrato não adimplido, ou adimplido insatisfatoriamente, e de inseguridade. Enriquecimento injustificado. Estipulação a favor de terceiro. Eficácia protectiva de terceiro. Mudanças de circunstâncias. Compromisso*, t. 26, Rio de Janeiro, Borsoi, 1959, p. 114.

213 STJ, REsp. 981.750/MG, Terceira Turma, relatora Min. Nancy Andrighi, j. 13.04.2010.

cebida positivamente pela doutrina, pois demostra a forma pela qual a boa-fé objetiva modela a aplicação da exceção de contrato não cumprido[214].

Sendo devida a proporcionalidade, a extensão do encobrimento de eficácia da *exceptio non rite adimpleti contractus* dependerá das dimensões do cumprimento defeituoso. Naturalmente, é inegável a dificuldade de, perante cada caso concreto, quantificar um montante que possa ser considerado proporcional ao da contraprestação não cumprida[215].

Em situações nas quais a prestação do excipiente é indivisível, prefere-se a solução em que se permite a aplicação da exceção de contrato não cumprido, mesmo que haja cumprimento parcial da contraprestação do excepto[216]. Solução diferente obrigaria o excipiente a cumprir o pactuado mesmo recebendo pagamento diverso do que foi pactuado – algo expressamente vedado em nosso sistema jurídico[217].

Em circunstâncias de prestações divisíveis, é possível o encontro de uma proporcionalidade entre o valor da contraprestação não realizada e o da prestação que é recusada pela exceção de contrato não cumprido. Nesse sentido, o Superior

---

214 MARTINS-COSTA, Judith. *A boa-fé no direito privado: critérios para a sua aplicação.* São Paulo, Marcial Pons, 2015, p. 647. No mesmo sentido: ABRANTES, José João. *A excepção de não cumprimento do contrato.* 2ª ed., Coimbra, Almedina, 2014, p. 110; PÉRSICO, Giovanni, *L'Eccezione d'Inadempimento*, Milano, Giuffrè, 1955, p 126.

215 FONSECA, Ana Taveira da. *Da recusa de cumprimento da obrigação para a tutela do direito de crédito: em especial na excepção de não cumprimento, no direito de retenção e na compensação.* Coimbra, Almedina, 2015, p. 228.

216 ABRANTES, José João. *A excepção de não cumprimento do contrato.* 2ª ed., Coimbra, Almedina, 2014, p. 126; FONSECA, Ana Taveira da. *Da recusa de cumprimento da obrigação para a tutela do direito de crédito: em especial na excepção de não cumprimento, no direito de retenção e na compensação.* Coimbra, Almedina, 2015, p. 227; PÉRSICO, Giovanni, *L'Eccezione d'Inadempimento*, Milano, Giuffrè, 1955, p 145.

217 Art. 313. O credor não é obrigado a receber prestação diversa da que lhe é devida, ainda que mais valiosa. Art. 314. Ainda que a obrigação tenha por objeto prestação divisível, não pode o credor ser obrigado a receber, nem o devedor a pagar, por partes, se assim não se ajustou.

Tribunal de Justiça, por uso de critérios de proporcionalidade apoiados na boa-fé objetiva, já determinou em caso concreto que o descumprimento de parte mínima ou irrelevante do contrato não serve de apoio para a aplicação da exceção de contrato não cumprido[218].

218 "A exceção, consoante a melhor doutrina, não pode "ser levada ao extremo de acobertar o descumprimento sob invocação de haver o outro deixado de executar parte mínima ou irrelevante da que é a seu cargo" (STJ, REsp. 883.990/RJ, Quarta Turma, relator Min. Fernando Gonçalves, j. 01.04.2008).

Capitulo V

OS EFEITOS DA EXCEÇÃO DE CONTRATO NÃO CUMPRIDO

"O direito não se inventa, não nasce do arbítrio, nem surge espontaneamente dos congressos legislativos. Desenvolve-se no terreno social, num ambiente histórico em relação ao grau de civilização, aos usos e costumes, à organização política dos Estados"

(CARVALHO DE MENDONÇA, José Xavier. Tratado de Direito Comercial Brasileiro, v. 1, 5ª ed., Rio de Janeiro, Freitas Bastos, 1953, p. 49).

11. A oposição da exceção de contrato não cumprido

O último tópico deste trabalho versará sobre a irradiação de efeitos proposta ao mundo jurídico pela exceção de contrato não cumprido. Com apoio nos estudos dos capítulos antecedentes, já é de se adiantar que o efeito primordial da *exceptio non adimpleti contractus* é justamente o encobrimento da eficácia da pretensão contratual do excepto.

Tal percepção não escapa, todavia, de complicações advindas de questionamentos mais específicos em situações concretas. É imperioso que a doutrina não pare por aqui e que siga adiante, justamente para dar cabo às questões mais complicadas que não são facilmente solucionadas por essa conclusão mais genérica.

É de se questionar, de início, como se operacionaliza efetivamente a exceção de contrato não cumprido, a partir de qual momento que seus efeitos paralisadores de pretensão são verificados e como é possível para o excepto se ver livre do encobrimento.

O excipiente, diante de situação na qual todos os pressupostos de aplicação estão presentes, pode fazer uso da exceção de contrato não cumprido para encobrir a eficácia da pretensão do excepto e deixar de cumprir com sua prestação, pelo menos até que o outro contratante cumpra com sua parte do pactuado. Resta especificar, em termos pragmáticos, como se utiliza este remédio sinalagmático.

Por ser exceção substancial dilatória, a exceção de contrato não cumprido não carece de ser oposta somente em procedimentos judiciais. Não há sequer requisito de forma para a oposição extrajudicial da exceção de contrato não cumprido, de modo que qualquer forma utilizada pelo excipiente é suficiente para encobrir a eficácia da pretensão do excepto[1].

Nesse sentido, o demandado extrajudicialmente poderá se valer da *exceptio non adimpleti contractus* desde logo, sem precisar aguardar o início de um procedimento judicial para poder oferecê-la em defesa – entretanto, a partir do momento em que se forma uma relação jurídica processual, a exceção de contrato não cumprido se torna *res in iudicium deducta*[2].

11.1. Pressupostos gerais para a oposição e exercício extrajudicial

Por ser situação jurídica própria do demandado, a exceção de contrato não cumprido, salvo previsão legal em sentido diverso, só poderá ser exercida, extrajudicialmente ou judicialmente, pelo titular do contradireito. Afinal, trata-se de exercício de contradireito que não pode ter incidência determinada de ofício em um posterior procedimento judicial[3].

Esta conclusão é resultado direto da percepção de que, no nosso sistema jurídico, vigora a máxima de que o exercício de posições jurídicas parte, em regra, do seu titular. Há alguns dispositivos no Código Civil que deixam claro este raciocínio. Cita-se como exemplo o artigo 302 do referido código, responsável por

---

1 RODRIGUES JR, Otávio Luiz. *Exceções no direito civil: um conceito em busca de um autor?* In: ALBUQUERQUE JR., Roberto Paulino de; CUNHA, Leonardo Carneiro da.; MIRANDA, Daniel Gomes de. (coord.). *Prescrição e decadência: estudos em homenagem ao professor Agnelo Amorim Filho*, Salvador, Podivm, 2013, p. 417.

2 PONTES DE MIRANDA, Francisco Cavalcanti. *Tratado de direito privado: parte geral. Exceções. Direitos mutilados. Exercício dos direitos, pretensões, ações e exceções. Prescrição.* t. 6, Rio de Janeiro, Borsoi, 1956, p. 80.

3 OLIVEIRA, Rafael Alexandria de. *Aspectos processuais da exceção de contrato não cumprido*, Salvador, Podivm, 2012, p. 273.

determinar que, na assunção de dívida, o novo devedor não pode opor ao credor as exceções pessoais que competiam ao devedor primitivo[4]. O mesmo se extrai da leitura do artigo 281 do código: ao regular a solidariedade passiva, dispõe o texto normativo que o devedor solidário pode opor exceções pessoais e comuns a todos os codevedores, mas não poderá opor exceções pessoais dos outros devedores solidários[5].

Há situações, entretanto, em que o exercício da exceção de contrato não cumprido pode ser aproveitado por pessoa diferente do titular do contradireito. É o caso do fiador que, ao ser demandado para pagar dívida garantida pela fiança, pode opor a *exceptio non adimpleti contractus* para prejudicar temporariamente a eficácia da pretensão do demandante.

O Código Civil, no artigo 837, determina que o fiador só poderá usar as defesas que lhe são pessoais e as defesas extintivas da obrigação, detidas pelo devedor principal, com reserva à defesa fundada na incapacidade pessoal do afiançado se a garantia não recair sobre mútuo feito a pessoa menor[6].

É bem verdade que a exceção de contrato não cumprido, por ser contradireito atrelado ao sinalagma dos deveres de prestar dos contratantes, não se apresenta como uma exceção pessoal do fiador. Também não é forma de defesa destinada a extinguir a relação jurídica obrigacional, como já tivemos a oportunidade de explicar no estudo sobre a natureza jurídica da *exceptio non adimpleti contractus*[7].

Mesmo sem contar com menção explícita na legislação, a doutrina não encontra dificuldades em admitir a oposição da exceção

---

4 Art. 302. O novo devedor não pode opor ao credor as exceções pessoais que competiam ao devedor primitivo.

5 Art. 281. O devedor demandado pode opor ao credor as exceções que lhe forem pessoais e as comuns a todos; não lhe aproveitando as exceções pessoais a outro co-devedor.

6 Art. 837. O fiador pode opor ao credor as exceções que lhe forem pessoais, e as extintivas da obrigação que competem ao devedor principal, se não provierem simplesmente de incapacidade pessoal, salvo o caso do mútuo feito a pessoa menor.

7 Ver item 6 supra.

de contrato não cumprido pelo fiador, já que, se o fiador não pudesse opor o que o devedor poderia opor, a dívida do fiador seria mais dura que a do devedor[8]. Soma-se a este argumento o fato de que a fiança se apresenta como instrumento contratual acessório em relação ao contrato principal garantido por ela. Justamente por este caráter acessório da fiança, e por consequente sua vinculação próxima com a dívida garantida, não há como negar a possibilidade do obrigado acessoriamente poder opor ao credor as exceções do obrigado principal[9].

A posição encontrou defesa em julgado da 14ª Câmara de Direito Privado do Tribunal de Justiça do Estado de São Paulo. Em ação de execução de título extrajudicial movida contra fiadora desprovida de benefício de ordem, entendeu-se que a fiadora em questão poderia se valer da exceção de contrato não cumprido, razão pela qual a via executória não se mostrava adequada ao credor[10].

Sobre a necessidade de se identificar com clareza quem é o titular do contradireito, o Código Civil, na Seção dedicada aos contratos de seguro de responsabilidade civil, aponta disciplina interessante. O parágrafo único do artigo 788 dispõe que, nos seguros de responsabilidade legalmente obrigatórios, o segurador não poderá se esquivar do pagamento da indenização à vítima do dano, com fundamento no inadimplemento do segurado, sem promover a escorreita citação deste último e integrá-lo ao contraditório[11].

---

8 PONTES DE MIRANDA, Francisco Cavalcanti. *Tratado de direito privado: parte especial. Expedição. Contrato de agência. Representação de empresa. Fiança. Mandato de crédito. Constituição de renda. Promessa de dívida. Reconhecimento de dívida. Comunidade. Edição. Representação teatral, musical e de cinema. Empreitada*, t. 44, Rio de Janeiro, Borsoi, 1959, p.183.

9 PONTES DE MIRANDA, Francisco Cavalcanti. *Tratado de direito privado: parte geral. Exceções. Direitos mutilados. Exercício dos direitos, pretensões, ações e exceções. Prescrição*. t. 6, Rio de Janeiro, Borsoi, 1956, p. 78.

10 TJSP, Apel. 1035663-91.2017.8.26.0100, 14ª Câmara de Direito Privado, relator Des. Melo Colombi, j. 16.05.18.

11 Art. 788. Nos seguros de responsabilidade legalmente obrigatórios, a indenização por sinistro será paga pelo segurador diretamente ao terceiro prejudicado. Parágrafo único. Demandado em ação direta pela vítima do dano, o segurador não poderá opor a exceção de contrato não cumprido pelo segurado, sem promover a citação deste para integrar o contraditório.

Nota-se que o legislador fala da impossibilidade da seguradora de opor exceção de contrato não cumprido. Ocorre, entretanto, que o cenário proposto pelo texto legal já não permite qualquer oposição de *exceptio non adimpleti contractus*. Afinal, a ação direta da vítima do dano se apoia em pretensão reparatória, que por sua vez não é a situação jurídica a ser encoberta por exceção de inadimplemento[12].

Além da necessidade, em regra, de que o titular do contradireito ser quem opõe a exceção, também se exige que a exceção de contrato não cumprido seja oposta a partir do exercício da pretensão que se pretende paralisar. Em termos mais diretos: "sem que o titular da pretensão exija a prestação, não pode ser exercida da exceção"[13].

Esta constatação advém da própria natureza jurídica da *exceptio non adimpleti contractus*. Sendo exceção em sentido estrito, o propósito da exceção de contrato não cumprido – e consequentemente seu exercício – é reativo. Para que haja encobrimento de eficácia, é preciso que o excepto ao menos busque a irradiação de efeitos da sua pretensão. Não há, portanto, exercício preventivo de exceção.

O exercício da pretensão pelo excepto não pode ser confundido com a proposição de ação contra o excipiente. Ora, tal exercício não se dá somente na situação em que se exerce direito de ação, mas sim em qualquer hipótese em que se exige o cumprimento de prestação exigível[14]. Notificar o devedor já em mora para exigir o pagamento, por exemplo, é espécie de exercício de pretensão sem o uso do direito de ação.

Ainda neste exemplo – em que o devedor é de qualquer forma interpelado a cumprir dever de prestar exigível – verifica-se o exercício regular de pretensão pelo credor, de modo que o devedor poderá opor exceção de contrato não cumprido a partir deste momento.

---

12 OLIVEIRA, Rafael Alexandria de. *Aspectos processuais da exceção de contrato não cumprido*, Salvador, Podivm, 2012, p. 271.

13 PONTES DE MIRANDA, Francisco Cavalcanti. *Tratado de direito privado: parte geral. Exceções. Direitos mutilados. Exercício dos direitos, pretensões, ações e exceções. Prescrição*. t. 6, Rio de Janeiro, Borsoi, 1956, p. 81.

14 PONTES DE MIRANDA, Francisco Cavalcanti. *Tratado de direito privado: parte geral. Exceções. Direitos mutilados. Exercício dos direitos, pretensões, ações e exceções. Prescrição*. t. 6, Rio de Janeiro, Borsoi, 1956, p. 94.

Como dito anteriormente, uma vez superados os pressupostos em torno da oposição da exceção de contrato não cumprido, o interessado poderá se valer do remédio sinalagmático extrajudicialmente ou judicialmente. Quanto à primeira hipótese, nenhum requisito de forma é imposto ao excipiente, sendo qualquer estrutura extrajudicial suficiente para a oposição da exceção de contrato não cumprido. Quanto à segunda hipótese, mais complexa em razão do surgimento de relação jurídica processual entre as partes, é conveniente analisar suas características em apartado.

11.2. Exercício da exceção de contrato não cumprido em processo de conhecimento

A relação jurídica processual é autônoma – por ter regimento jurídico próprio e independente da vontade das partes –, complexa – por ser composta por um conjunto de atos voltados à tutela de um número indefinido de direitos e demais relações jurídicas –, e tem como finalidade última o pronunciamento jurisdicional sobre os pedidos das partes[15].

Para a prestação efetiva da tutela jurisdicional, adota-se na relação jurídica processual um procedimento ordenado para a prática dos atos processuais por todas as partes[16]. A seriedade em torno da ordem dos atos que compõem a relação jurídica processual justifica a tutela ao princípio da eventualidade, também conhecido como princípio da concentração da defesa, pelo qual é exigido que os litigantes produzam todas suas alegações e pedidos no momento previsto pelo procedimento, sob pena de não mais poder fazê-lo em outro momento[17].

---

15 CHIOVENDA, Giuseppe. Instituições de Direito Processual Civil, tradução de Paolo Capitanio, v. 1, Campinas, Bookseller, 1998, pp. 79/80.

16 PACHECO, José da Silva. *Processo Civil*. In: FRANÇA, Rubens Limongi, *Enciclopédia Saraiva do Direito*, v. 61, São Paulo, Saraiva, 1977, p. 369.

17 SICA, Heitor Vitor Mendonça. *Preclusão Processual* Civil, 2ª ed., São Paulo, Atlas, 2008, p. 165. Também sobre o assunto, comentando o art. 300 do Código de Processo Civil de 1973: PONTES DE MIRANDA, Francisco Cavalcanti. *Comentários ao Código de Processo Civil*, v. 4, Rio de Janeiro, Forense, 1974, p. 101. O atual diploma processual dispõe de texto normativo semelhante no art. 336.

Nesse sentido, é de suma importância identificar com precisão o momento em que a exceção de contrato não cumprido deve ser arguida pelo excipiente. Afinal, se este não realizar a oposição da exceção substancial em momento processual oportuno, ocorrerá invariavelmente a preclusão da matéria, impossibilitando o exercício da figura.

O art. 336 do Código de Processo Civil impõe ao réu o ônus de alegar toda sua matéria de defesa na contestação[18]. É bem verdade que a regra de eventualidade da defesa do réu no processo de conhecimento comporta reservas, como as hipóteses narradas no art. 342 do diploma processual[19].

Entretanto, para o que nos interessa mais de perto, é importante destacar que a contestação deve cuidar tanto da defesa que nega os fatos constitutivos do direito do autor como também de alegações de fatos constitutivos, modificativos ou extintivos do direito do autor[20].

É nesta segunda categoria que a exceção de contrato não cumprido se encontra, já que ela é responsável por modificar o desenho da eficácia da pretensão do autor, encobrindo-a e escusando o cumprimento da obrigação por parte do excipiente. Ao receber citação de ação de cobrança movida pelo excepto, é na contestação que o excipiente deverá, se quiser, opor exceção de contrato não cumprido.

Aliás, o réu não poderá se valer de momento diferente da contestação para opor qualquer exceção substancial[21], salvo se

---

18 Art. 336. Incumbe ao reu alegar, na contestacao, toda a materia de defesa, expondo as razoes de fato e de direito com que impugna o pedido do autor e especificando as provas que pretende produzir.

19 Art. 342. Depois da contestação, só é lícito ao réu deduzir novas alegações quando: I – relativas a direito ou a fato superveniente; II – competir ao juiz conhecer delas de ofício; III – por expressa autorização legal, puderem ser formuladas em qualquer tempo e grau de jurisdição

20 SICA, Heitor Vitor Mendonça. *O direito de defesa no processo civil brasileiro: um estudo sobre a posição do réu.* São Paulo, Atlas, 2011, pp. 58/59.

21 PONTES DE MIRANDA, Francisco Cavalcanti. *Tratado de direito privado: parte geral. Exceções. Direitos mutilados. Exercício dos direitos, pretensões, ações e exceções. Prescrição.* t. 6, Rio de Janeiro, Borsoi, 1956, p. 249.

previsão legal específica, como por exemplo as do art. 342 supracitado, permitir alegação superveniente[22].

Por se tratar de exceção substancial dilatória, a *excepto non adimpleti contractus* se sustenta na argumentação de que o excepto possui pretensão contra o excipiente. Não por outro motivo que a exceção de contrato não cumprido é instrumentada como uma defesa subsidiária na contestação.

Em primeiro lugar, preferirá o réu partir para as razões pelas quais inexiste o crédito do autor. Somente no cenário em que o réu admite a existência da pretensão do autor que se formula a defesa em torno da oposição da *excepto non adimpleti contractus*.

Outro aspecto relevante diz respeito aos impactos da oposição da exceção de contrato não cumprido na relação jurídica processual. A questão que se discute agora procura esclarecer o que acontece com a relação jurídica processual quando o juiz encontra procedência na oposição da exceção de inadimplemento. Afinal, na hipótese de aplicação da exceção de contrato não cumprido em uma ação de cobrança, há a paralisação – não extinção – da pretensão em que se funda a ação.

O Superior Tribunal de Justiça teve oportunidade de se manifestar a respeito, determinando que o pedido do autor, no caso de acolhimento da *exceptio non adimpleti contractus*, deveria ser julgado improcedente, sob a justificativa de que a prestação então inexigível não poderia ser tutelada judicialmente[23].

Parte expressiva da doutrina brasileira se posiciona de forma contrária a este entendimento, sustentando que a demanda deve ser julgada procedente pelo juízo, condenando o réu a pagar assim que a contraprestação for adimplida pelo autor[24]. Tal solução,

---

22 SICA, Heitor Vitor Mendonça. *Preclusão Processual* Civil, 2ª ed., São Paulo, Atlas, 2008, p. 167.

23 STJ, Resp. 673.773-RN, Terceira Turma, relatora Min. Nancy Andrighi, relator para acórdão Min. Ari Pargendler, j. 15.03.2007.

24 PONTES DE MIRANDA, Francisco Cavalcanti. *Tratado de direito privado: parte especial. Direito das obrigações. Consequências do inadimplemento. Exceções de contrato não adimplido, ou adimplido insatisfatoriamente, e de inseguridade. Enriquecimento injustificado. Estipulação a favor de terceiro. Eficácia protectiva de terceiro. Mudanças de circunstâncias. Compromisso*, t. 26, Rio de Janeiro, Borsoi, 1959, p. 103. No mesmo sentido: GAGLIARDI, Rafael Villar. *Exceção de contrato não cumprido*, São Paulo, Saraiva, 2010, p. 203.

conhecida como condenação *Zug um Zug*[25], encontra previsão expressa no direito alemão (§ 322 (1) do BGB)[26]. Dentro da perpectivia do direito germânico, a procedência em torno da oposição da exceção de contrato não cumprido condena o réu ao cumprimento da prestação contra a realização da contraprestação[27].

Vale destacar desde logo que a condenação *Zug um Zug* não se encontra na vedação de sentenças incertas e condicionais, disposta no parágrafo único do art. 492 do Código de Processo Civil vigente[28]. Ao ser exigida certeza nas sentenças judiciais, evita-se dar validade a sentenças que se distanciam de aplicar as normas jurídicas ao caso concreto[29].

Além disso, não podemos equiparar os efeitos da exceção de contrato não cumprido com os que decorrem da existência de uma condição suspensiva. As obrigações unidas por vínculo sinalagmático não têm sua eficácia subordinada a evento futuro e incerto. Qualquer contraente pode exigir o cumprimento de uma obrigação exigível, cabendo à contraparte escolher recusar o cumpri-

---

25 SERPA LOPES, Miguel Maria de. *Exceções Substanciais: Exceção de contrato não cumprido (Exceptio non adimpleti contractus)*, Rio de Janeiro, Freitas Bastos, 1959, p. 161.

26 Parágrafo 322 (1) do BGB:*"§ 322 Verurteilung zur Leistung Zug-um-Zug (1) Erhebt aus einem gegenseitigen Vertrag der eine Teil Klage auf die ihm geschuldete Leistung, so hat die Geltendmachung des dem anderen Teil zustehenden Rechts, die Leistung bis zur Bewirkung der Gegenleistung zu verweigern, nur die Wirkung, dass der andere Teil zur Erfüllung Zug um Zug zu verurteilen ist."* Tradução: "§ 322 Ordem para executar recíproca e simultaneamente (1) Se uma parte impetrar uma ação por sua execução com base em um contrato recíproco, a afirmação da outra parte de seu direito de recusar a execução até que a consideração seja feita meramente tem o efeito de que a última parte deve ser ordenada para executar recíproca e simultaneamente."

27 FONSECA, Ana Taveira da. *Da recusa de cumprimento da obrigação para a tutela do direito de crédito: em especial na excepção de não cumprimento, no direito de retenção e na compensação.* Coimbra, Almedina, 2015, p. 235.

28 Art. 492. É vedado ao juiz proferir decisão de natureza diversa da pedida, bem como condenar a parte em quantidade superior ou em objeto diverso do que lhe foi demandado. Parágrafo único. A decisão deve ser certa, ainda que resolva relação jurídica condicional.

29 GAGLIARDI, Rafael Villar. *Exceção de contrato não cumprido*, São Paulo, Saraiva, 2010, p. 201.

mento dessa obrigação até que a contraprestação correspectiva seja adimplida[30].

A exigência de uma sentença certa, portanto, não impede a condenação do réu ao pagamento frente à satisfação da contraprestação, de modo que se mostra acertada a decisão do juiz que sentencia em favor da condenação *Zug um Zug,* ao invés de julgar improcedente a ação – como fez a Terceira Turma do Superior Tribunal de Justiça.

Ainda que a solução pela improcedência do pedido do autor permitisse uma nova ação, proposta quando a contraprestação fosse cumprida, não parece sustentável, por uma questão de economia processual, que a oposição da *exceptio non adimpleti contractus* determine uma improcedência temporária do pedido[31]. Além disso, a improcedência oneraria de maneira injustificada o autor, que teria que arcar com os custos típicos em torno da propositura de ação judicial.

Em conclusão, o fato de não existir uma disposição legal que fundamente as condenações ao cumprimento *Zug um Zug*, como acontece no ordenamento jurídico alemão, não deve impedir os tribunais de condenar o réu a cumprir contra a realização da contraprestação[32].

11.3. Ônus de provar a satisfação dos pressupostos de aplicação

Como tivemos a oportunidade de detalhar no capítulo precedente, a aplicação da exceção de contrato não cumprido depende de três pressupostos de aplicação. Para averiguar o preenchimen-

30 FONSECA, Ana Taveira da. *Da recusa de cumprimento da obrigação para a tutela do direito de crédito: em especial na excepção de não cumprimento, no direito de retenção e na compensação.* Coimbra, Almedina, 2015, p. 236.

31 VAZ SERRA, Adriano Paes da Silva. *Excepção de Contrato não Cumprido.* In: Boletim do Ministério da Justiça, 67, 1957, pp. 33/34.

32 Defendendo a mesma solução para o ordenamento jurídico português: FONSECA, Ana Taveira da. *Da recusa de cumprimento da obrigação para a tutela do direito de crédito: em especial na excepção de não cumprimento, no direito de retenção e na compensação.* Coimbra, Almedina, 2015, p. 242.

to destes pressupostos em um caso concreto, se faz necessário recolher uma série de elementos fáticos e específicos de cada situação. A aplicação da exceção de contrato não cumprido, portanto, depende de produção probatória.

Resta, entretanto, saber quem deverá arcar com o ônus de providenciá-las: o excipiente ou o excepto.

Há estudos que defendem que o ônus de provar estes pressupostos não devem recair sobre o excipiente, mesmo que ele seja o maior interessado no encobrimento da eficácia da pretensão do excepto. Justifica-se esta posição no argumento de que é o autor quem deverá provar o cumprimento do contrato sinalagmático para ingressar com a ação de cobrança, sendo injustificado exigir do réu prova do inadimplemento do autor – que na maioria das vezes é de difícil produção[33]. Outros estudos determinam que o excipiente, a parte que opõe a defesa indireta de mérito, é quem tem o ônus de provar a satisfação dos pressupostos da exceção de contrato não cumprido[34], seguindo, portanto, a regra romana clássica "*reus in exceptione actor est*"[35].

O autor de ação que visa a satisfazer um crédito irá, naturalmente, providenciar a prova da sua pretensão. Naturalmente, a produção da prova do autor se destinará a um objetivo bastante distinto da aplicação da exceção de inadimplemento. O autor bus-

---

33 Nesse sentido, e a título exemplificativo: CARVALHO SANTOS, João Manoel de. Código Civil Brasileiro Interpretado: direito das obrigações (arts. 1.079-1.121), v. 15, 6ª ed., Rio de Janeiro, Freitas Bastos, 1958, pp. 242/242; MASNATTA, Hector. *Excepción de incumplimiento contractual*, Buenos Aires, Abeledo Perrot, 1967, p. 102; PÉRSICO, Giovanni, *L'Eccezione d'Inadempimento*, Milano, Giuffrè, 1955, p. 176.

34 Também a título exemplificativo: BIANCA, Cesare Massimo. *Diritto civile: la responsabilità*, v. 5, ristampa, Milano, Giuffrè, 1999, p. 343; PONTES DE MIRANDA, Francisco Cavalcanti. *Tratado de direito privado: parte especial. Direito das obrigações. Consequências do inadimplemento. Exceções de contrato não adimplido, ou adimplido insatisfatoriamente, e de inseguridade. Enriquecimento injustificado. Estipulação a favor de terceiro. Eficácia protectiva de terceiro. Mudanças de circunstâncias. Compromisso*, t. 26, Rio de Janeiro, Borsoi, 1959, pp. 105/106.

35 D. 44. 1. 1. (Disponível em: GARCÍA DEL CORRAL, Ildefonso. Cuerpo del Derecho Civil Romano, t. 3, Barcelona, Jaime Molinas, 1889, p. 477).

cará demonstrar a existência da sua pretensão, desenhando seus esforços para esta finalidade, e não para a comprovação de inexistência de contradireito da parte contrária.

Imputar o ônus da prova ao excepto faria sentido se a exceção de contrato não cumprido fosse capaz de ser reconhecida de ofício pelo juízo. Nesse caso, seria preocupação máxima do autor demonstrar a inexistência dos pressupostos de aplicação da exceção e justificar a perseguição do seu crédito. Como já defendemos por diversas vezes neste estudo, não é este o caso da exceção de contrato não cumprido do direito brasileiro.

Além disso, para a aplicação da *exceptio non adimpleti contractus*, três distintos pressupostos precisam estar provados. O inadimplemento do excepto é somente um destes pressupostos. Também se faz necessário provar a coetaneidade das pretensões e o sinalagma contratual entre elas.

Por tais motivos, entende-se que é o excipiente quem deve arcar com o ônus de provar a satisfação dos pressupostos de aplicação da exceção de contrato não cumprido, sem prejuízo à distribuição dinâmica do ônus da prova nas situações do art. 373, §1º, do Código de Processo Civil[36]

11.4. A inoperabilidade da exceção de contrato não cumprido como pressuposto para o processo de execução

A execução forçada apresenta um conjunto normativo bastante diferenciado em relação aos institutos que cuidam da atividade jurisdicional cognitiva. Para o objeto do nosso estudo, é de grande importância a análise pormenorizada deste regime jurídi-

36 Art. 373. O ônus da prova incumbe: [...] § 1ª Nos casos previstos em lei ou diante de peculiaridades da causa relacionadas à impossibilidade ou à excessiva dificuldade de cumprir o encargo nos termos do caput ou à maior facilidade de obtenção da prova do fato contrário, poderá o juiz atribuir o ônus da prova de modo diverso, desde que o faça por decisão fundamentada, caso em que deverá dar à parte a oportunidade de se desincumbir do ônus que lhe foi atribuído.

co processual, tendo em vista a existência de normas jurídicas que tangenciam o instituto da *exceptio non adimpleti contractus.*

O processo de execução forçada é nitidamente voltado ao escopo de dar solução pragmática a uma situação fática vivida pelas partes. Ele não se instaura, portanto, para a obtenção de um pronunciamento jurisdicional, e sim para dar eficiência prática e tangível a um pronunciamento que dispensa maior cognição do Estado judicante[37].

A identificação da finalidade pragmática do processo executório não afasta completamente a existência de trabalho de cognição no processo executório[38]. A atividade desempenhada pelo juiz é cognitiva e, em sede de execução forçada, há que se destacar o trabalho cognitivo do juízo na identificação das provas necessárias ao uso da via executória[39].

Em termos precisos, o juiz precisa averiguar uma série de provas pré-constituídas para autorizar o início da prática de atos executivos. Esses pressupostos específicos do processo de execução destinam-se a legitimar a atividade coativa do Estado para impor ao executado o cumprimento da obrigação ou sanção[40].

Em sede de execução de título executivo extrajudicial, são vários os exemplos dessa cognição sumária do juízo executório: a análise do título executivo em si; a avaliação da memória de cálculo apresentada; e a prova de que se verificou a condição ou ocorreu o termo (art. 798, I, "a","b" e "c", do Código de Processo Civil[41]).

---

37 MARQUES, José Frederico. *Instituições de Direito Processual Civil,* v.5, Rio de Janeiro, Forense, 1960, p. 78.

38 SICA, Heitor Vitor Mendonça. *Cognição do juiz na execução civil.* São Paulo, Revista dos Tribunais, 2017, pp. 272/273

39 MARQUES, José Frederico. *Instituições de Direito Processual Civil,* v.5, Rio de Janeiro, Forense, 1960, p. 80.

40 MARQUES, José Frederico. *Instituições de Direito Processual Civil,* v.5, Rio de Janeiro, Forense, 1960, p. 91.

41 Art. 798. Ao propor a execução, incumbe ao exequente: I – instruir a petição inicial com: a) o título executivo extrajudicial; b) o demonstrativo do débito atualizado até a data de propositura da ação, quando se tratar de execução por quantia certa; c) a prova de que se verificou a condição ou ocorreu o termo, se for o caso

Se esta cognição sumária resulta na conclusão de que o exequente falhou ao instruir corretamente a petição inicial executória, e superado o prazo de quinze dias para correção, o pedido de atos executórios deverá ser indeferido de ofício pelo juízo – art. 801 do Código de Processo Civil[42] –, podendo o juiz converter a demanda para o procedimento comum ou monitório[43].

Dentro das exigências legais para o uso da via executória, dispõe o art. 787 do Código de Processo Civil que, se o devedor não for obrigado a prestar antes do credor, este último deverá provar que cumpriu a obrigação antes de requerer a execução forçada[44]. Tal exigência legal transparece no rol das provas que o exequente deve pré-produzir para postular atos executórios[45]. Em ato contínuo, sendo insuficiente a pré-produção desta prova, o juiz deverá indeferir o pedido pela via executória, conforme o disposto no supracitado art. 801. O art. 787 do CPC tem propósito semelhante ao § 756 do Código de Processo Civil alemão[46].

---

42 Art. 801. Verificando que a petição inicial está incompleta ou que não está acompanhada dos documentos indispensáveis à propositura da execução, o juiz determinará que o exequente a corrija, no prazo de 15 (quinze) dias, sob pena de indeferimento.

43 SICA, Heitor Vitor Mendonça. *Cognição do juiz na execução civil.* São Paulo, Revista dos Tribunais, 2017, pp. 272.

44 Art. 787. Se o devedor não for obrigado a satisfazer sua prestação senão mediante a contraprestação do credor, este deverá provar que a adimpliu ao requerer a execução, sob pena de extinção do processo

45 Art. 798. Ao propor a execução, incumbe ao exequente: I – instruir a petição inicial com: [...] d) a prova, se for o caso, de que adimpliu a contraprestação que lhe corresponde ou que lhe assegura o cumprimento, se o executado não for obrigado a satisfazer a sua prestação senão mediante a contraprestação do exequente

46 § 756 do Código de Processo Civil alemão: "§ 756 Zwangsvollstreckung bei Leistung Zug um Zug (1) Hängt die Vollstreckung von einer Zug um Zug zu bewirkenden Leistung des Gläubigers an den Schuldner ab, so darf der Gerichtsvollzieher die Zwangsvollstreckung nicht beginnen, bevor er dem Schuldner die diesem gebührende Leistung in einer den Verzug der Annahme begründenden Weise angeboten hat, sofern nicht der Beweis, dass der Schuldner befriedigt oder im Verzug der Annahme ist, durch öffentliche oder öffentlich beglaubigte Urkunden geführt wird und eine Abschrift dieser Urkunden bereits zugestellt ist oder gleichzeitig zugestellt wird. (2)

O art. 787 do CPC fornece duas importantes características do processo executório que merecem ser abordadas no nosso estudo. A primeira advém da literalidade do artigo. Se o executado não for obrigado a satisfazer a sua prestação senão mediante a contraprestação do exequente, isso indica que as partes estabeleceram ordem nas prestações, de modo que a pretensão do exequente só surgirá quando este cumprir com sua parte do avençado. Ora, se o exequente não possui pretensão, não poderá o juiz deferir qualquer ato executório em seu favor.

A segunda remonta à semelhança linguística entre o texto normativo do art. 787 do Código de Processo Civil com o art. 476 do Código Civil e impõe um empenho cognitivo *ex officio* do juiz em torno dos pressupostos de aplicação da exceção de contrato não cumprido, mas este esforço se destina apenas ao processo de execução e, principalmente, não se destina a aplicar de ofício a exceção – mas sim garantir os exigências especiais do processo executório[47].

Como já mencionado anteriormente, cabe ao juiz, de ofício, verificar se a petição inicial satisfaz os pressupostos da via executória. No caso do art. 787 do Código de Processo Civil, o juiz não irá aplicar a exceção de contrato não cumprido e encobrir a eficácia

Der Gerichtsvollzieher darf mit der Zwangsvollstreckung beginnen, wenn der Schuldner auf das wörtliche Angebot des Gerichtsvollziehers erklärt, dass er die Leistung nicht annehmen werde". Tradução: "§ 756. Execução obrigatória em que o desempenho deve ser feito concomitantemente. (1) Se a execução depende do desempenho concorrente do devedor pelo credor, o agente de execução nomeado pelo tribunal não pode iniciar a execução compulsória antes de ter oferecido ao devedor a prestação a que este está habilitado, fazendo-o de forma a tornar-se inadimplente. de aceitação, a menos que a prova seja submetida por registros ou documentos públicos de que o devedor tenha sido satisfeito ou esteja inadimplente em sua aceitação, ou por registros ou documentos que tenham sido publicamente certificados, e uma cópia de tais registros ou documentos já tenha sido atendida; é servido simultaneamente. (2) O agente de execução nomeado pelo tribunal pode iniciar a execução compulsiva se o devedor declarar, após o funcionário de execução nomeado pelo tribunal ter apresentado oralmente o pagamento ou outra ação, que não aceitará tal pagamento ou outra ação."

47 PONTES DE MIRANDA, Francisco Cavalcanti. *Comentários ao Código de Processo Civil*, v. 9, Rio de Janeiro, Forense, 1976, pp. 199/201.

da pretensão do exequente, mas sim averiguar a viabilidade do pedido por atos executórios.

O legislador optou por afastar do procedimento de execução forçada os títulos que podem encobrir, ainda que temporariamente, a eficácia da pretensão do credor. É por isso que o juízo precisa realizar este esforço de cognição sumária: não para opor de ofício a exceção de contrato não cumprido, mas para averiguar a possibilidade dessa oposição pelo executado. Se essa possibilidade de modificar a eficácia da pretensão do credor existir, o juiz não poderá deferir atos executórios e deverá julgar improcedente tal pedido. Sua cognição, neste caso, não seguirá raciocínio diferente de uma ação de execução movida sem título executivo, por exemplo.

Trata-se de importante atribuição de ônus probatório em torno dos pressupostos de aplicação da exceção de contrato não cumprido. No processo de conhecimento, é o devedor excipiente quem deverá provar a satisfação dos pressupostos para obter o encobrimento da eficácia da pretensão do credor. No processo de execução, é o credor quem deverá provar a inexistência dos pressupostos da *exceptio non adimpleti contractus* para prosseguir com os atos executórios, sob pena de precisar recorrer ao rito comum ou monitório[48].

Se o juiz se equivocar e der prosseguimento à execução, a despeito da possibilidade de oposição da *excepto non adimpleti contractus,* deverá o executado, em sede de embargos à execução, apontar o preenchimento dos pressupostos de aplicação da exceção de inadimplemento[49]. A alegação do executado serve primordialmente para rechaçar os atos executórios praticados pelo exequente, mas também se estrutura como forma de oposição da exceção de contrato não cumprido, irradiando desde logo efeitos na seara da relação jurídica de direito material.

48 FONSECA, Ana Taveira da. *Da recusa de cumprimento da obrigação para a tutela do direito de crédito: em especial na excepção de não cumprimento, no direito de retenção e na compensação.* Coimbra, Almedina, 2015, p. 240.

49 PONTES DE MIRANDA, Francisco Cavalcanti. *Comentários ao Código de Processo Civil*, v. 9, Rio de Janeiro, Forense, 1976, p. 201.

12. A eficácia da oposição na relação jurídica de direito material

Já foi apontado ao longo deste trabalho que, através da exceção de contrato não cumprido, é reconhecido a cada parte o poder de recusar a execução da sua prestação até a realização, pela contraparte, da respectiva contraprestação[50]. Este é o efeito primordial da exceção de contrato não cumprido: encobrir a eficácia da pretensão do excepto até o momento em que este realiza a contraprestação[51].

É por esta consequência no plano da eficácia que a *exceptio non adimpleti contractus* é compreendida como uma causa de exclusão de ilicitude, através da qual se permite a um contratante recusar o cumprimento da sua prestação - já exigível - até que a contraprestação seja realizada[52].

A licitude desta recusa impõe consequências importantes. Ela impede o surgimento de qualquer direito a receber indenização moratória por parte do credor da prestação do excipiente[53], bem como o impede de buscar a resolução do contrato por inadimplemento, fundado no incumprimento ilícito e imputável ao devedor[54].

---

50 FONSECA, Ana Taveira da. *Da recusa de cumprimento da obrigação para a tutela do direito de crédito: em especial na excepção de não cumprimento, no direito de retenção e na compensação.* Coimbra, Almedina, 2015, p. 242.

51 PONTES DE MIRANDA, Francisco Cavalcanti. *Tratado de direito privado: parte especial. Direito das obrigações. Consequências do inadimplemento. Exceções de contrato não adimplido, ou adimplido insatisfatoriamente, e de inseguridade. Enriquecimento injustificado. Estipulação a favor de terceiro. Eficácia protectiva de terceiro. Mudanças de circunstâncias. Compromisso,* t. 26, Rio de Janeiro, Borsoi, 1959, p. 95.

52 ALMEIDA COSTA, Mário Júlio. *Direito das obrigações,* 12ª ed., Coimbra, Almedina, 2016, p. 1071; REALMONTE, Francesco. *Eccezione di inadempimento,* In: Encilopedia del Diritto, v. 15, Giuffrè, Milano, 1965, pp. 234/235.

53 FONSECA, Ana Taveira da. *Da recusa de cumprimento da obrigação para a tutela do direito de crédito: em especial na excepção de não cumprimento, no direito de retenção e na compensação.* Coimbra, Almedina, 2015, p. 243.

54 REALMONTE, Francesco. *Eccezione di inadempimento,* In: Encilopedia del Diritto, v. 15, Giuffrè, Milano, 1965, p. 235.

Nota-se que a exceção de contrato não cumprido, como hipótese de exclusão da ilicitude, não serve propriamente para suspender o contrato ou prejudicar peremptoriamente a pretensão da parte credora da prestação. A exigibilidade da prestação surge com a pretensão, de tal sorte que a exceção de contrato não cumprido não serve para pôr fim definitivo à pretensão e removê-la do feite de situações jurídicas do excepto. O que ocorre com a oposição da *exceptio non adimpleti contractus* é, tão somente, a suspensão da execução da prestação devida[55] – suspensão esta que será levantada com o cumprimento da contraprestação.

Compreendida a premissa e o papel da exceção de contrato não cumprido no plano da eficácia dos contratos, dois assuntos importam uma abordagem mais específica. O primeiro diz respeito à eficácia da exceção de contrato não cumprido diante da prescrição dos deveres de prestar. O segundo questiona o momento em que os efeitos da mora do devedor são prejudicados pela *exceptio non adimpleti contractus.*

Sobre o primeiro assunto, por não extinguir por inteiro a posição jurídica da pretensão[56], a prescrição do crédito não exclui o a possibilidade da invocação da exceção de contrato não cumprido, de modo que o credor da pretensão prescrita não estará privado de exercer a *exceptio non adimpleti contractus* se a contraprestação, ainda não prescrita, for exigida dele[57]. Vale dizer, também, que a exceção de contrato não cumprido, mesmo depois de invocada, não interrompe nem suspende o prazo de prescrição dos créditos envolvidos[58].

---

55 BIANCA, Cesare Massimo. *Diritto civile: la responsabilità,* v. 5, ristampa, Milano, Giuffrè, 1999, pp. 339/340.

56 SIMÃO, José Fernando. *Prescrição e decadência: início dos prazos,* São Paulo, Atlas, 2013, p. 193.

57 PONTES DE MIRANDA, Francisco Cavalcanti. *Tratado das ações: ação, classificação e eficácia,* t. 1, São Paulo, Revista dos Tribunais, 1970, p. 98; VAZ SERRA, Adriano Paes da Silva. *Excepção de Contrato não Cumprido.* In: Boletim do Ministério da Justiça, 67, 1957, pp. 94/95.

58 VAZ SERRA, Adriano Paes da Silva. *Excepção de Contrato não Cumprido.* In: Boletim do Ministério da Justiça, 67, 1957, p. 97.

Vejamos um exemplo: em contrato de compra e venda feito por instrumento particular com vencimentos simultâneos, a pretensão de exigir o preço prescreve em cinco anos (art.206, §5º, I do Código Civil[59]) e a de exigir a coisa prescreve em dez anos[60] (art. 205 do Código Civil[61]). No sexto ano, o comprador exige a entrega da coisa sem ter pagado o preço. Mesmo neste cenário, o vendedor poderá opor a exceção de contrato não cumprido contra o comprador. Isso porque a pretensão do vendedor, embora prescrita, ainda existe. A prescrição encobre peremptoriamente a eficácia da pretensão, o que se verifica no plano da eficácia – e não da existência[62].

Diferente seria a solução se, ao invés de prescrição, ocorresse situação de impossibilidade do cumprimento da prestação. Afinal, nas hipóteses de impossibilidade de prestar, estaria extinta a pretensão, sendo impossível falar em existência de um contradireito como a exceção de contrato não cumprido[63].

Em suma, o fato de a realização da contraprestação não ser mais exigível não impede o credor de recebê-la voluntariamente – pois o crédito continua existente –, razão pela qual ele poderá se valer da exceção de contrato não cumprido.

---

59 Art. 206. Prescreve:[...] § 5o Em cinco anos: I – a pretensão de cobrança de dívidas líquidas constantes de instrumento público ou particular

60 Sobre a prescrição da pretensão decorrente de inadimplemento contratual seguir a regra geral: MARTINS-COSTA, Judith; ZANETTI, Cristiano de Sousa. *Responsabilidade contratual: prazo prescricional de dez anos*. In: Revista dos Tribunais, v. 979, 2017, pp. 215/241. A questão foi enfrentada em Embargos de Divergência no Superior Tribunal de Justiça, pacificando o entendimento de que a prescrição de pretensão referente a inadimplemento contratual é de dez anos (STJ, EResp. 1.280.825-RJ, 2ª Seção da Corte Superior, relatora Min. Nancy Andrighi, j. 27.06.2018).

61 Art. 205. A prescrição ocorre em dez anos, quando a lei não lhe haja fixado prazo menor.

62 SIMÃO, José Fernando. *Prescrição e decadência: início dos prazos*, São Paulo, Atlas, 2013, p. 193.

63 SERPA LOPES, Miguel Maria de. *Exceções Substanciais: Exceção de contrato não cumprido (Exceptio non adimpleti contractus)*, Rio de Janeiro, Freitas Bastos, 1959, pp. 356/357.

Sobre o segundo assunto, é bem verdade que que a exceção de contrato não cumprido constitui uma causa de exclusão de ilicitude que elimina a mora do devedor. Resta saber se basta existir a possibilidade de oposição da exceção de contrato não cumprido para que não haja mora – não exigindo qualquer exercício da exceção –, ou, para eliminar a mora do devedor, é necessário o exercício da exceção de contrato não cumprido. Em outras palavras, pergunta-se: é a existência da exceção ou o seu exercício que obsta o vencimento[64]?

Se acolhermos a primeira hipótese, o devedor só entraria em mora quando o credor oferecesse ou realizasse a contraprestação. Mesmo se a prestação do devedor fosse positiva e líquida, a mora não seria constituída de pleno direito na hipótese desta obrigação estar inserida em contrato sinalagmático.

Essa é solução é estabelecida expressamente na legislação civil espanhola. O Código Civil espanhol, no seu artigo 1.100, determina que o devedor não entra em mora caso tenha direito a receber uma contraprestação[65]. A mesma solução aparece no Código Civil chileno, no seu artigo 1552[66]. Comentando a legislação chilena, a doutrina interpreta o artigo em referência como um novo requisito à constituição em mora, ao invés de entendê-lo como suporte legislativo da exceção de contrato não cumprido[67].

---

64 PONTES DE MIRANDA, Francisco Cavalcanti. *Tratado de direito privado: parte geral. Exceções. Direitos mutilados. Exercício dos direitos, pretensões, ações e exceções. Prescrição.* t. 6, Rio de Janeiro, Borsoi, 1956, p. 21.

65 Artigo 1.100 do Código Civil espanhol: *"Articulo 1100 [...] En las obligaciones recíprocas ninguno de los obligados incurre en mora si el otro no cumple o no se allana a cumplir debidamente lo que le incumbe. Desde que uno de los obligados cumple su obligación, empieza la mora para el otro."*

66 Artigo 1552 do Código Civil chileno: *"Articulo 1552 En los contratos bilaterales ninguno de los contratantes está en mora dejando de cumplir lo pactado, mientras el otro no lo cumple por su parte, o no se allana a cumplirlo en la forma y tiempo debidos."*

67 CLARO SOLAR, Luís. *Explicaciones de Derecho Civil Chileno y Comparado: Tomo X – De las Obligaciones,* , Santiago, Nacimento, 1936, p. 787; ALESSANDRI, Arturo; SOMARRIVA, Manuel; VODANOVIC, Antonio. *Tratado de las Obligaciones,* 2ª ed., Santiago, Jurídica de Chile, 2001, p. 301. Em sentido contrário: FUEYO LANERI, Fernando. *Cumplimiento e Incumplimiento de las Obligaciones,* 3ª ed., Santiago, Jurídica de Chile, 2004, pp. 239/240.

No direito brasileiro, não há apoio legal suficiente para sustentar tal posição. De acordo com o nosso artigo 394, está em mora o devedor que não efeturar o pagamento no tempo, lugar e forma estabelecidos em lei ou convenção[68]. Tal artigo, bem como os artigos que seguem com o regime jurídico da mora brasileira, não apresenta pressuposto semelhante ao encontrado na legislação espanhola ou chilena.

Além disso, os efeitos da *exceptio non adimpleti contractus* dependem da sua invocação judicial ou extrajudicial, não havendo razão para distinguir os efeitos que recairão no dever de prestar primário - a pretensão sobre a prestação principal - dos deveres de prestar secundários - a pretensão indenizatória moratória[69].

12.1. Eficácia nas hipóteses de transmissão das obrigações e de estipulação em favor de terceiro

É conveniente analisar em apartado a eficácia da exceção de contrato não cumprido nas hipóteses em que há reverberação de efeitos a terceiros - principalmente nas hipóteses em que há transmissão das obrigações.

A exceção de contrato não cumprido, por ser figura típica do regime jurídico dos contratos, faz referência ao princípio da relatividade dos efeitos do contrato, responsável por assegurar que, em regra, os efeitos contratuais se produzam exclusivamente entre as partes, sem aproveitar ou prejudicar sujeitos estranhos à relação[70].

Nesse particular, é conveniente a redação do artigo 431º do Código Civil português. Seu texto normativo determina que a *exceptio non adimpleti contractus* só é oponível aos que vierem a substituir os contratantes nos seus direitos e obrigações[71]. A

---

68 Art. 394. Considera-se em mora o devedor que não efetuar o pagamento e o credor que não quiser recebê-lo no tempo, lugar e forma que a lei ou a convenção estabelecer.

69 ABRANTES, José João. *A excepção de não cumprimento do contrato.* 2ª ed., Coimbra, Almedina, 2014, p. 129

70 GOMES, Orlando. *Contratos,* 2ª ed., Rio de Janeiro, Forense, 1966, p. 42.

71 Artigo 431º do Código Civil português: *"Artigo 431º. (Eficácia em relação a terceiros) A excepção de não cumprimento é oponível aos que no contrato vierem a substituir qualquer dos contraentes nos seus direitos e obrigações."*

transmissão de direitos e obrigações acontece, por exemplo, com aqueles que adquirem *inter vivos* ou *mortis causa* a posição contratual do contratante.

O Código Civil brasileiro não dispõe de regra expressa semelhante à portuguesa, mas solução diversa não deve ser imposta ao nosso sistema, já que a consequência do dispositivo português é imposta em razão da força obrigatória que os contratos possuem entre as partes.

Se o sujeito "A", após celebrar contrato sinalagmático e de vencimento simultâneo com o sujeito "B", cede sua posição contratual ao sujeito "C", este último poderá opor exceção de contrato não cumprido, encobrindo a eficácia da pretensão de "B" até o seu cumprimento.

Outra situação é a encontrada nas hipóteses em que ocorreu somente uma cessão de crédito ou assunção de dívida. Na mera cessão de crédito, o artigo 294 garante a possibilidade de oposição da exceção de contrato não cumprido pelo devedor contra a pretensão do cessionário[72]. A opção legislativa se justifica já que a reciprocidade originária do contrato persiste no feixe de situações jurídicas do devedor. A cessão de crédito, aqui, não alterou as posições jurídicas do devedor – que ainda possui crédito sinalagmático contra o cedente[73].

Solução semelhante acontece na assunção de dívida, pois o novo devedor somente não poderá opor as exceções pessoais do devedor primitivo[74], não impedindo o uso da exceção de contrato

72 Art. 294. O devedor pode opor ao cessionário as exceções que lhe competirem, bem como as que, no momento em que veio a ter conhecimento da cessão, tinha contra o cedente

73 PONTES DE MIRANDA, Francisco Cavalcanti. *Tratado de direito privado: parte especial. Direito das obrigações. Consequências do inadimplemento. Exceções de contrato não adimplido, ou adimplido insatisfatoriamente, e de inseguridade. Enriquecimento injustificado. Estipulação a favor de terceiro. Eficácia protectiva de terceiro. Mudanças de circunstâncias. Compromisso,* t. 26, Rio de Janeiro, Borsoi, 1959, p. 105.

74 Art. 302. O novo devedor não pode opor ao credor as exceções pessoais que competiam ao devedor primitivo.

não cumprido. A relação de sinalagma existente entre prestações não desaparece com a transmissão da dívida[75].

O crédito também pode ser transferido pela espécie de pagamento por sub-rogação. Embora não exista um equivalente ao artigo 294 no regime jurídico da sub-rogação, não nos parece que a transmissão imposta pela sub-rogação não implique, também, a recepção das exceções que o devedor poderia opor ao credor originário[76]. Desta forma, e seguindo a mesma fundamentação da cessão de crédito, deve-se permitir a oposição da exceção de contrato não cumprido pelo devedor contra o credor que adquire crédito por sub-rogação.

Por fim, também vale fazer uma nota específica ao regime jurídico da estipulação em favor de terceiro. O parágrafo único do art. 436 do Código Civil autoriza o terceiro beneficiário da estipulação a exigir diretamente a prestação prometida[77]. Nessa hipótese, o terceiro beneficiário exerce a pretensão daquele que estipulou em seu favor, estando sujeito, portanto, à oposição de exceção de contrato não cumprido pelo promitente[78].

75 FONSECA, Ana Taveira da. *Da recusa de cumprimento da obrigação para a tutela do direito de crédito: em especial na excepção de não cumprimento, no direito de retenção e na compensação.* Coimbra, Almedina, 2015, p. 255.

76 Nesse sentido, mas sob a leitura do ordenamento jurídico português: ANTUNES VARELA, João de Matos. *Das obrigações em geral*, vol. 2, 7ª edição, Coimbra, Almedina, 1997, p. 352; FONSECA, Ana Taveira da. *Da recusa de cumprimento da obrigação para a tutela do direito de crédito: em especial na excepção de não cumprimento, no direito de retenção e na compensação.* Coimbra, Almedina, 2015, p. 253.

77 Art. 436. O que estipula em favor de terceiro pode exigir o cumprimento da obrigação. Parágrafo único. Ao terceiro, em favor de quem se estipulou a obrigação, também é permitido exigi-la, ficando, todavia, sujeito às condições e normas do contrato, se a ele anuir, e o estipulante não o inovar nos termos do art. 438

78 SERPA LOPES, Miguel Maria de. *Exceções Substanciais: Exceção de contrato não cumprido (Exceptio non adimpleti contractus)*, Rio de Janeiro, Freitas Bastos, 1959, pp. 322.

12.2. Eficácia em contratos de duração

Também se mostra conveniente analisar em apartado como se desenha a eficácia da exceção de contrato não cumprido em contratos de duração, tendo em vista a utilidade desse modelo para a sociedade de direito privado atual.

A distinção aqui se justifica na medida em que as relações contratuais duradouras se diferenciam de forma sensível dos contratos instantâneos. Diferentemente dos últimos, os contratos de duração impõem situações de elevada confiança e dependência, bem como de notável complexidade e dinamismo no desenrolar da cartilha contratual[79].

A característica que mais de perto nos interessa é a de que a execução dos contratos de duração pode ser continuada ou periódica. Nos de execução continuada, a prestação se prolonga no tempo, sem interrupção, já nos de execução periódica, também chamada de trato sucessivo, a prestação é realizada mediante repetições sucessivas[80]. O adimplemento da obrigação, nos contratos de duração, se aperfeiçoa e se complementa no decorrer do tempo, promovendo uma satisfação continuada de uma necessidade duradoura[81].

Em um cenário ocupado por um contrato de duração com prestação continuada, o descumprimento completo da prestação pelo excepto legitima, assim como nos casos de execução imediata ou diferida, a oposição da exceção de contrato não cumprido pelo excipiente[82]. Nas hipóteses em que a prestação de trato continuado é parcialmente satisfeita pelo excepto, a dimensão do

79 SCHUNCK, Giuliana Bonanno. *Contratos de longo prazo e dever de cooperação,* São Paulo, Almedina, 2016, p. 36.

80 ROSSETTI, Marco. *L'eccezione d'inadempimento,* In: CENDON, Paolo (a cura di). *I contratti in generale: risoluzione, inadempimento, impossibilità sopravvenuta, eccessiva onerosità,* v. 13, Torino, UTET, 2000, p. 323.

81 MARINO, Francisco Paulo de Crescenzo. *Classificação dos contratos.* In: JABUR, Gilberto Haddad; JUNIOR, Antonio Jorge Pereira. (coord.) *Direito dos contratos,* São Paulo, Quartier Latin, 2006, p. 32.

82 FONSECA, Ana Taveira da. *Da recusa de cumprimento da obrigação para a tutela do direito de crédito: em especial na excepção de não cumprimento, no direito de retenção e na compensação.* Coimbra, Almedina, 2015, p. 171.

encobrimento seguirá os contornos da *exceptio non rite adimpleti contractus* - assunto que abordamos no capítulo precedente, sob pena de obrigar a contraparte a realizar prestações já incompatíveis com as contraprestações fornecidas.

Já na hipótese do contrato de duração versar execução de trato sucessivo, o devedor pode recusar o cumprimento de sua fração da prestação se o credor não tiver cumprido a fração correspondente já vencida[83]. A eficácia encoberta atinge tão somente o montante dos atos descumpridos pelo excepto, de modo que não se permite encobrir a eficácia de todos atos de adimplemento[84].

Em um contrato de prestação de serviços periódicos de contabilidade, por exemplo, o descumprimento da atividade mensal, por parte do contador, legitima o seu cliente a opor exceção de contrato não cumprido e se recusar a pagar o valor correspondente aos serviços daquele mês. O encobrimento da eficácia, aqui, não atingirá os meses anteriores, nos quais o serviço contábil foi regularmente prestado.

Em sede específica de contrato de fornecimento, notadamente qualificado como contrato de execução continuada ou periódica, o artigo 1.565 do Código Civil italiano determina que, se a parte que tem direito ao fornecimento não cumpre, mas o cumprimento é de pouca ou leve importância, o fornecedor não poderá suspender a execução do contrato sem um adequado pré-aviso[85]. Apesar de versar especificamente sobre um tipo contratual, a doutrina italiana sustenta a extensão do dever de pré-aviso a todos os contratos de duração[86].

---

83 VAZ SERRA, Adriano Paes da Silva. *Excepção de Contrato não Cumprido.* In: Boletim do Ministério da Justiça, 67, 1957, pp. 22/23.

84 ROSSETTI, Marco. *L'eccezione d'inadempimento,* In: CENDON, Paolo (a cura di). *I contratti in generale: risoluzione, inadempimento, impossibilità sopravvenuta, eccessiva onerosità,* v. 13, Torino, UTET, 2000, p. 323

85 Artigo 1.565 do Código Civil italiano *"Art. 1565 Sospensione della somministrazione Se la parte che ha diritto alla somministrazione è inadempiente e l'inadempimento è di lieve entità, il somministrante non può sospendere l'esecuzione del contratto senza dare congruo preavviso (1455, 1460)."*

86 GERI, Lina Bigliazzi. *Della risoluzione per inadempimento (art. 1460-1462),* t. 2, In: GALGANO, Francesco. *Commentario del codice civile: libro quarto - delle obbligazione,* Piacenza, Tribuna, 1988, pp. 53/54.

Em suma, o contrato – seja ele de execução imediata, diferida, continuada ou periódica – deve ser visto como um todo. Com isso, será possível dimensionar corretamente a relação de reciprocidade entre as prestações, determinando que o incumprimento de parte da prestação principal confira direito à outra parte de opor a exceção de contrato não cumprido nos seus devidos limites.

13. Os limites de eficácia

A eficácia da exceção de contrato não cumprido, abordada no tópico anterior, não escapa de limitações. Sendo um contradireito, a *exceptio non adimpleti contractus* pode ter seu exercício controlado pelas próprias partes contratantes. Vale dizer, aliás, que não são poucas as vezes que isso acontece.

O princípio da boa-fé objetiva, como tivemos a oportunidade de abordar, também possui protagonismo nesta atividade, redimensionando, por exemplo, a extensão do encobrimento de eficácia nas hipóteses de aplicação da *exceptio non rite adimpleti contractus*.

Nosso ordenamento jurídico também fornece normas jurídicas que cuidam por delimitar qualquer oposição abusiva da exceção de contrato não cumprido, evitando o exercício manifestamente desproporcional da figura.

13.1. Limites impostos pela vontade das partes

É reconhecido em nosso sistema jurídico contemporâneo o princípio da liberdade de contratar[87]. A disciplina jurídica trazida pelo Código Civil de 2002 elenca sua importância já no artigo 421[88] – o primeiro artigo do Código Civil que cuida dos Contratos em Geral.

---

87 ZANETTI, Cristiano de Sousa. *Direito contratual contemporâneo: a liberdade contratual e sua fragmentação.* São Paulo, Método, 2008, p. 195.

88 Art. 421. A liberdade de contratar será exercida em razão e nos limites da função social do contrato.

A liberdade de contratar não é princípio irredutível no direito dos contratos. O Código Civil de 2002, além de não se afastar das limitações clássicas à liberdade de contratar, consagrou a submissão da liberdade de contratar à boa-fé objetiva e à função social do contrato[89].

Mesmo limitada, a proteção à liberdade de contratar é imperiosa para o direito privado brasileiro. É por meio da liberdade de contratar que os cidadãos são livres para eleger as regras atinentes aos seus próprios interesses econômicos[90]. Não por outro motivo que o Código Civil, no artigo 425[91], permite às partes a conclusão de negócios jurídicos atípicos.

A criação de regimes jurídicos com maior limitação em torno da liberdade de contratar gera um ambiente de fragmentação do princípio. Notadamente, este novo cenário impõe mudanças em torno do comportamento de todas as categorias jurídicas de direito dos contratos – não escapando desta conclusão os remédios contratuais[92]

No âmbito que nos interessa mais de perto, é importante dar nota do caráter dispositivo da exceção de contrato não cumprido. O artigo 476 do Código Civil não carrega regra imperativa para os contratos sinalagmáticos, de modo que as partes são livres para afastar a aplicabilidade da *exceptio non adimpleti contractus*.

A disponibilidade da exceção de contrato não cumprido é de assimilação simples pelo nosso sistema. No direito privado brasileiro, as partes são livres para determinar, por exemplo, quem deverá cumprir primeiro em um contrato sinalagmático. Esta disposição já é suficiente para afastar por completo a aplicação da

---

89 ZANETTI, Cristiano de Sousa. *Direito contratual contemporâneo: a liberdade contratual e sua fragmentação.* São Paulo, Método, 2008, p. 196.

90 CANARIS, Claus-Wilhelm. *A liberdade e a justiça contratual na "sociedade de direito privado".* In: MONTEIRO, António Pinto (coord.). *Contractos: actualidade e evolução.* Porto: Universidade Católica, 1997, p. 51.

91 Art. 425. É lícito às partes estipular contratos atípicos, observadas as normas gerais fixadas neste Código.

92 ROPPO, Vincenzo. *Il contratto del duemilla*, 3ª ed., Torino, Giappichelli, 2011, p. 67.

exceção de contrato não cumprido, uma vez que deixa prejudicado o pressuposto da contemporaneidade das pretensões contratuais.

Uma outra forma que a vontade das partes pode afastar a operatividade da exceção de contrato não cumprido é por meio da celebração de cláusula específica para esta finalidade. Este avençado é geralmente nomeado pela doutrina como cláusula *solve et repete* e tem como propósito específico impedir que uma determinada parte faça uso da exceção de contrato não cumprido, mesmo diante do preenchimento de todos os seus pressupostos de aplicação.

É conveniente analisar as duas hipóteses em apartado, uma vez que o manejo de cada uma delas se altera dentro da perpectiva fragmentada do princípio da liberdade de contratar.

13.1.1. Concessão do benefício do cumprimento a posteriori à uma das partes

A maneira mais intuitiva de se afastar a operatividade da exceção de contrato não cumprido é estipular, no contrato sinalagmático, uma ordem para o cumprimento das prestações. É por esse motivo que se compreende a estipulação de ordem nas prestações como uma renúncia tácita à *exceptio non adimpleti contractus*[93].

Esta maneira voluntária de afastar a aplicação da exceção de contrato não cumprido é a que mais comumente reduz sua aparição na prática. Afinal, a simultaneidade das pretensões é regra bastante inconveniente para o tráfico econômico que os contratos propõem. São poucas as situações práticas nas quais é nas quais é mais atrativo exigir que as duas partes estejam desde o início do vínculo contratual preparadas para oferecer os seus respectivos cumprimentos[94].

Embora afaste a aplicação da exceção de contrato não cumprido, o estabelecimento de ordem nas prestações é, a princípio, válido em todas as perspectivas da liberdade de contratar. Em si-

---

93 PÉRSICO, Giovanni, *L'Eccezione d'Inadempimento*, Milano, Giuffrè, 1955, p. 215.

94 ALMEIDA COSTA, Mário Júlio. *Direito das obrigações*, 12ª ed., Coimbra, Almedina, 2016, p. 1008.

tuações de contratos por adesão ou de contratos de consumo, a estipulação de ordem nas prestações *per se* não impõe invalidade desta parte do pactuado.

Determinada estipulação de ordem nas prestações pode, entretanto, significar um prejuízo sensível ao equilíbrio contratual. Em contratos consumeristas, tal situação gera "desvantagem exagerada" ao consumidor e configura hipótese de cláusula inválida, nos termos do artigo 51, IV e §1º, II do Código de Defesa do Consumidor[95]. Este dispositivo legal, com redação semelhante ao §307 (1) do Código Civil alemão[96], serve de norma geral proibitória de todos os tipos de exageros contratuais capazes de promover desequilíbrio exagerado entre consumidor e fornecedor[97].

É importante dar destaque que a invalidade da cláusula pressupõe a criação de circunstância de sensível e manifesto desequilíbrio entre fornecedor e consumidor. Não é este o caminho comumente perseguido por uma cláusula contratual que somente estabelece ordem nas prestações.

O equilíbrio das prestações pode ser redesenhado e esta é a finalidade primeira da distribuição de ordem no cumprimento

---

95 Art. 51. São nulas de pleno direito, entre outras, as cláusulas contratuais relativas ao fornecimento de produtos e serviços que: [...] IV - estabeleçam obrigações consideradas iníquas, abusivas, que coloquem o consumidor em desvantagem exagerada, ou sejam incompatíveis com a boa-fé ou a equidade; [...] § 1º Presume-se exagerada, entre outros casos, a vantagem que: [...] I - restringe direitos ou obrigações fundamentais inerentes à natureza do contrato, de tal modo a ameaçar seu objeto ou equilíbrio contratual; [...].

96 §307 (1) do Código Civil alemão: "§ 307 Inhaltskontrolle (1) Bestimmungen in Allgemeinen Geschäftsbedingungen sind unwirksam, wenn sie den Vertragspartner des Verwenders entgegen den Geboten von Treu und Glauben unangemessen benachteiligen. Eine unangemessene Benachteiligung kann sich auch daraus ergeben, dass die Bestimmung nicht klar und verständlich ist". Tradução: "§ 307 Teste de razoabilidade do conteúdo (1) As cláusulas nos contratos por adesão são ineficazes se, ao contrário do requisito de boa fé, elas desvirtuarem injustificadamente a outra parte do contrato com o usuário. Uma desvantagem irrazoável pode também resultar da disposição não ser clara e compreensível."

97 MARQUES, Cláudia Lima. *Contratos no código de defesa do consumidor: o novo regime das relações contratuais*, 8ª ed., São Paulo, Revista dos Tribunais, 2016, p.1081.

das prestações. O contrato, ao prever que determinado contratante preste primeiro que a contraparte, modela a relação jurídica obrigacional e propõe uma cartilha ao processo que ambas as partes seguirão para a obtenção do adimplemento, e não impõe, a princípio, um desequilíbrio manifesto e exagerado entre as partes.

13.1.2. Cláusula *solve et repete*

A cláusula *solve et repete* se apresenta como renuncia antecipada e expressa à exceção de contrato não cumprido[98]. O propósito da cláusula é impedir que determinada parte contratante oponha exceção de contrato não cumprido ao ser cobrada pelo exercício da pretensão da contraparte[99].

Não regulada pelo Código Civil de 2002, a referida cláusula é objeto do artigo 1.462 do Código Civil italiano[100]. Tal dispositivo italiano evidencia a limitação da referida cláusula, deixando inválido qualquer pacto que impeça a nulidade, anulabilidade e resolução do contrato[101].

Embora o direito brasileiro não possua regra parecida, a mesma limitação deve ser imposta. Pela cláusula *solve et repete,* uma das partes não pode se eximir da prestação em razão de exceções subordinadas ao comportamento da parte contrária. Isso, entre-

98 GOMES, Orlando. *Contratos,* 2ª ed., Rio de Janeiro, Forense, 1966, p. 92.

99 SERPA LOPES, Miguel Maria de. *Exceções Substanciais: Exceção de contrato não cumprido (Exceptio non adimpleti contractus),* Rio de Janeiro, Freitas Bastos, 1959, p. 330.

100 Artigo 1.462 do Código Civil italiano: *"Art. 1462 Clausola limitativa della proponibilità di eccezioni. La clausola con cui si stabilisce che una delle parti non può opporre eccezioni al fine di evitare o ritardare la prestazione dovuta, non ha effetto per le eccezioni di nullità (1418 e seguenti), di annullabilità (1425 e seguenti) e di rescissione (1447 e seguenti) del contratto."*. Tradução: "Art. 1462 Cláusula limitativa de oposição de exceções. A cláusula, na qual se estabelece que uma das partes não pode opor exceção com a finalidade de evitar ou retardar a prestação devida, não há efeito para exeção de nulidade (1418 e seguintes), de anulabilidade (1425 e seguintes) e de resolução (1447 e seguintes) de contrato."

101 PÉRSICO, Giovanni, *L'Eccezione d'Inadempimento,* Milano, Giuffrè, 1955, p. 216.

tanto, não poderá afastar a possibilidade de se buscar a nulidade, anulabilidade ou resolução do contrato – assuntos de ordem imperativa ao ordenamento jurídico e que não cabe às partes impedir prosseguimento[102]. Vale dizer, ainda, que no direito brasileiro as situações de nulidade, anulabilidade ou resolução da relação jurídica contratual não se verificam por uso de exceções substanciais em sentido estrito, mas sim por direitos potestativos próprios.

A cláusula *solve et repete* encontra validade nos ambientes de maior liberdade de contratar. Nota-se, entretanto, que sua recepção é diferente em ambientes nos quais a liberdade de contratar ésubstancialmente limitada[103].

No caso do direito brasileiro, fala-se especificamente dos contratos por adesão e, também, dos contratos que impõem incidência do regime jurídico consumerista.

Em contratos por adesão, a cláusula *solve et repete* é inválida por incidência do artigo 424 do Código Civil[104], bem como por incidência da cláusula geral de boa-fé, que impõe a preservação de regras que assegurem o equilíbrio mínimo da relação negocial[105]. A legislação estrangeira segue caminho semelhante. A disciplina das cláusulas contratuais gerais em Portugal aponta como proibida a cláusula *solve et repete* em contratos por adesão[106]. A proibição da

---

102 SERPA LOPES, Miguel Maria de. *Exceções Substanciais: Exceção de contrato não cumprido (Exceptio non adimpleti contractus)*, Rio de Janeiro, Freitas Bastos, 1959, p. 335.

103 BIANCA, Cesare Massimo. *Diritto civile: la responsabilità*, v. 5, ristampa, Milano, Giuffrè, 1999, pp. 359/360.

104 Art. 424. Nos contratos de adesão, são nulas as cláusulas que estipulem a renúncia antecipada do aderente a direito resultante da natureza do negócio.

105 ZANETTI, Cristiano de Sousa. *Direito contratual contemporâneo: a liberdade contratual e sua fragmentação.* São Paulo, Método, 2008, p. 247.

106 Artigo 19º, alínea f do Decreto-lei 446/85 de Portugal: *"Artigo 19.º Cláusulas relativamente proibidas. São proibidas, consoante o quadro negocial padronizado, designadamente, as cláusulas contratuais gerais que: [...] f) Coloquem na disponibilidade de uma das partes a possibilidade de denúncia, imediata ou com pré-aviso insuficiente, sem compensação adequada, do contrato, quando este tenha exigido à contraparte investimentos ou outros dispêndios consideráveis;"*

cláusula em contratos de consumo se dá pela incidência do artigo 51, I do Código de Defesa do Consumidor[107].

A diferença de trato entre a cláusula *solve et repete* e a estipulação de ordem nas prestações se justifica pelo potencial impacto que cada disposição tem na manutenção do equilíbrio contratual e do sinalagma funcional. A cláusula *solve et repete* não se destina à satisfação de uma eficiência pragmática do tráfico econômico, como é o caso das disposições que apontam uma ordem no cumprimento das obrigações. Como seu propósito é, unicamente, remover de determinada parte determinada situação jurídica ativa – no caso, um contradireito, é razoável uma estruturação mais severa do ordenamento quanto à sua validade em ambientes de menor liberdade contratual.

13.2. Imprescritividade da exceção de contrato não cumprido

A discussão em torno da prescritividade das exceções, e em especial da exceção de contrato não cumprido, já foi objeto de muitas discussões e trabalhos acadêmicos[108]. A discussão ganhou novo fôlego com a vigência do Código Civil de 2002, que introduziu em nosso sistema a regra disposta no seu artigo 190[109].

---

107 Art. 51. São nulas de pleno direito, entre outras, as cláusulas contratuais relativas ao fornecimento de produtos e serviços que: I – impossibilitem, exonerem ou atenuem a responsabilidade do fornecedor por vícios de qualquer natureza dos produtos e serviços ou impliquem renúncia ou disposição de direitos. Nas relações de consumo entre o fornecedor e o consumidor pessoa jurídica, a indenização poderá ser limitada, em situações justificáveis;

108 A título exemplificativo: ABRANTES, José João. *A excepção de não cumprimento do contrato.* 2ª ed., Coimbra, Almedina, 2014, pp.123/127; GAGLIARDI, Rafael Villar. *Exceção de contrato não cumprido*, São Paulo, Saraiva, 2010, pp. 176/179; OLIVEIRA, Rafael Alexandria de. *Aspectos processuais da exceção de contrato não cumprido*, Salvador, Podivm, 2012, pp. 228/233; SERPA LOPES, Miguel Maria de. *Exceções Substanciais: Exceção de contrato não cumprido (Exceptio non adimpleti contractus)*, Rio de Janeiro, Freitas Bastos, 1959, pp. 340/341.

109 Art. 190. A exceção prescreve no mesmo prazo em que a pretensão.

Sobre o referido artigo, o Enunciado 415 do Conselho da Justiça Federal, formulado na V Jornada de Direito Civil, apesar de confundir a classificação das exceções próprias/impróprias com exceções dependentes/independentes, sugeriu direcionar o texto normativo do artigo 190 do Código Civil somente às exceções impróprias, tendo em vista a imprescritividade das exceções próprias[110].

A diferença entre exceções próprias e impróprias já foi abordada no primeiro capítulo deste trabalho. De forma sintética, as exceções impróprias sequer podem ser classificadas como exceções em sentido estrito, uma vez que elas não se destinam a neutralizar a eficácia de determinada situação jurídica, mas sim promover um exercício de defesa em forma de pretensão na via reversa – como um pedido reconvencional, por exemplo[111].

Por se tratar de exceção substancial própria e em sentido estrito, a exceção de contrato não cumprido, seguindo o entendimento do enunciado 415 supracitado, seria imprescritível.

A conclusão se justifica com o próprio conceito de prescrição. A prescrição não extingue a pretensão[112]. Como já mencionado anteriormente, a prescrição atua no plano da eficácia, não existência, e torna ineficaz a pretensão – a possibilidade de o credor exigir do devedor o cumprimento da prestação[113].

A dependência que a exceção de contrato não cumprido tem em relação à pretensão inserida em relação contratual sinalagmática não é prejudicada pela prescrição. A pretensão, mesmo prescrita, continua existente no feixe de situações jurídicas do excipiente.

Se a pretensão deixar de existir – o que pode ocorrer por força, por exemplo, de impossibilidade no cumprimento da prestação –, ainda não se pode falar em prescrição da exceção de contrato não cumprido. Deve-se, entretanto, anotar a inexistência da exce-

110 Enunciado 415: "O art. 190 do Código Civil refere-se apenas às exceções impróprias (dependentes/não autônomas). As exceções propriamente ditas (independentes/autônomas) são imprescritíveis".

111 Ver Capítulo I, item 2.

112 Nesse sentido: GAGLIARDI, Rafael Villar. *Exceção de contrato não cumprido*, São Paulo, Saraiva, 2010, pp. 179

113 SIMÃO, José Fernando. *Prescrição e decadência: início dos prazos*, São Paulo, Atlas, 2013, p. 193.

ção de contrato não cumprido. Por ser exceção dependente, ela existirá enquanto a pretensão correspondente também existir. Se, por exemplo, a prestação do excipiente se tornar impossível, a pretensão e, consequentemente, a exceção de contrato não cumprido, deixará de existir[114].

A distinção encontra relevância na análise da eficácia da exceção de contrato não cumprido na relação jurídica de direito material - principalmente nos casos em que a pretensão do excipiente está prescrita, mas o mesmo não se verifica sobre a pretensão do excepto. Como tivemos oportunidade de destacar, mesmo diante deste cenário, o excipiente pode opor exceção de contrato não cumprido, justamente pelo fato de a prescrição não afetar a existência da pretensão[115].

Nesse sentido, e em respeito à categoria jurídica da pretensão, não podemos falar em prescrição da exceção de contrato não cumprido. A *exceptio non adimpleti contractus* existirá, ou não, se a pretensão sinalagmática do excipiente existir[116]. Tendo em vista que a prescrição não tem propósito de extinguir a pretensão, também não ocorrerá, por sua força, a extinção da exceção de contrato não cumprido.

14. A extinção da exceção de contrato não cumprido

Após o exercício da exceção de contrato não cumprido, há o encobrimento da eficácia da pretensão do excepto. Este encobrimento é dilatório, de modo que o excepto pode pôr fim à eficácia do contradireito e retomar a cobrança de seu crédito contra o excipiente. Isso é feito com a extinção da *exceptio non adimpleti contractus.*

---

114 PONTES DE MIRANDA, Francisco Cavalcanti. *Tratado de direito privado: parte geral. Exceções. Direitos mutilados. Exercício dos direitos, pretensões, ações e exceções. Prescrição.* t. 6, Rio de Janeiro, Borsoi, 1956, p. 24.

115 Ver item 12 supra.

116 PÉRSICO, Giovanni, *L'Eccezione d'Inadempimento,* Milano, Giuffrè, 1955, p. 226

Para ocorrer a extinção do contradireito já oposto, é necessário modificar a circunstância fática que dá suporte aos seus pressupostos de aplicação. Tendo em vista que o sinalagma e a coexigibilidade entre os deveres de prestar não podem ser modificados por atitude unilateral do excepto, a única forma que o credor tem de levantar o encobrimento imposto pela exceção de contrato não cumprido é promover o adimplemento da obrigação[117].

Para que ocorra adimplemento, o devedor precisa promover a realização da prestação de forma a satisfazer por completo o interesse útil do credor objetivamente identificado na relação jurídica obrigacional[118]. Pelo adimplemento, tratado nessa perspectiva como sinônimo de pagamento ou cumprimento, o processo obrigacional encontra sua finalidade e, com isso, se extingue[119]

É importante notar que, em uma circunstância em que a exceção de contrato não cumprido já se encontra em exercício, o adimplemento da obrigação pelo excepto não somente libera o excepto do crédito possuído pelo excipiente, como também levanta o encobrimento proposto pela exceção de contrato não cumprido, impedindo que o excipiente se esquive do cumprimento da contraparte.

Em outros termos: com o adimplemento do excepto, cessa a legitimidade que o artigo 476 do Código Civil dá para a parte excipiente se abster de cumprir com sua parte do avençado.

O raciocínio independe da espécie de pagamento promovida pelo devedor . Ocorrendo o adimplemento do excepto, independentemente da espécie posta em prática, há a satisfação do crédito

117 PONTES DE MIRANDA, Francisco Cavalcanti. *Tratado de direito privado: parte especial. Direito das obrigações. Consequências do inadimplemento. Exceções de contrato não adimplido, ou adimplido insatisfatoriamente, e de inseguridade. Enriquecimento injustificado. Estipulação a favor de terceiro. Eficácia protectiva de terceiro. Mudanças de circunstâncias. Compromisso*, t. 26, Rio de Janeiro, Borsoi, 1959, p. 114.

118 ALMEIDA COSTA, Mário Júlio. *Direito das obrigações*, 12ª ed., Coimbra, Almedina, 2016, pp. 991/992

119 MARTINS-COSTA, Judith. *Comentários ao novo Código Civil: do direito das obrigações. Do adimplemento e da extinção das obrigações*. v. 5, t. 1, Rio de Janeiro, Forense, 2003, p. 82

e a consequente extinção da exceção de contrato não cumprido proposta pelo excipiente[120].

Também vale dizer que, na hipótese de cumprimento defeituoso por parte do excepto, a eficácia da exceção de contrato não cumprido não ficará totalmente prejudicada, pois sobreviverá, ainda que mitigada, na circunstância da *exceptio non rite adimpleti contractus*[121].

Além do adimplemento, a exceção de contrato não cumprido também poderá ser extinta pela impossibilidade do cumprimento da obrigação. Com a impossibilidade é extinta relação jurídica contratual[122], levando consigo a exceção de contrato não cumprido.

---

120 Entende-se aqui a novação como uma espécie de pagamento, de tal sorte que sua ocorrência, em qualquer espécie, gera a extinção da exceção de contrato não cumprido. Em sentido diverso, por entender a novação como uma forma de extinção da obrigação sem pagamento: GAGLIARDI, Rafael Villar. *Exceção de contrato não cumprido*, São Paulo, Saraiva, 2010, pp. 185/188.

121 ANTUNES VARELA, João de Matos. *Cumprimento imperfeito do contrato de compra e venda, a excepção do contrato não cumprido*, In: Coletânea de Jurisprudência, t.4, 1987, p. 34.

122 ALMEIDA COSTA, Mário Júlio. *Direito das obrigações*, 12ª ed., Coimbra, Almedina, 2016, pp. 1074/1075.

CONCLUSÃO

A intenção deste trabalho era propor uma reflexão dogmática sobre a exceção de contrato não cumprido, uma categoria jurídica específica do direito dos contratos.

O direito privado brasileiro se filia à tradição romanística. Para a perseguição dos objetivos deste trabalho, o estudo de direito romano e da evolução dos sistemas de mesma tradição não foi mero exercício de história, mas sim um esforço de compreensão de como o direito brasileiro nasceu e evoluiu de determinada maneira.

O direito romano, sem dúvida, conheceu e enfrentou os problemas que atualmente dão ocupação à exceção de contrato não cumprido, mas sua experiência não vislumbrou necessidade de dar gênese ao instituto. Isso se deve muito em razão de ter existido à disposição dos romanos outros instrumentos e institutos jurídicos capazes de dar conta do âmbito operativo hoje ocupado pela *exceptio non adimpleti contractus.*

Foram os esforços conjuntos do glosador Acúrsio e do pós-glosador Bártolo que deram estruturação à exceção de contrato não cumprido. Em ato contínuo, o nome do instituto em latim – *exceptio non adimpleti contractus* – encontrou gênese nos tribunais europeus do século XIV, com seu estudo e prática ganhando fôlego na evolução do direito comum.

Na estruturação moderna que se seguiu na Europa, duas vertentes foram mais claramente identificadas. A estruturação tomada inicialmente na França, que se consagrou na escola da exegese e no *Code* de 1804, antes da alteração promovida pela *Ordonnance du 10 février 2016*, optou por não dar positivação à exceção de contrato não cumprido, embora seu reconhecimento doutrinário e jurisprudencial não tenha sido objeto de dúvida.

A mudança de entendimento ocorreu na Alemanha a partir da segunda metade do século XIX, solidificando na doutrina alemã que a *exceptio non adimpleti contractus* deveria ser compreendida como exceção em sentido estrito e, portanto, dependente de alegação pelo interessado e não cognoscível de ofício. É este o entendimento que ganhou corpo na redação do §320 do BGB, inalterado desde 1900.

A discussão europeia influenciou os esforços de codificação na América Latina, com destaque ao art. 1955 do Esboço de Teixeira de Freitas, que serviu como base de inspiração de diversos diplomas latino-americanos, como para o art. 1.201 do Código Civil Argentino de 1879, primeiro texto de lei a dar texto normativo próprio para a exceção de contrato não cumprido. A evolução legislativa vista no Brasil mostrou o apego do legislador à fina técnica de Teixeira de Freitas, com o texto normativo do artigo 476 do atual Código Civil muito semelhante ao visto no Esboço.

Estudando os antigos, aprende-se lição importante. As categorias jurídicas de direito privado não escapam do pragmatismo. Elas existem para dar conta de certos propósitos e problemas enfrentados pela sociedade. Não por outro motivo que os romanos não conheciam a figura da exceção de contrato não cumprido e nós a conhecemos hoje. Durante o tempo de Labeão e Juliano, não havia propósito para se pensar em exceção de contrato não cumprido, já que outras categorias jurídicas de direito privado ocupavam o que, hoje, é o âmbito de operação da *exceptio non adimpleti contractus.*

É a preocupação com a manutenção do sinalagma que dá à exceção de contrato não cumprido razão de existir. Sinalagma este que não se propõe a uma função econômico-social e nem adquire razão prática para o contrato. Ele consiste, na realidade, em um elemento negocial totalmente atrelado à expressão da vontade das partes contratantes, consubstanciando-se na preocupação do sistema jurídico de direito privado em preservar a liberdade que as partes contratantes têm de atribuir, livremente, o grau de interdependência e finalidade recíproca das atribuições patrimoniais em contrato.

Diante da sua natureza jurídica de exceção substancial dilatória, bem como do seu fundamento – instalado no sinalagma –, mapearam-se os seus três pressupostos de aplicação: (i) os deveres de prestar do excipiente e do excepto precisam ser sinalagmáticos; (ii) os deveres de prestar do excipiente e do excepto precisam ser contemporaneamente exigíveis no momento do exercício da exceção; e (iii) o excepto não poderá ter cumprido ou oferecido cumprimento à sua prestação – sendo que tal descumprimento deve ser imputável ao excepto e não pode ser imputável ao excipiente.

Quando ao primeiro pressuposto, é preciso identificar se as prestações contratuais das partes contratantes são ou não sinalagmáticas. Como foi detalhado neste tópico, não são sinalagmáticas todas as obrigações que irradiam de um contrato sinalagmático. É necessário averiguar, junto à declaração negocial das partes, se os deveres contratuais de prestar são recíprocos e correspectivos entre si, tendo em vista que a recusa de adimplir a própria obrigação pelo excipiente é subordinada à correlação e interdependência desta com a obrigação do excepto.

O segundo pressuposto roga pela contemporaneidade das pretensões entre excipiente e excepto. Se os deveres de prestar não são exigíveis contemporaneamente, as pretensões de ambas as partes não surgirão no mesmo momento. Para ser possível aplicar a exceção de contrato não cumprido, é preciso existir, no mesmo momento, tanto a pretensão do excipiente como a pretensão do excepto. Isso só acontecerá se os deveres de prestar de ambos forem exigíveis contemporaneamente no momento em que se opõe a exceção.

O terceiro e último pressuposto diz respeito ao inadimplemento do excepto. É o pressuposto que justifica o fato da exceção ser "de contrato não cumprido". Por ele, exige-se que o excepto esteja em situação de inadimplemento, seja ele definitivo ou não. Se o credor já estiver adimplido ou oferecido cumprimento, a *exceptio non adimpleti contractus* não poderá ser invocada.

O preenchimento destes pressupostos, atrelado ao escorreito exercício do contradireito, promove o encobrimento da eficácia que irradiava da pretensão do excepto. Por se tratar de categoria jurídica de direito privado com natureza dispositiva, estes efeitos podem ser modulados pelas partes contratantes, tanto antes como depois da oposição da *exceptio non adimpleti contractus.*

A análise pormenorizada em torno da exceção de contrato não cumprido revela uma preocupação sistêmica do nosso direito privado em garantir que o processo obrigacional não perca de vista, no decorrer do percurso ao adimplemento, o equilíbrio e a correspectividade que as partes construíram logo na gênese da relação obrigacional.

A compreensão do instituto como um todo, sem se desvincular das experiências passadas que fizeram o direito chegar ao presente, nos dá nítida conclusão de que os valores pragmáticos e padronizados da sociedade contemporânea não deram fim completo à capacidade que a sociedade de direito privado tem de preservar as particularidades de cada avença. Os valores imbuídos na exceção de contrato não cumprido, portanto, dão notícia da preservação de um antigo senso de justiça, garantindo que o direito ainda se preocupa em dar a cada um aquilo que é seu.

BIBLIOGRAFIA REFERENCIADA

ABBAGNANO, Nicola. *Dicionário de filosofia*, tradução de Alfredo Bosi e Ivone Castilho Benedetti, 6ª ed., São Paulo, Martins Fontes, 2012.

ABRACHES, Frederico Cardoso de Araujo. *Litis contestatio*, Revista da Faculdade de Direito de São Paulo, v. 1, Companhia Industrial de São Paulo, São Paulo, 1893.

ABRANTES, José João. *A excepção de não cumprimento do contrato*. 2ª ed., Coimbra, Almedina, 2014.

AGUIAR JR., Ruy Rosado de. *Comentário ao Novo Código Civil: dos contratos em geral*, v. 6, t. 2, Rio de Janeiro, Forense, 2011.

AGUIAR JR., Ruy Rosado de. *Extinção dos contratos por incumprimento do devedor (resolução)*, Rio de Janeiro, Aide, 1991, p. 223.

ALESSANDRI, Arturo; SOMARRIVA, Manuel; VODANOVIC, Antonio. *Tratado de las Obligaciones*, 2ª ed., Santiago, Jurídica de Chile, 2001.

ALMEIDA COSTA, Mário Júlio. *Direito das obrigações*, 12ª ed., Coimbra, Almedina, 2016.

ALMEIDA COSTA, Mário Julio. *História do direito português*, 3ª ed., Coimbra, Almedina, 2005

ALMEIDA COSTA, Mário Júlio. *Noções Fundamentais de Direito Civil*, 4ª ed., Coimbra, Almedina, 2001.

ALMEIDA JR. João Mendes de. *Direito Judiciário Brasileiro*, 2ª ed., Rio de Janeiro, Baptista de Souza, 1918.

ALMEIDA, Cândido Mendes de. *Código filipino ou Ordenações e leis do reino de Portugal: recopiladas por mandado d'el-Rey D. Filipe*, v. 4, t. 3,, ed. fac-sim, Brasília, Senado Federal, 2012.

ALMEIDA, Cândido Mendes de. *Código filipino ou Ordenações e leis do reino de Portugal: recopiladas por mandado d'el-Rey D. Filipe*, v. 4, t. 3, ed. fac-sim, Brasília, Senado Federal, 2012.

ALVES, João Luiz. *Código Civil da República dos Estados Unidos do Brasil anotado*, v. 1, 2ª ed., São Paulo, Saraiva, 1935.

ALVIM, Agostinho. *Da inexecução das obrigações e suas consequências*, 3ª ed., Rio de Janeiro, Jurídica, 1965.

AMARAL, Francisco. *Direito civil: introdução*, 7ª ed., Rio de Janeiro, Renovar, 2008.

ANDRADE, Darcy Bessone de Oliveira. *Do Contrato*, Rio de Janeiro, Forense, 1960.

ANDRADE, Olavo de. *Notas sobre o direito de retenção*. São Paulo, Livraria Academica Saraiva & C. Editores, 1922.

ANTUNES VARELA, João de Matos. *Cumprimento imperfeito do contrato de compra e venda, a excepção do contrato não cumprido*, In: Coletânea de Jurisprudência, t. 4, 1987

ANTUNES VARELA, João de Matos. *Das obrigações em geral*, vol. 2, 7ª edição, Coimbra, Almedina, 1997.

ANTUNES VARELA, João de Matos. *Das obrigações em geral*, vol. 1, 10ª edição, Coimbra, Almedina, 2000.

ANTUNES VARELA, João de Matos.; LIMA, Pires de. *Código civil anotado*, 4ª ed., v. 2, Coimbra, Editora Coimbra, 1997.

APRIGLIANO, Ricardo de Carvalho. *A ordem pública no direito processual civil*, Tese de Doutorado, São Paulo, Universidade de São Paulo, 2010.

ASCARELLI, Tullio. *O contrato plurilateral.* In: *Problemas das sociedades anônimas e direito comparado*, São Paulo, Saraiva, 1945.

ASCENÇÃO, José de Oliveira. *Equidade*. In: FRANÇA, Rubens Limongi, *Enciclopédia Saraiva do Direito*, v. 32, São Paulo, Saraiva, 1977.

ASCENSÃO, José de Oliveira. *Natureza Jurídica.* In: FRANÇA, Rubens Limongi, *Enciclopédia Saraiva do Direito*, v. 54, São Paulo, Saraiva, 1977.

ASCENSÃO, José de Oliveira. *O direito: introdução e teoria geral*, 13ª ed, Coimbra, Almedina, 2017.

ASSIS, Araken de. *Resolução do contrato por inadimplemento*, 2ª ed., São Paulo, Revista dos Tribunais, 1994.

AZEVEDO, Alvaro Villaça. *Contrato bilateral.* In: In: FRANÇA, Rubens Limongi, *Enciclopédia Saraiva do Direito*, v. 19, São Paulo, Saraiva, 1977.

AZEVEDO, Álvaro Villaça. *Contratos: disposições gerais, princípios e extinção.* In: AZEVEDO, Antônio Junqueira; CARBONE, Paolo; TÔRRES, Heleno Taveira. (coord.) *Princípios do Novo Código Civil Brasileiro e Outros Temas – Homenagem a Tullio Ascarelli*, 2ª ed., São Paulo, Quartier Latin, 2010.

AZEVEDO, Álvaro Villaça. Exceptio non adimpleti contractus (*direito romano e direito civil).* In: FRANÇA, Rubens Limongi, *Enciclopédia Saraiva do Direito*, v. 34, São Paulo, Saraiva, 1977.

AZEVEDO, Antônio Junqueira de. *Influência do Direito Francês sobre o direito brasileiro*, In: Revista da Faculdade de Direito de São Paulo, v. 89, São Paulo, Universidade de São Paulo, 1994

AZEVEDO, Antônio Junqueira de. *Interpretação do contrato pelo exame da vontade contratual. O comportamento das partes posterior à celebração. Interpretação e efeitos do contrato conforme o princípio da boa-fé objetiva. Impossibilidade de* venire contra factum proprium *e de utilização de dois pesos e duas medidas (*tu quoque*). Efeitos do contrato e sinalagma. A assunção pelos contratantes de riscos específicos e a impossibilidade de fugir do 'programa contratual' estabelecido.* In: Revista Forense, Rio de Janeiro, n. 35.

AZEVEDO, Antônio Junqueira de. *Negócio jurídico: existência, validade e eficácia*, 4ª ed, São Paulo, Saraiva, 2013.

AZEVEDO, Luiz Carlos de. *História do direito, ciência e disciplina.* In: Revista da Faculdade de Direito de São Paulo, v. 92, São Paulo, Universidade de São Paulo, 1997.

AZEVEDO, Luiz Carlos de; TUCCI, José Rogério Cruz e. *Lições de História do Processo Civil Romano*, 2ª ed, São Paulo, Revista dos Tribunais, 2013.

AZEVEDO, Luiz Carlos de; TUCCI, José Rogério Cruz e. *Lições de história do processo civil lusitano,* São Paulo, Revista dos Tribunais, 2009.

BAPTISTA, Luis Olavo. *Contratos internacionais.* São Paulo, Lex Magister, 2011.

BARBOSA DE OLIVEIRA, Rui Caetano. *Obras completas de Rui Barbosa: parecer sobre a redação do código civil.* v. 29, t. 1, Rio de Janeiro, Ministério da Educação e Saúde, 1902.

BARGELLI, Elena. *Il sinallagma rovesciato,* Milano, Giuffrè, 2010.

BEALE, Hugh; LANDO, Ole. *Principles of European Contract law, parts I and II (Combined and Revised).* Hague/London/Boston, Kluwer Law International, 2000.

BETTI, Emílio. *Teoría General del Negócio Jurídico,* tradução de A. Martín Pérez, Granada, Comares, 2000.

BETTI, Emilio. *Teoria Geral das Obrigações,* tradução de Francisco José Galvão Bruno, Campinas, Bookseller, 2006.

BEVILAQUA, Clóvis. *Código Civil dos Estados Unidos do Brasil comentado por Clovis Bevilaqua,* v. 2, edição histórica, Rio de Janeiro, Editora Rio, 1975.

BEVILAQUA, Clóvis. *Código Civil dos Estados Unidos do Brasil comentado por Clovis Bevilaqua,* v. 1, edição histórica, Rio de Janeiro, Editora Rio, 1975.

BEVILÁQUA, Clóvis. *Observações para esclarecimento do código civil brasileiro,* In: Códigos Civis do Brasil: do Império à República – uma retrospectiva histórica, Brasilia, Senado Federal, 2003.

BEVILÁQUA, Clóvis. *Projeto revisto do Código Civil (Código Civil de 1916),,* In: Códigos Civis do Brasil: do Império à República – uma retrospectiva histórica, Brasilia, Senado Federal, 2003.

BIANCA, Cesare Massimo. *Diritto civile: il contratto,* v. 3, ristampa, Milano, Giuffrè, 1984.

BIANCA, Cesare Massimo. *Diritto civile: l'obbligazione,* v. 4, ristampa, Milano, Giuffrè, 1991.

BIANCA, Cesare Massimo. *Diritto civile: la norma giuridica – i soggetti,* v. 1, ristampa, Milano, Giuffrè, 1982.

BIANCA, Cesare Massimo. *Diritto civile: la responsabilità,* v. 5, ristampa, Milano, Giuffrè, 1999.

BOLAFFI, Renzo. *Le eccezioni nel diritto sostanziale,* Milano, Società Editrice Libraria, 1936.

BONFANTE, Pietro. *Storia del diritto romano,* v.1, 4 ª ed., Milão, Giuffrè, 1958.

BUNAZAR, Maurício Baptistella. *Análise dogmática da categoria jurídica da invalidade no código civil brasileiro,* Tese de Doutorado, São Paulo, Universidade de São Paulo, 2017

BUNAZAR, Maurício Baptistella. *Obrigação* propter rem: *aspectos teóricos e práticos,* São Paulo, Atlas, 2014.

BURDESE, Alberto. *Manuale di Diritto Privato Romano,* 4ª ed, Torino, UTET Giuridica, 2000.

BUTERA, Antonio. *Del diritto di ritenzione,* Roma, Foro Italiano, 1937

CALAMANDREI, Piero. *Direito Processual Civil,* tradução de Luiz Abezia e Sandra Drina Fernandez Barbery, v. 1, Campinas, Bookseller, 1999.

CANARIS, Claus-Wilhelm. *A liberdade e a justiça contratual na "sociedade de direito privado".* In: MONTEIRO, António Pinto (coord.). *Contractos: actualidade e evolução.* Porto: Universidade Católica, 1997.

CANARIS, Claus-Wilhelm. *L'inadempimento nel Codice Europeo dei Contratti.* In: Rivista di Diritto Civile, v. 54, 6, 2008.

CANDIDO, Austréia Magalhães. *A triade do processo per formulas:* formulae, praetores, aequitas. In: Revista da Faculdade de Direito de São Paulo, v. 106/107, Universidade de São Paulo, São Paulo, 2011/2012.

CANNATA, Carlo Augusto. *Eccezione – Diritto romano.* t. V, In: Novissimo Digesto Italiano, Torino, UTET, 1960.

CANTARELLA, Eva. *Obbligazione (diritto greco),* In: Novissimo Digesto Italiano, t. 11, Torino, UTET, 1960

CAPITANT, Henri. *De la cause des obligations,* 2ª ed., Paris, Dalloz, 1924.

CARAMELO, Gustavo; HERRERA, Marisa; PICASSO, Sebastián. *Código civil y comercial de la Nación comentado,* Buenos Aires, Infojus, 2015.

CARDOSO, Luiz Philipe Tavares de Azevedo. *Inadimplemento antecipado do contrato no direito civil brasileiro,* São Paulo, Malheiros, 2015.

CARVALHO DE MENDONÇA, José Xavier. *Tratado de Direito Comercial Brasileiro,* v. 6, parte 1, 5ª ed., Rio de Janeiro, Freitas Bastos, 1955.

CARVALHO DE MENDONÇA, José Xavier. *Tratado de Direito Comercial Brasileiro,* v. 1, 5ª ed., Rio de Janeiro, Freitas Bastos, 1953.

CARVALHO DE MENDONÇA, José Xavier. *Tratado de Direito Comercial Brasileiro,* v. 3, 5ª ed., Rio de Janeiro, Freitas Bastos, 1955.

CARVALHO SANTOS, João Manoel de. *Código Civil Brasileiro Interpretado: direito das obrigações (arts. 1.079-1.121),* v. 15, 6ª ed., Rio de Janeiro, Freitas Bastos, 1958.

CARVALHO SANTOS, João Manoel de. *Código Civil Brasileiro Interpretado: direito das obrigações (arts. 972-1036),* v. 13, 7ª ed., Rio de Janeiro, Freitas Bastos, 1958.

CASSIN, René. *De l'exception tirée de l'inexécution dans les rapports synallagmatiques (exception non adimpleti contractus) : et de ses relations avec le droit de rétention, la compensation et la résolution.* Paris: Sirey, 1914.

CASTRO MENDES, João de. *Direito civil (Teoria Geral),* v. 3, Lisboa, Almedina, 1973.

CAZEAUX, Pedro N.; REPRESAS, Félix A. Trigo. *Derecho de las obligaciones,* v. 1, 3ª ed., La Plata, Platense, 1987

CAZEAUX, Pedro N.; REPRESAS, Félix A. Trigo. *Derecho de las obligaciones,* v. 3, 3ª ed., La Plata, Platense, 1991.

CHANTEPIE, Gaël; LATINA, Mathias. *La réforme du droit des obligations: commentaire théorique et pratique dans l'ordre du Code civil,* Paris, Dalloz.

CHÉNEDÉ, François. *Le nouveau droit des contrats et des obligations,* Paris,Dalloz, 2016.

CHIOVENDA, Giuseppe. *Instituições de Direito Processual Civil,* tradução de Paolo Capitanio, v. 1, Campinas, Bookseller, 1998.

CHISHOLM, Hugh; HOOPER, Franklin Henry (org.) *Encyclopædia Britannica,* v. 1, 11ª ed., Internet Archive, 1911.

CHISHOLM, Hugh; HOOPER, Franklin Henry (org.) *Encyclopædia Britannica,* v. 3, 11ª ed., Internet Archive, 1911.

CLARO SOLAR, Luís. *Explicaciones de Derecho Civil Chileno y Comparado: Tomo X - De las Obligaciones,* Santiago, Nacimento, 1936.

COELHO RODRIGUES, Antonio. *Projecto do Código Civil Brazileiro precedido de um projecto de lei preliminar,* Rio de Janeiro, Imprensa Nacional, 1893.

CORREIA, Alexandre. *Direito Romano,* v. 2, São Paulo, Saraiva, 1955.

COSTA, Sergio. *Eccezione,* In: Novissimo Digesto Italiano, v. 6, Torino, UTET, 1960.

COUTO E SILVA, Clóvis do. *A obrigação como processo.* Rio de Janeiro, Editora FGV, 2006.

COUTURE, Eduardo J. *Fundamentos do direito processual civil,* tradução de Benedicto Giaccobini, Campinas, RED Livros, 1999.

CRISTAS, Assunção. *"Incumprimento contratual, o Código Civil Português e o DCFR - notas comparadas".* In: DUARTE, Rui Pinto (coord.) *Estudos em Homenagem ao Professor Doutor Carlos Ferreira de Almeida,* v. II, Coimbra, Almedina, 2011, pp.256/257.

DENTI, Vitorio. *L'eccezione nel processo civile.* In: Rivista Trimestrale di Diritto e Procedura Civile. Milano, Giuffrè, ano 15.

DIAS, Handel Martins. *O processo formulário.* In: Revista da Faculdade de Direito de São Paulo, v. 108, São Paulo, Universidade de São Paulo, 2013.

DIDIER JR. Fredie. *Aspectos processuais da prescrição: conhecimento* ex officio *e alegação em qualquer fase do procedimento.* In: CIANCI, Mirna (coord.) *Prescrição no Código Civil: uma análise multidisciplinar.* 2ª ed., São Paulo, Saraiva, 2006.

DIDIER JR., Fredie. *Da exceção: o direito de defesa e as defesas.* In: MARINONI, Luiz Guilherme (Coord.). *Estudos de direito processual civil,* São Paulo, Revista dos Tribunais, 2005.

DÍEZ-PICAZO, Luis. *Fundamentos del derecho civil* patrimonial, v.1, 2ª ed., Madrid, Tecnos, 1983.

DINAMARCO, Cândido Rangel. *Instituições de direito processual civil,* v. 2, São Paulo, Malheiros, 2002.

DINIZ, Maria Helena. *Código Civil anotado,* 15ª ed., São Paulo, Saraiva, 2010.

DINIZ, Souza. *Código Civil alemão.* Rio de Janeiro, Record, 1960.

ESCOBEDO, Felicia. *L'eccezione in senso sostanziale.* In: Rivista di Proceso Civile, v. 4, Milano, 1927.

ESPÍN CÁNOVAS, Diego. *La excepción de cumplimiento contractual.* In: Anuario de Derecho Civil, Madrid, 07-09, 1964.

EUROPEAN FEDERATION OF ENERGY TRADERS, *General Agreement concerning the delivery and acceptance of natural gas,* version 2.0, Amsterdam, EFET, 2007.

FAGES, Bernard. *Droit des obligations,* 7ª ed., Paris, LGDJ, 2017.

FARATH, George Ibrahim. *Um ensaio sobre a ação de direito material.* Tese de Doutorado, Universidade de São Paulo, 2014.

FARIA, José Eduardo (coord.). *Direito e Globalização Econômica – implicações e perspectivas.* São Paulo, Malheiros, 1996.

FELÍCIO DOS SANTOS, Joaquim. *Projecto do Código Civil,* Rio de Janeiro, Imprensa Nacional, 1891.

FERREIRA DA SILVA, Jorge Cesa. *A boa-fé e a violação positiva do contrato,* Rio de Janeiro, Renovar, 2002.

FONSECA, Ana Taveira da. *Da recusa de cumprimento da obrigação para a tutela do direito de crédito: em especial na excepção de não cumprimento, no direito de retenção e na compensação.* Coimbra, Almedina, 2015.

FONSECA, Arnoldo Medeiros da. *Direito de retenção,* 3ª ed., Rio de Janeiro, Revista Forense, 1957.

FONTANELLI, Filippo. *The Invocation of the Exception of Non-Performance: A Case-Study on the Role and Application of General Principles of International Law of Contractual Origin* In: Cambridge Journal of International and Comparative Law, 119, 136, 2012.

FONTES, André. *A pretensão como situação jurídica subjetiva,* Belo Horizonte, Del Rey, 2002.

FRANÇA, Rubens Limongi. *Direito civil (evolução histórica).* In: FRANÇA, Rubens Limongi, Enciclopédia Saraiva do Direito, v. 25, São Paulo, Saraiva, 1977, p. 428.

FREDERICO MARQUES, *Instituições de direito processual civil,* v. 3, Campinas, Millennium, 2004.

FUEYO LANERI, Fernando. *Cumplimiento e Incumplimiento de las Obligaciones,* 3ª ed., Santiago, Jurídica de Chile, 2004.

GABRIELLI, Enrico. *I contratti in generale,* t. 2, 2ª ed., Torino, UTET, 2006.

GAGLIARDI, Rafael Villar. *Exceção de contrato não cumprido,* São Paulo, Saraiva, 2010.

GAMA JR., Lauro. *Os princípios UNIDROIT relativos aos contratos do comércio internacional de 2004 e o direito brasileiro: convergências e possibilidades.* In: Revista de Arbitragem e Mediação, São Paulo, Revista dos Tribunais, 8,2006.

GARCÍA DEL CORRAL, Ildefonso. *Cuerpo del Derecho Civil Romano,* t. 1, Barcelona, Jaime Molinas, 1889.

GARCÍA DEL CORRAL, Ildefonso. *Cuerpo del Derecho Civil Romano,* t. 3, Barcelona, Jaime Molinas, 1889.

GARCÍA DEL CORRAL, Ildefonso. *Cuerpo del Derecho Civil Romano,* t. 4, Barcelona, Jaime Molinas, 1889.

GASTALDI,José María; CENTANARO, Esteban. *Excepcion de incumplimiento contractual,* Buenos Aires, Abeledo-Perrot, 1995, p.126.

GERI, Lina Bigliazzi. *Della risoluzione per inadempimento (art. 1460-1462),* t. 2, In: GALGANO, Francesco. *Commentario del codice civile: libro quarto – delle obbligazione,* Piacenza, Tribuna, 1988.

GILISSEN, John. *Introdução histórica ao direito,* tradução de Hespanha e Macaísta Malheiros, 2ª ed., 1995.

GIRARD, Frédéric. *Manuel élémentaire de droit romain,* 8ª ed., Paris, Rousseau, 1929.

GOFFREDO TELLER JUNIOR, *Direito subjetivo.* In: FRANÇA, Rubens Limongi, *Enciclopédia Saraiva do Direito,* v. 27, São Paulo, Saraiva, 1977.

GOGLIANO, Daisy. *A exceção civil como instrumento de tutela na resolução dos contratos sinalagmáticos.* Tese de Titularidade, São Paulo, Universidade de São Paulo, 2013.

GOMES, Orlando. *Contratos,* 2ª ed., Rio de Janeiro, Forense, 1966.

GRASSO, Biagio. *Eccezione d'inadempimento e risoluzione del contrato (profili generali),* Camerino, Jovene, 1973.

HAICAL, Gustavo. *O inadimplemento pelo descumprimento exclusivo do dever lateral.* In: Revista dos Tribunais, 900/45, 2010.

HIERRO, Jose Manuel Fernandez. *La* "exceptio non adimpleti contractus". In: Revista de la Universidad de Deusto, Bilbao, 55, 1995.

HOLANDA, Sérgio Buarque de. (coord.). *História geral da civilização brasileira: o Brasil monárquico,* t. 2, v., 5, 8ª ed., Rio de Janeiro, Bertrand Brasil, 2004.

Institutas do Imperador Justiniano: manual didático para uso dos estudantes de direito de Constantinopla – elaborado por ordem do Imperador Justiniano no ano de 533 d. C., tradução de J. Cretella Jr. E Agnes Cretella, São Paulo, Revista dos Tribunais, 2000.

INTERNATIONAL FEDERATION OF CONSULTING ENGINEERS, *Conditions of Contract for Construction.* Switzerland, FIDIC, 1999.

JOHNSTON, Angus; MARKESINIS, Basil; UNBERATH, Hannes. *The german law of contract: a comparative treatise,* 2ª ed.,Oxford, Hart Publishing, 2006.

KHOURI, Paulo Roque. *A exceção de contrato não cumprido e a sua relação com a garantia das obrigações no direito brasileiro.* In: Revista da Associação dos Juízes do Rio Grande do Sul, v. 31, n. 94, Porto Alegre, AJURIS, 2004.

KIRSCHBAUM, Deborah. *Cláusula resolutiva expressa por insolvência nos contratos empresariais: uma análise econômico-jurídica,* In: Revista Direito GV, v. 2, n. 1, 2006.

KUNKEL, Wolfgang. *História del derecho romano*, tadução da 4ª ed de Juan Miquel, Barcelona, Editorial Ariel, 1991.

LACERDA DE ALMEIDA, Francisco de Paula. *Obrigações:* exposição *systematica desta parte do direito civil pátrio,* Porto Alegre, Typographia de Cesar Reinhardt, 1897.

LANDO, Ole. *The lex lercatoria in international comercial arbitration.* In: International & Comparative Law Quarterly, British Institute of International and Comparative Law, 34, 1985, pp. 747/768.

LARENZ, Karl. *Derecho Civil – Parte general,* Madrid, Revista Derecho Privado, 1978.

LARENZ, Karl. *Derecho de Obligaciones,* t. 1, Tradução de Jaime Santos Briz, Madrid, EDERSA, 1958.

LARENZ, Karl. *Metodologia da Ciência do Direito,* tradução de José Lamego, 3ª ed., Lisboa, Calouste Gulbenkian, 1997.

LIMA, Alcides de Mendonça, *A nova sistemática das exceções,* In: Revista de Processo, v. 5, São Paulo, Revista dos Tribunais, 1977.

LISBOA, José da Silva. *Regras da Praça ou bases de regulamento commercial conforme aos novos códigos de commercio da França e Hespanha, e a legislação patria.* Rio de Janeiro, Typographia Nacional, 1832.

LÓPEZ DE ZAVALÍA, Fernando *Teoría de los contratos. Parte general.* t. 1, 5ª ed., Buenos Aires, Zavalía, 1971.

LOTUFO, Renan. *Código Civil comentado,* v. 3, t. 1, São Paulo, Saraiva, 2016.

LOUREIRO, Lourenço Trigo de. *Instituições de direito civil brasileiro.* v. 1, 5ª ed., Rio de Janeiro, Garnier, 1884

LUMIA, Giuseppe. *Elementos de teoria e ideologia do direito.* Tradução de Denise Agostinetti. São Paulo, Martins Fontes, 2003.

MALECKI, Catherine. *L'exception d'inexécution,* Paris, LGDJ, 1999.

MARCHI, Eduardo C. Silveira; MORAES, Bernardo B. Queiroz de; RODRIGUES, Dárcio R. M. *Comentários ao Código Civil Brasileiro: estudo comparativo e tradução de suas fontes romanas – parte geral,* São Paulo, Atlas, 2013.

MARINO, Francisco Paulo de Crescenzo. *Classificação dos contratos.* In: JABUR, Gilberto Haddad; JUNIOR, Antonio Jorge Pereira. (coord.) *Direito dos contratos,* São Paulo, Quartier Latin, 2006.

MARINO, Francisco Paulo de Crescenzo. *Contratos coligados no direito brasileiro.* São Paulo, Saraiva, 2010.

MARINO, Francisco Paulo de Crescenzo. *Interpretação do Negócio Jurídico.* São Paulo, Saraiva, 2011.

MARQUES, Cláudia Lima. *Contratos no código de defesa do consumidor: o novo regime das relações contratuais,* 8ª ed., São Paulo, Revista dos Tribunais, 2016.

MARQUES, José Frederico. *Instituições de Direito Processual Civil,* v.5, Rio de Janeiro, Forense, 1960.

MARTINS, Argemiro Cardoso Moreira. *O direito romano e seu ressurgimento no final da idade média.* In: WOLKMER, Antonio Carlos (Org.). *Fundamentos da história do direito,* 3ª ed., Belo Horizonte, Del Rey, 2006.

MARTINS-COSTA, Judith. *A boa-fé no direito privado: critérios para a sua aplicação.* São Paulo, Marcial Pons, 2015.

MARTINS-COSTA, Judith. *A recepção do incumprimento antecipado no direito brasileiro: configuração e limites.* In: Revista dos Tribunais, v. 885, ano 98, 2009.

MARTINS-COSTA, Judith. *Autoridade e utilidade da doutrina: a construção dos modelos doutrinários.* In.: MARTINS-COSTA, Judith (org.). *Modelos de direito privado.* São Paulo, Marcial Pons, 2014.

MARTINS-COSTA, Judith. *Comentários ao novo Código Civil: do direito das obrigações. Do adimplemento e da extinção das obrigações.* v. 5, t. 1, Rio de Janeiro, Forense, 2003.

MARTINS-COSTA, Judith. *Comentários ao novo Código Civil: do inadimplemento das obrigações.* v. 5, t. 2, Rio de Janeiro, Forense, 2003.

MARTINS-COSTA, Judith; ZANETTI, Cristiano de Sousa. *Responsabilidade contratual: prazo prescricional de dez anos.* In: Revista dos Tribunais, v. 979, 2017.

MASNATTA, Hector. *Excepción de incumplimiento contractual,* Buenos Aires, Abeledo Perrot, 1967.

MENDONÇA, Manoel Ignacio Carvalho de. *Doutrina e pratica das obrigações,* v. 2, 2ª ed., Rio de Janeiro, Francisco Alves, 1911

MENDONÇA, Manoel Ignacio Carvalho de. *Doutrina e pratica das obrigações,* v. 1, 2ª ed., Rio de Janeiro, Francisco Alves, 1911

MENEZES CORDEIRO, António Manuel da Rocha e. *Da boa fé no direito civil,* 6ª reimpressão, Coimbra, Almedina, 2015

MENEZES CORDEIRO, António Manuel da Rocha e. Tratado de direito civil, t. 9, 2ª ed., Coimbra, Almedina, 2016.

MONTEIRO, Marina Stella de Barros; MONTEIRO, Ralpho Waldo de Barros. *A causa dos contratos e a exceptio non adimpleti contractus.* In: Revista dos Tribunais, São Paulo, 958, 2015.

MONTEIRO, Washington de Barros. *Augusto Teixeira de Freitas: Conferência proferida na Faculdade de Direito da Universidade de São Paulo* In: Revista da Faculdade de Direito de São Paulo, v. 62, São Paulo, Universidade de São Paulo, 1967.

MORAES, Bernardo B. Queiroz de. *Manual de Introdução ao Digesto,* São Paulo, YK Editora, 2017

MOREIRA ALVES, José Carlos. *Direito Romano,* 16ª ed., Rio de Janeiro, Gen/ Forense, 2014

MORENO, María Cruz. *La* "exceptio non adimpleti contractus". Valencia, Tirant lo Blanch, 2004.

MOTA PINTO, Paulo. *Interesse contratual negativo e interesse contratual positivo,* v. II, Coimbra, Editora Coimbra, 2008.

MÚRIAS, Pedro; PEREIRA, Maria de Lurdes. *Sobre o conceito e extensão do sinalagma,* In: MENEZES CORDEIRO, António Manuel da Rocha e. (org.). Estudos em honra do professor doutor José de Oliveira Ascensão, v. 1, Lisboa, Almedina, 2008.

NONATO, Orozimbo; AZEVEDO, Philadelpho; GUIMARÃES, Hahnemann. *Exposição de motivos.* In: RANGEL, Leyla Castello Branco (org.). *Código Civil: anteprojetos,* v.1, Brasília, Senado Federal, 1989.

NONATO, Orozimbo; PEREIRA, Caio Mário da Silva; SANTOS, Theophilo Azeredo; MARCONDES, Sylvio. *Relatório da Comissão Elaboradora do Projeto de Lei nº3.264/65* In: RANGEL, Leyla Castello Branco (org.). *Código Civil: anteprojetos,* v.3, Brasília, Senado Federal, 1989.

NOVA, Giorgio De; SACCO, Rodolfo. *Il contrato.* In.: SACCO, Rodolfo (org.) *Trattato di Diritto Civile Italiano,* t. 2, Torino, Editrice Torinese, 1993.

OESTEREICH, Thomas. *Pope Boniface VIII.* In: HERBERMANN, Charles G. (org.), T*he Catholic Encyclopedia: An International Work of Reference on the Constitution, Doctrine, Discipline, and History of the Catholic Church,* v. 2, New York, Robert Appleton Company, 1907

OLIVEIRA, Rafael Alexandria de. *Aspectos processuais da exceção de contrato não cumprido,* Salvador, Podivm, 2012.

ORIANI, Renato. *Eccezione.* In: Digesto delle Discipline Privatistiche, t. 3, Turino, UTET, 1999.

ORLANDO, Marie-Astrid. *L'exception d'inexécution: L'envers du décor. Approche théorique et jurisprudentielle,* Saarbrücken, Éditions universitaires européennes, 2012.

OTT, Michael. *Irnerius.* In: HERBERMANN, Charles G. (org.), T*he Catholic Encyclopedia: An International Work of Reference on the Constitution, Doctrine, Discipline, and History of the Catholic Church,,* v. 8, New York, Robert Appleton Company, 1910

PACHECO, José da Silva. *Processo Civil.* In: FRANÇA, Rubens Limongi, *Enciclopédia Saraiva do Direito,* v. 61, São Paulo, Saraiva, 1977.

Parecer da Câmara dos Deputados às Emendas do Senado (Código Civil de 1916), In: Códigos Civis do Brasil: do Império à República – uma retrospectiva histórica, Brasilia, Senado Federal, 2003.

PARLEMENT, *Réforme du Droit des Obligations: un supplément au code civil,* Rapport au Président de la République, Paris, Dalloz, 2016.

PASSOS, Edilenice; LIMA, João Alberto de Oliveira. *Memória legislativa do Código Civil,* v. 1, Brasilia, Senado Federal, 2012.

PASSOS, Edilenice; LIMA, João Alberto de Oliveira. *Memória legislativa do Código Civil,* v. 2, Brasilia, Senado Federal, 2012.

PASSOS, Edilenice; LIMA, João Alberto de Oliveira. *Memória legislativa do Código Civil,* v. 3, Brasilia, Senado Federal, 2012.

PEREIRA, Caio Mário da Silva. *Direito civil: alguns aspectos da sua evolução*, Rio de Janeiro, Forense, 2001.

PEREIRA, Caio Mário da Silva. Exceptio non adimpleti contractus. In: FRANÇA, Rubens Limongi, *Enciclopédia Saraiva do Direito*, v. 34, São Paulo, Saraiva, 1977.

PEREIRA, Caio Mário da Silva. *Exposição de motivos*. In: RANGEL, Leyla Castello Branco (org.). *Código Civil: anteprojetos*, v.3, Brasília, Senado Federal, 1989

PEREIRA, Caio Mario da Silva. *Lesão nos contratos*, 6ª ed., Rio de Janeiro, Forense, 2001.

PÉRSICO, Giovanni, *L'Eccezione d'Inadempimento*, Milano, Giuffrè, 1955.

PINNA, Andrea. *L'excepción pour risque d'inexécution*, In: Revista Trimestral de Direito Civil, v.13, 2003.

PONTES DE MIRANDA, Fancisco Cavalcanti. *Fontes e evolução do direito civil brasileiro*, 2ª ed., Rio de Janeiro, Forense, 1981

PONTES DE MIRANDA, Francisco Cavalcanti. *Comentários ao Código de Processo Civil*, t. 4, Rio de Janeiro, Forense, 1974.

PONTES DE MIRANDA, Francisco Cavalcanti. *Comentários ao Código de Processo Civil*, t. 9, Rio de Janeiro, Forense, 1976

PONTES DE MIRANDA, Francisco Cavalcanti. *Tratado das ações: ação, classificação e eficácia*, t. 1, São Paulo, Revista dos Tribunais, 1970.

PONTES DE MIRANDA, Francisco Cavalcanti. *Tratado de direito privado: parte geral. Bens. Fatos jurídicos*, t. 2, Rio de Janeiro, Borsoi, 1954.

PONTES DE MIRANDA, Francisco Cavalcanti. *Tratado de direito privado: parte geral. Validade. Nulidade. Anulabilidade.* t. 4, Rio de Janeiro, Borsoi, 1954.

PONTES DE MIRANDA, Francisco Cavalcanti. *Tratado de direito privado: parte geral. Eficácia jurídica. Determinações inexas e anexas. Direitos. Pretensões. Ações.* t. 5, Rio de Janeiro, Borsoi, 1956..

PONTES DE MIRANDA, Francisco Cavalcanti. *Tratado de direito privado: parte geral. Exceções. Direitos mutilados. Exercício dos direitos, pretensões, ações e exceções. Prescrição.* t. 6, Rio de Janeiro, Borsoi, 1956.

PONTES DE MIRANDA, Francisco Cavalcanti. *Tratado de direito privado: parte especial. Direito das obrigações: Obrigações e suas espécies. Fontes e espécies de obrigações.* t.22, Rio de Janeiro, Borsoi, 1958

PONTES DE MIRANDA, Francisco Cavalcanti. *Tratado de direito privado: parte especial. Direito das obrigações. Autorregramento da vontade e lei. Alteração das relações jurídicas obrigacionais. Transferência de créditos. Assunção de dívida alheia. Transferência da posição subjetiva nos negócios jurídicos*, t. 23, Rio de Janeiro, Borsoi, 1958

PONTES DE MIRANDA, Francisco Cavalcanti. *Tratado de direito privado: parte especial. Direito das obrigações: Efeitos das dívidas e das obrigações. Juros. Extinção das dívidas e obrigações. Adimplemento. Arras. Liquidação. Depósito em consignação para adimplemento. Alienação para liberação.*

Adimplemento com sub-rogação. Imputação. Compensação. t.24, Rio de Janeiro, Borsoi, 1959

PONTES DE MIRANDA, Francisco Cavalcanti. *Tratado de direito privado: parte especial. Direito das obrigações. Extinção das dívidas e obrigações. Dação em soluto. Confusão. Remissão de dívidas. Novação. Transação. Outros modos de extinção,* t. 25, Rio de Janeiro, Borsoi, 1959

PONTES DE MIRANDA, Francisco Cavalcanti. *Tratado de direito privado: parte especial. Direito das obrigações. Consequências do inadimplemento. Exceções de contrato não adimplido, ou adimplido insatisfatoriamente, e de inseguridade. Enriquecimento injustificado. Estipulação a favor de terceiro. Eficácia protectiva de terceiro. Mudanças de circunstâncias. Compromisso,* t. 26, Rio de Janeiro, Borsoi, 1959

PONTES DE MIRANDA, Francisco Cavalcanti. *Tratado de direito privado: parte especial. Expedição. Contrato de agência. Representação de empresa. Fiança. Mandato de crédito. Constituição de renda. Promessa de dívida. Reconhecimento de dívida. Comunidade. Edição. Representação teatral, musical e de cinema. Empreitada,* t. 44, Rio de Janeiro, Borsoi, 1959

PONTES DE MIRANDA, Francisco Cavalcanti. *Tratado de direito privado: parte especial. Contrato de sociedades. Sociedade de Pessoas,* t. 49, Rio de Janeiro, Borsoi, 1959

PONTES DE MIRANDA, Francisco Cavalcanti. *Tratado de direito privado: parte especial. Direito das obrigações: Fatos ilícitos absolutos. Atos-fatos ilícitos absolutos. Atos ilícitos absolutos. Responsabilidade. Danos causados por animais. Coisas inanimadas e danos. Estado e servidores Profissionais.* t.53, Rio de Janeiro, Borsoi, 1966

POTHIER, Robert Joseph, *Tratado de los Contratos: Tratado del Contrato de Venta,* t. 1, Buenos Aires, Bibliografica Argentina, 1948.

POTHIER, Robert Joseph. *Tratado das obrigações,* tradução de Adrian Sotero De Witt Batista e Douglas Dias Ferreiras, Campinas, Servanda, 2001.

POUSADA, Estevan Lo Ré. *Preservação da tradição jurídica luso-brasileira: Teixeira de Freitas e a Introdução à Consolidação das Leis Civis,* Dissertação de Mestrado, São Paulo, Universidade de São Paulo, 2006.

RADBRUCH, Gustav. *Filosofia do direito,* tradução em português de L. Cabral de Moncada, Coimbra, Arménio Amado, 1997.

RANGEL, Leyla Castello Branco (org.). *Código Civil: anteprojetos,* v.1, Brasília, Senado Federal, 1989.

RANGEL, Leyla Castello Branco (org.). *Código Civil: anteprojetos,* v.3, Brasília, Senado Federal, 1989.

REALE, Miguel. *Boa-fé na execução dos contratos. Questão previa: a juntada de memorial e documentos por linha na tradição do direito pátrio – sua licitude – delimitação do* ius iudicandi *nos embargos infringentes – requisito essencial da boa-fé para a* exceptio non adimpleti contractus *– a jurisprudência no supremo tribunal federal – necessidade de examinar-se a* exceptio *me-*

diante cuidadoso alanceamento dos valores e fins visados pelo contrato – contradição entre a arguição de vício total do bem de cuja exploração o excipiente aufere lucros – limites do direito de retenção e sua inaplicabilidade na espécie. In: REALE, Miguel. *Questões de direito privado,* São Paulo, Saraiva, 1997.

REALE, Miguel. *Epistemologia Jurídica.* In: In: FRANÇA, Rubens Limongi, Enciclopédia Saraiva do Direito, v. 32, São Paulo, Saraiva, 1977.

REALE, Miguel. *Exposição de motivos do supervisor da comissão revisora e elaboradora do código civil.* In: *Novo Código Civil: exposição de motivos e texto sancionado,* 2ª ed., Brasilia, Senado Federal, 2005.

REALE, Miguel. *Vida e morte dos modelos jurídicos. Estudos e filosofia e ciência do direito.* São Paulo, Saraiva, 1978.

REALMONTE, Francesco. *Eccezione di inadempimento,* In: Encilopedia del Diritto, v. 15, Giuffrè, Milano, 1965.

ROCHA, José de Moura. *Compensação.* In: FRANÇA, Rubens Limongi, *Enciclopédia Saraiva do Direito,* v. 16, São Paulo, Saraiva, 1977.

RODRIGUES JR, Otávio Luiz. *Exceções no direito civil: um conceito em busca de um autor?* In: ALBUQUERQUE JR., Roberto Paulino de.; CUNHA, Leonardo Carneiro da.; MIRANDA, Daniel Gomes de. (coord.). *Prescrição e decadência: estudos em homenagem ao professor Agnelo Amorim Filho,* Salvador, Podivm, 2013.

ROPPO, Vincenzo. *Contratto.* In: Digesto delle Discipline Privatistiche, t. 3, Turino, UTET, 1989.

ROPPO, Vincenzo. *Il contratto del duemilla,* 3ª ed., Torino, Giappichelli, 2011.

ROPPO, Vincenzo. *Il Contratto,* 2ª ed., Milano, Giuffrè, 2011.

ROSSETTI, Marco. *L'eccezione d'inadempimento,* In: CENDON, Paolo (a cura di). *I contratti in generale: risoluzione, inadempimento, impossibilità sopravvenuta, eccessiva onerosità,* v. 13, Torino, UTET, 2000.

RUBINSTEIN, Flávio. *A* bona fides *como origem da boa-fé objetiva do direito brasileiro.* In: Revista da Faculdade de Direito da Universidade de São Paulo, São Paulo, 99, 2004.

SABA, Diana Tognini. *Direito de retenção e seus limites.* Dissertação de Mestrado, São Paulo, Universidade de São Paulo, 2016.

SAVIGNY, Friedrich Carl von. *Traité de droit romain,* tradução de Charles Guénoux, v. 5, Paris, Librairie de Firmin Didot frères, 1855.

SCADUTO, Gioachino, *L'exceptio non adimpleti contractus nel Diritto Civile italiano"* In: Annali del Seminario Giuridico dell'Università di Palermo, 6, 1921.

SCHIPANI, Sandro. *Il "méthodo didáctico" di Augusto Teixeira de Freitas (prime osservazioni).* In: SCHIPANI, Sandro (org.). *Augusto Teixeira de Freitas e il diritto latino-americano,* Padova, CEDAM, 1988.

SCHLECHTRIEM, Peter; SCHWENZER, Ingeborg. *Commentary on the UN Convention on the international sale of goods (CISG). Third Edition.* Oxford, Oxford University Press, 2010.

SCHMIDT, Jan Peter. *Vida e obra de Pontes de Miranda a partir de uma perspectiva alemã: com especial referência à tricotomia "existência, validade e eficácia do negócio jurídico".* In: Revista Fórum de Direito Civil, Belo Horizonte, 3, 5, 2014, pp.135/158.

SCHUNCK, Giuliana Bonanno. *Contratos de longo prazo e dever de cooperação,* São Paulo, Almedina, 2016

SERPA LOPES, Miguel Maria de. *Exceções Substanciais: Exceção de contrato não cumprido (Exceptio non adimpleti contractus),* Rio de Janeiro, Freitas Bastos, 1959.

SICA, Heitor Vitor Mendonça. *Cognição do juiz na execução civil.* São Paulo, Revista dos Tribunais, 2017.

SICA, Heitor Vitor Mendonça. *O direito de defesa no processo civil brasileiro: um estudo sobre a posição do réu.* São Paulo, Atlas, 2011.

SICA, Heitor Vitor Mendonça. *Preclusão Processual* Civil, 2ª ed., São Paulo, Atlas, 2008.

SILVA, Jorge Cesa Ferreira da. *A boa-fé e a violação positiva do contrato,* Rio de Janeiro, Renovar, 2002.

SILVEIRA, Alípio *Conceito e funções da eqüidade em face do direito positivo – especialmente no direito civil,* São Paulo, [S.I.], 1943.

SIMÃO, José Fernando. *Prescrição e decadência: início dos prazos,* São Paulo, Atlas, 2013.

SIQUEIRA, Cleanto Guimarães. *A defesa no processo civil: exceções substanciais no processo de conhecimento.* 3ª ed., São Paulo, Saraiva, 2008.

SOBRINHO, Mário de Camargo. *Exceção de contrato não cumprido (art. 476).* In: CHINELLATO, Silmara Juny (coord.); MACHADO, Antônio Cláudio da Costa (org.). *Código Civil interpretado: artigo por artigo, parágrafo por parágrafo,* 3ª ed., Barueri, Manole, 2010.

STAUB, Hermann. *Le violazioni positive del contratto (Die positiven Vertragsverletzungen),* traduzione di Giovanni Varanese, Napoli, Edizioni Scientifiche Italiane, 2011.

STEINER, Renata Campos. *Interesse positivo e interesse negativo: a reparação de danos no direito privado brasileiro,* Tese de Doutorado, São Paulo, Universidade de São Paulo, 2016.

STEINER, Renata. Campos. *Complexidade infra-obrigacional e descumprimento da obrigação: da violação positiva do contrato,* Dissertação de Mestrado, Curitiba, Universidade Federal do Paraná, 2009.

SURGIK, Aloísio. *Direito canônico.* In: FRANÇA, Rubens Limongi, Enciclopédia Saraiva do Direito, v. 25, São Paulo, Saraiva, 1977.

TARANTO, Hugo Omar. *Excepción de incumplimiento.* In: STIGLITZ, Rubén (Coord.) *Contratos: teoría general,* v. 1, Buenos Aires, Depalma, 1990.

TEIXEIRA DE FREITAS, Augusto. *Consolidação das leis civis,* v. 1, ed. fac-sim., Brasilia, Senado Federal, 2003.

TEIXEIRA DE FREITAS, Augusto. *Esboço,* v. 1, ed. fac-sim., Brasilia, Ministério da Justiça e Fundação Universidade de Brasilia, 1983.

TEIXEIRA DE FREITAS, Augusto. *Esboço,* v. 2, ed. fac-sim., Brasilia, Ministério da Justiça e Fundação Universidade de Brasilia, 1983.

TEIXEIRA DE FREITAS, Augusto. *Regras de direito: seleção clássica em quatro partes,* São Paulo, Lejus, 2000.

TEIXEIRA DE FREITAS, Augusto. *Vocabulário jurídico com appendices,* Rio de Janeiro, B.L.Gardier, 1882.

TELLES, José Homem Corrêa. *Comentário crítico à Lei da Boa Razão em data de 18 de agosto de 1769.* Lisboa, Typhographia de Maria da Madre de Deus, 1865.

TEUBNER, Gunther. *Societal constitucionalism: alternatives to state-centred constitutional theory?* In: Yale Law School Review, Storrs Lectures, 2004.

THEODORO JR., Humberto. *Alguns aspectos relevantes da prescrição e decadência no novo código civil.* In: Revista Síntese de direito civil e processual civil, 23, 5, 2003.

THEODORO JR., Humberto. *Distinção científica entre prescrição e decadência: um tributo à obra de Agnelo Amorim Filho.* In: DIDIER JR., FREDIE; MAZZEI, Rodrigo (coord.) *Reflexos do novo Código Civil na legislação processual.* Salvador, JusPodivm, 2006.

TORSELLO, Marco. *Rimedi all'inadempimento nella Convenzione di Vienna del 1980 sulla vendita Internazionale di beni mobili.* In: Contratto e Impresa/ Europa, 1, 2013.

Trabalhos da comissão especial – VI Discussão da Parte Especial (Código Civil de 1916), In: Códigos Civis do Brasil: do Império à República – uma retrospectiva histórica, Brasilia, Senado Federal, 2003.

TRABUCCHI, Alberto. *Instituzioni di diritto civile,* 48ª ed., Padova, Cedam, 2017.

TRIGO DE LOUREIRO, Lourenço. *Instituições de Direito Civil Brasileiro,* v. 2, ed. fac-sim., Brasilia, Senado Federal, 2004.

VALLADÃO, Haroldo. *História do direito especialmente do direito brasileiro.* 3ª ed., Rio de Janeiro, Freitas Bastos, 1977.

VASCONCELLOS, Manoel da Cunha Lopes *et al. Digesto ou Pandectas do Imperador Justiniano,* v. 1, São Paulo, YK Editora, 2017

VASCONCELOS, Pedro Pais de. *A participação social nas sociedades comerciais,* 2ª ed., Coimbra, Almedina, 2014.

VAZ SERRA, Adriano Paes da Silva. *Excepção de Contrato não Cumprido.* In: Boletim do Ministério da Justiça, 67, 1957.

VELASCO, Ignácio Maria Poveda. *Ordenações do Reino de Portugal,* In: Revista da Faculdade de Direito de São Paulo, v. 89, Universidade de São Paulo, São Paulo, 1994.

VIEIRA, Guilherme Bergmann Borges. *Regulamentação no comércio internaiconal,* São Paulo, Aduaneiras, 2002.

VISCASILLAS, María del Pilar Perales. *Los princípios UNIDROIT y CISG: su mutua interacción.* In: Serie H. Estudios de derecho internacional publico, 27, 1998.

VON BAR, Christian et alii. *Principles, definitions and model rules of European private law. Draft Common Frame of Reference (DCFR). Full edition.* v. III. Munich, Sellier, 2009.

WIEACKER, Franz. *História do direito privado moderno,* tradução de A.M. Botelho, 2ª ed., Lisboa, Fundação Calouste Gulbenkian, 1980, p. 39.

ZANETTI, Ana Carolina Devito Dearo. *O contrato de distribuição: o inadimplemento recíproco,* São Paulo, Atlas, 2015.

ZANETTI, Cristiano de Sousa. *A transformação da mora em inadimplemento absoluto.* In: Revista dos Tribunais, 103, 942, 2014.

ZANETTI, Cristiano de Sousa. *Direito contratual contemporâneo: a liberdade contratual e sua fragmentação.* São Paulo, Método, 2008.

ZANETTI, Cristiano de Sousa. *Inadimplemento antecipado da obrigação contratual.* In: CELLI JÚNIOR, Umberto; BASSO, Maristela; AMARAL JÚNIOR, Alberto do (coord.). *Arbitragem e Comércio Internacional. Estudos em Homenagem a Luiz Olavo Baptista,* São Paulo, Quartier Latin, 2013.

ZANETTI, Cristiano de Sousa. *Responsabilidade pela ruptura das negociações.* São Paulo, Juarez de Oliveira, 2005.

ZANETTI, Cristiano de Sousa. *Unificação do direito dos contratos.* In: HIRONAKA, Giselda M. F. Novaes (coord.) *Direito civil: direito dos contratos.* v. 3, São Paulo, Revista dos Tribunais, 2008.

ZIMMERANN, Reinhard. *The law of obligations: roman foundations of the civilian tradition.* Oxford, Oxford University Press, 1996.

ZIMMERMANN, Reinhard. *The new german law of obligations: historical and comparative perspectives,* Oxford, Oxford University Press, 2005.

ZIMMERMANN, Reinhard. Ius commune *and the Principles of European Contract Law: Contemporary Renewal of na Old Idea.* In: MILLER, David L Carey et alii (coord.), European Contract law: Scots and South Afrtican Perspectives, Edinburgh, Edinburgh University Press, 2006.